本书系重庆市社会科学规划重点项目"先秦儒家人性论研究"(2016ZDZX02)成果。

善政思想与治理创新

主编 郑万军

牟宗三的政治哲学思想与治理智慧

Mou Zongsan's
Thoughts about Political Philosophy and
Wisdom of Goverance

周恩荣 | 著

社会科学文献出版社
SOCIAL SCIENCES ACADEMIC PRESS(CHINA)

"善政思想与治理创新"编委会

（按姓氏笔画排名）

顾　　问　朱光磊　周光辉　徐　勇
主　　编　郑万军
编　　委　刘昌雄　宋玉波　张邦辉
　　　　　陈　跃　吴　江　邹东升
　　　　　周学馨　周振超　谢来位

总　序

汤之《盘铭》曰："苟日新，日日新，又日新。"历经四十余载的改革开放，中国迈入了新时代。实践是理论孕育、生发的沃土，伟大的实践需要理论的阐发与擘画。事实上，自近代以来中国学人就已积极投身创作迄今世界最为宏大的民族复兴史诗，尽管这一历史巨作时下方入佳境。民族复兴，大国崛起，既需勇于实践创新，又要及时进行理论建构，不断推进国家治理体系和治理能力现代化。有效回应时代需求，是每个学人的责任与荣耀。作为政治学和公共管理学的青年学者，应自觉融入中国梦的伟大实践，为国家治理的"中国智慧"尽绵薄之力。基于此，我们策划出版了"善政思想与治理创新"丛书。

"善政"是古往今来治国理政的不懈追求，亦是国家或政府优良与否的评判标准。自夏商国家初成以往，历代思想家和政治家为今人留下了丰富的思想遗产和治理经验。新时代推进国家治理现代化，不仅要充分发掘中华民族先贤智慧的滋养功能，还应秉持国际视野和全球胸怀，善于在不同思想和文化的激荡、交融、扬弃中讲好中国故事、发出中国声音、坚定中国道路，以善政之举谋善治之效。

创新是社会发展的永续动力。"明者因时而变，知者随事而制。"国家治理既要勇于革故鼎新，及时完善顶层设计，也应发挥地方在实践创新中第一行动集团的作用。地方治理创新为我国政治改革、社会变革和经济发展提供了丰富的试验样本，实现了单一制国家政体下地方差异化发展,推动了世界超大规模社会结构的整体性提升,为中国道路的合法性提供了有力支撑,具有"价值理性"和"工具理性"的双重意义。

本套丛书是诸位青年朋友学术兴趣的展现和已有学术成果的总结,也是对当下这场跨世纪社会变革的思考与回应,体现了青年学者应有的时代责任与担当。尽管小如苔花,但有前辈时贤的提携与编辑的支持,亦学牡丹开。时代在巨变,改革在继续,创新无止境。"维天之命,於穆不已。"我们将不忘初心,砥砺前行,以期对国家治理现代化研究和实践有所裨益。

谨序。

郑万军
2018年初秋于重庆嘉陵江畔

代序
现代新儒家政治哲学及其形上基础的探讨

1989年，世界银行对非洲"治理危机"（Crisis in Governance）进行了概括，自此以后，"治理"这个术语开始广泛用于政治发展研究之中。1992年，联合国全球治理委员会（Commission on Global Governance）成立，并于1995年发布了题为 *Our Global Neighbourhood* 的年度报告。该报告把"治理"界定为"私人的或公共的个体、机构管理其共同事务的诸多方式的总和，作为一个持续的过程，治理能够调和不同的乃至相互冲突的利益，并使联合行动能够得到采纳"，其所采纳的资源既包括有权迫使人们服从的正式的制度和规则，又包括人们同意或认为符合其利益的非正式制度安排。这一"治理观"代表了一种新的趋向，即政府与社会之间既各守其边界又相互合作的伙伴关系，从而成为一种新治理理论兴起的标志。

近年来，我国在治理理论方面既注重本国特色，又高擎治理、善治、全球治理的旗帜；在促进国家治理体系和治理能力现代化的同时，审慎处理国家与区域、政府与社会、中央与地方的关系；在构筑人类命运共同体的同时，努力实现国家政治建设的总目标。为响应这一时代要求，长江师范学院地方政府治理研究中心推出"善政思想与治理创新"系列丛书，围绕善政思想、治理创新、生态治理和乡村治理，探索实现善政与善治的理论智慧与实践之道。

周恩荣博士的《牟宗三的政治哲学思想与治理智慧》就是该系列丛书中"善政思想系列"之一种。在本书出版之际,我在书前记下一些自己对周恩荣博士为人为学的了解以及自己阅读他这部新作的感想,作为本书之"序"。

周恩荣博士出身农家,勤奋质朴,好学深思,在本科就读于徐州师范大学(2011年更名为江苏师范大学)期间,便因关心中华文化之前途而萌发了探究中国传统文化之奥秘的兴趣。2001年起,他如愿进入武汉大学人文科学学院,成为一名研习中国哲学的研究生。2007年,周恩荣以题为"牟宗三道德哲学研究"的论文获得博士学位,并积极回应了当初令他产生探索冲动的问题。

周恩荣走上工作岗位后,在繁重的教学工作之余,仍坚持自己对现代新儒学特别是牟宗三新儒学思想的研究。他先后在《孔子研究》《哲学评论》和《船山学刊》,以及中国台湾的《哲学与文化》(月刊)、《鹅湖》(月刊)等学术刊物发表多篇研究牟宗三新儒学思想的论文,并于2013年荣获台湾刘述先教授为鼓励现代新儒学研究而捐资在武汉大学设立的"刘静窗青年教师奖"。《牟宗三的政治哲学思想与治理智慧》一书,则是周恩荣博士在其前期研究成果的基础上,深入探究牟宗三新儒学思想而形成的一项新的学术成果。

阅读周恩荣博士的这部著作,不论全书内容还是其研究方法,都让我有耳目一新之感。从全书内容来看,这部著作具体考察牟宗三的政治哲学与治理智慧,可以说既显示了周恩荣博士对牟宗三新儒学研究的坚持与延续,又反映了周恩荣博士对牟宗三新儒学研究的拓展与深化。

在中国现代新儒学的演生与发展中,牟宗三的新儒学思想是一个在理论方面创发较多的思想体系。这一思想体系经历过数十年的历史发展过程。从牟宗三学术论著完成的时间来看,其早年的学术兴趣与理论建树可见于《逻辑典范》和《认识心之批判》等著作。1949年后,牟宗三离开大陆,在台湾开始他对于自己所理解的民族"文化生命"的反省,并先后出版《道德的理想主义》、《历史哲学》和《政道与治道》等重要著作。其后,牟宗三经过在香港和台湾地区长期的学术耕耘,先后出版《才性与玄理》、《心体与性体》(包括《从陆象山到刘蕺山》)、《佛性与般若》、《智的直觉与中国哲学》、《现象与物自身》和《圆善论》等重要哲学史论和哲学著作,终于建构起一个完整的新儒学思想体系,并在海内外产生重大的学术影响。牟宗三是最早明确地主张儒学三期发展说的学者,也是自觉地坚持儒学"内圣外王"传统的新儒家代表人物。应当说,牟宗三不同时期的学术著述,都涉及儒家主张的"内圣"之学与"外王"之学。但是,就牟宗三建构新儒学思想体系的历史过程而言,他早期的学术活动对"外王"之学的涉及似乎更为集中,这是他的《道德的理想主义》、《历史哲学》和《政道与治道》被称为"新外王三书"的原因之一。尽管牟宗三曾表示,他的《道德的理想主义》、《历史哲学》和《政道与治道》三书的理论追求在于"欲本中国内圣之学解决外王问题",且在三书中全面地展现了中国的"外王"之学,但他其后的学术活动,对"内圣"之学的涉及似乎更多。牟宗三的"道德的形上学"即主要是通过其后来出版的《心体与性体》、《智的直觉与中国哲学》、《现象与物自身》和《圆善论》等著作从理论上建构起来的。牟宗三的"道德的形上学"为一个融贯中西、自成一家的理论体系,深受学术界重视。这使得中国大陆地区学术界对牟宗三新儒学的研究,在相当长的时间内多注重对其"内圣"之学的解析探究,尤其看重对其"道德的形上学"的系统考察。周恩荣研究生期间开始对牟宗三道德哲学的研究,即受到过学术界这种学术关切与学术氛围的影响。他的博士学位论文《牟宗三道德哲学研究》,其范围大体上也局限于牟宗三新儒学的"内圣"之学。

周恩荣的博士学位论文《牟宗三道德哲学研究》,曾通过"即存有即活动的性体""心体形著性体""性体、心体作为创生之真几""人性的三分""心体、性体与道德实践的先验原理""真实主体性及其道德实践"六个层面系统地论释牟宗三的"道德的形上学"。论文认为:牟宗三所谓"道德的形上学"实即把天和人都视为本质上是一种客观的、能有所成的创造性力量,并力图以此把性体、人的有价值的行动、道德界和存在界统一起来。为了完成这个任务,牟宗三从探讨中国文化"道统"之道的确切意义开始,通过"帝"、"天"(天命—天道)、"性"、"诚"、"神"、"寂感真几"等范畴说明这种"创造性力量"的客观面意义,接着通过"仁""心""性"等范畴及其相互关系,说明这种"创造性力量"的主观面及其与客观面的关系,从而有"天命下贯而为性体,性体由仁(心体)的形著而具体呈现与实现"之说。在这样的道德哲学体系中,牟宗三对于道德及其至上法则的纯粹先验而自律的性质的阐明,正是在其证立"道德的形上学"的过程中完成的。牟宗三一再强调儒家的道德哲学与康德的道德哲学一样,也以"决定善恶的标准"为首出的概念。此"决定善恶的标准",在儒家,就是"仁""心""性"等本体范畴;在康德,即善良意志或道德法则。它们既是道德实体或道德性本身,又以其能动性而能自给道德法则。它们实际上就是通过反省那"所恶"的且不堪忍受的行为,而确定可欲且值得去做的行为的能力,亦即自由的意志、创造的能力,也是人的德性、价值与尊严,其本身既是规定道德行动的法则,又是决定采取道德行动的动力。正是这种"即存有即活动"的道德实体,保证了道德本身的先验性与自律性,并使得性体、有价值的行动、道德界、存在界合而为一。

周恩荣在他的博士学位论文中对牟宗三道德哲学的这些解析与总体性评断,切当而又不失深刻,实为他后来进行牟宗三政治哲学研究奠定了深厚的学理基础。他的《牟宗三的政治哲学思想与治理智慧》一书,以"政道与治道:牟宗三政治哲学的双螺旋构成""天道性命:牟宗三政治哲学的超越之源""真实的主体:

牟宗三政治哲学的人性之基""良知坎陷：牟宗三治理智慧的朗现敞开"四章的篇幅全面探讨牟宗三在政治哲学与治理智慧方面的思想体系及其理论建树。不论全书的内容架构还是全书的理论追求，实际上都容纳了其《牟宗三道德哲学研究》的认识成果，从而也反映了周恩荣对牟宗三新儒学思想研究的深化与拓展。这种深化与拓展，符合牟宗三新儒学思想研究的时代要求，也体现出牟宗三新儒学研究的内在逻辑。因为，在牟宗三看来，真正的道德实践不仅能成就个人自己，而且能为成就他人的自由主体性以及客观的社会政治制度建构提供基础。这种观念实际上表达了牟宗三道德哲学的一种理论追求。因此，牟宗三的道德哲学与他的政治哲学实为一个相互区别而又相互联系的思想体系。人们研探牟宗三的新儒学，在深入探讨其道德哲学的基础上，再深入探究其政治哲学，当是题中应有之义。但是，在学术界关于牟宗三政治哲学的研究中，将其政治哲学与道德哲学思想结合起来展开研究的认识成果虽有却不多见，与系统深入地研究牟宗三新儒学的现实要求实际上相距甚远。《牟宗三的政治哲学思想与治理智慧》一书的问世，是周恩荣对牟宗三新儒学研究做出的新贡献，是把牟宗三的政治哲学思想筑基于其天道性命观和道德哲学思想等之上的一次重要尝试，同时也是其基于牟宗三哲学思想对中国传统善政思想与治理智慧所做的一次现代化的发掘。

周恩荣的《牟宗三的政治哲学思想与治理智慧》一书，从方法学的角度来看，也给人以新的启迪。近几年来，从政治哲学的层面开展对中国传统学术文化的研究与中国近现代学术思想理论的研究，展示了中国学术界一种新的学术气象。就学术门类而言，学术界一般将政治哲学与道德哲学、美学等学术门类并列，将其归类为实践哲学，并认定政治哲学关注的特定对象当为政治价值。实际上，在实践哲学中，政治哲学与道德哲学是紧密联系的。在某种意义上可以说，对政治价值的理解与肯定实应以对道德价值的理解与肯定为前提与基础。牟宗三的新儒学认定，真正的道德实践不仅能成就个人自己,而且能为成就他人的自由主体性以及客观的社会政治制度建构提供基础,实即表明了牟氏对道德价值的实现之于政治价值的实现所起的基础性作用的理解。牟宗三新儒学自身涵括的这种学术观念,也为人们将其道德哲学与政治哲学联系起来,在深入考察其道德哲学的基础上,探究其政治哲学提供了学理方面的根据与视角方面的启示。周恩荣对牟宗三政治哲学的研究,在方法的选择方面实际上即充分地考虑到牟宗三自己对于道德哲学与政治哲学关系的理解。这使得他在《牟宗三的政治哲学思想与治理智慧》一书中,并未将视角完全集中于牟宗三在政治价值方面的具体理论,而是在论释"牟宗三政治哲学的超越之源"与"牟宗三政治哲学的人性之基"方面用力尤多。书中在具体论释"牟宗三治理智慧"时,也是多在解析牟宗三理解的"良知坎陷"与"政道与治道",或牟宗三理解的"良知坎陷"与"公共治理"等思想理论。这种考察,视角也多在牟宗三政治哲学的形上学基础方面。周恩荣考察牟宗三政治哲学的这种方法,使我想起了人们对罗尔斯《正义论》的评价。学术界有学者认为,罗尔斯的《正义论》当推为当今世界政治哲学、道德哲学、法律哲学和社会哲学的"最伟大成就",并认为"罗尔斯《正义论》的主要理论贡献表现在复兴了规范性政治哲学"。[①]所谓"规范性政治哲学",实际上表述了一种政治哲学的研究方法。因为,在政治哲学研究中,重视规范层面的理论研究与重视一般基础理论的研究似有所不同。周恩荣对牟宗三政治哲学的研究,在方法的选择上,不再从规范的层面解析牟宗三的政治哲学,而是注重论析牟宗三政治哲学基本的理论前提与思想基础。周恩荣选择这样的方法研究牟宗三的政治哲学是完全必要的。因为,不论是牟宗三所理解的政道,还是牟宗三所理解的治道,其建构与成立,都有待于其所理解与建构的"内圣"之学;不厘清

---

① 顾肃:《正义与自由的探索》,《社会科学报》2018 年 1 月 25 日。

牟宗三对政道与治道的形上基础的理解，实际上很难正确地了解其所推重的政道与治道。当然，牟宗三所理解的政道与治道，或者说牟宗三的"治理智慧"，也有其具体的思想理论体系。对于这个体系也是可以从规范的角度或层面去进行专门论析的。以这样的视角来看，周恩荣《牟宗三的政治哲学思想与治理智慧》一书似乎虽有其新，但也存在一些不足，而这种不足又为周恩荣今后继续深化自己对牟宗三新儒学的研究留下了拓展空间。

总之，初读周恩荣博士的《牟宗三的政治哲学思想与治理智慧》一书，深为他在学术研究中取得的新成果感到高兴。记得周恩荣读博期间，在自己的博士学位论文中曾引用萧公权先生"以学心读，以平心取，以公心述"之说，来表达自己的学术方法与学术追求。读完他的《牟宗三的政治哲学思想与治理智慧》一书，感觉到他的这种方法学意识与为学态度仍隐现在他实际的学术工作中。这也让人深感欣慰！在学术工作中，选择和积累正确的思想方法，是学术工作者必备的功课。诚心地希望周恩荣博士持守自己选择的学术道路与学术方法，在今后的学术工作中，继续像学术界的前辈们一样，"以学心读，以平心取，以公心述"，不断耕耘，不断进取，不断获取新的学术成就，继续为现代新儒学研究特别是牟宗三新儒学研究做出新的贡献，以不负自己的人生，不负自己生活的时代。

田文军
2018 年 3 月 28 日
于武汉大学珞珈新邨寓所

目 录
CONTENTS

引　言 …………………………………………………………… 001

第一章　政道与治道：牟宗三政治哲学的双螺旋构成 ……… 010
　　第一节　政道与治道的反思建构 …………………………… 012
　　第二节　政道、治道与良治善政 …………………………… 048

第二章　天道性命：牟宗三政治哲学的超越之源 …………… 063
　　第一节　天命与性体 ………………………………………… 063
　　第二节　性体与心体 ………………………………………… 093
　　第三节　创生之源与"道德的形上学" …………………… 132

第三章　真实的主体：牟宗三政治哲学的人性之基 ………… 158
　　第一节　人性的构成 ………………………………………… 159
　　第二节　人性领域内的先验原理 …………………………… 173
　　第三节　真实主体性的实现 ………………………………… 208

第四章　良知坎陷：牟宗三治理智慧的朗现敞开 …………… 238
　　第一节　良知坎陷，如何可能？ …………………………… 238

第二节　良知坎陷与政治哲学 …………………………… 253
　　第三节　良知坎陷与治理智慧 …………………………… 263

结语　天道、人性与政治的良性互动 …………………………… 281

参考文献 …………………………………………………………… 282

附录　牟宗三"坎陷开出民主论"的再检讨 ………………… 291

后　记 ……………………………………………………………… 308

引　言

　　牟宗三政治哲学思想，须要放到 20 世纪中国思想的主题和牟宗三哲学思想整体的大背景下来考察，如此才能真正彰显其意义与价值。20 世纪中国思想的主题是民主与科学。其时，任何一种认真思考中国未来道路的思想企划，都不可能回避这两大主题。在自由主义、保守主义和马克思主义的论争中，自由主义只是分裂和孤立地关注民主与科学本身，马克思主义关注的是民主与科学得以出现和健康发展的民族国家基础，从而致力于民主建国；唯有作为保守主义之典型的现代新儒学致力于探讨民主与科学的理论根据。其中，尤以牟宗三立足于其"道德的形上学"基础上的经"自我坎陷"而"开显""皇极"的尝试，最为启人深思。牟宗三把这一尝试称为"超越的自由主义"，并以道德的形上学、立体的主体和新外王的开出，亦即"太极、人极、皇极三者并建"充实之，从而建构出一套规模宏大、体用完备的思想体系，因其为一由保守主义者提供的自由主义方案，对它的批判，将更能凸显马克思主义道路的价值和意义。

　　牟宗三认为，哲学的希腊古义是"爱智慧"，是一种实践的智慧学。牟宗三亦以此来界定自己的哲学，因而，牟宗三的全部哲学都朝向一种实践哲学，其"道德的形上学"作为一本体论学说，蕴含着一种"用"或表现的学说。以此，牟宗三哲学实是一种"体用兼备""承体起用"的学说。

　　在如此理解的牟宗三哲学思想体系中，政治哲学思想是处于表层的"用"或者"表现",它所回应的是"中国文化大动脉中的现实关心问题"。牟宗三的政治哲学思想所处理的核心问题,是政道,或者说是政权如何安排的机制问题,亦即是政权归谁所有、如何继承等问题。与此相应,"治道"即处理"治权"如何安排的问题,具体而言,即治权由谁掌握,如何转移,等等。牟宗三认为,古代中国"有治道而无政道",亦即其在治权方面有比较合理的安排,但在政权方面则缺乏客观的、可靠的安排;同时,由于政权的取得与承继无客观、合理的安排,治权安排的那点相对的合理性也往往会被冲淡。因此,政道的建构是需要解决的首要问题,政权有客观而合理的安排,治权安排的合理性才能得到切实的保障。总结传统中国在政权与治权安排方面的得失,确立政治世界和社会世界的不同原则,对于实现"善治"、实现当代中国治理能力和体系的现代化有非常重要的启示意义。

在"表层"的政治哲学思想背后,则隐藏着"道德的形上学"和"真实的主体性"这两个基础。它们与政权、治权的合理安排之间,存在着一种互动关系:道德的形上学和真实的主体性为政权、治权的合理安排提供超越的根源和人性基础,而政权、治权的合理安排又须能为真实主体性的实现创造良好的条件,并深化对"道德的形上学"的切实领悟与体证,而后者反过来又能使政权与治权之安排更趋合理,从而形成一种良性的互动态势。

所谓"道德的形上学",是牟宗三的本体论学说。牟宗三强调要吸收与超越康德道德哲学,而康德道德哲学只包括"道德的神学"(Moral theology)和"道德底形上学"(Metaphysics of morals),[①] 并无"道德的形上学"(Moral metaphysics),因而,牟宗

---

① 牟宗三:《心体与性体》(上),上海古籍出版社,1999,第116页。不过,在牟宗三看来,"道德底形上学"应该是道德之形上的解析(metaphysical exposition of morals)或道德之形上的推述/证(metaphysical deduction of morals)。"Exposition"原作"Expositlon",误。此错误源自台北正中书局1968年初版,见该书第136页。此处据全集本改。见《牟宗三先生全集5·心(转下页注)

三的哲学努力就是要用"道德的形上学"取代"道德的神学",以此来产生其超克康德道德哲学的效应。

牟宗三以"道德的形上学"取代"道德的神学"的努力,有着文化传统和理论自身的双重合理性。首先,中国传统并不重视那创生万物的人格神,反而是以理性的态度,把远古的观念中的超越的主宰者,转化为一种本体宇宙论的创造性力量(Onto-cosmological creative power),从而把神学变成了形上学;其次,康德建立或证成其神学思想的进路或视角是他所谓的"自律道德",从而有"道德的神学"之名,但牟宗三所建立的不是神学,而是形上学,且是带有道德性质的,或从道德的进路、角度切入的形上学,这就是牟宗三所谓的"道德的形上学"。质言之,牟宗三认为所谓"道德的神学"所完成的任务,可以由"道德的形上学"来完成。"道德的形上学",实际上就是带有道德的性质或从道德的进路、角度切入的形上学。其中,"的"是表示修饰与形容的字,因而"道德"是修饰语、形容词,表示此"形上学"带有道德的性质,而"形上学"则是中心词,因而,"道德的形上学"的含义是带有道德性质的本体宇宙论的陈述。作为一门学问的"道德的形上学"是对带有道德性质的本体论和宇宙论(此二者构成了"形上学")进行研究,其对象是形上学。而这种本体论和宇宙论之所以带有道德的性质,是因为其中的"创生实体"(亦即本体)既是人的"内在道德性"或心性本源,又是宇宙之本源,故有"从'道德的进路'入"之说。因此,牟宗三所谓"道德的形上学"严格说应是一种本体论哲学学说。这种带有道德性质的形上学,是牟宗三政治哲学的哲学形上学基础或超越

(接上页注①)体与性体》(一),台北:联经出版事业股份有限公司,2003,第140页。以下凡引自《牟宗三先生全集》,均不再标注出版单位与年份。这其实相当于康德在《纯粹理性批判》中对时间空间以及范畴的形而上的阐明、形而上的演绎。质言之,此即对道德的先验本性的说明并由此而论证由它而来的原理,都具有普遍必然的效用。

的本体论依据。它表明牟宗三政治哲学思想背后的宇宙生化之源和人的道德创造之本,提供了人理解其本真性或其自身的道德创造性的根据和契机。

除了"道德的形上学",牟宗三还有"道德底形上学"的概念。依牟宗三之说,"道德底形上学"即是"道德之形上的解析(阐明)或推述(推证、演绎)"①,亦即是对他由之以建立其形上学的"道德的进路",进行形而上的解析或推述。其中,"底"是表示所有格的词②,"道德"是主词或核心词,"道德底形上学"实即对道德做形而上的阐明或推证,或归属于道德(学)的形上学(解析或推述)。牟宗三说,这种阐明(说明),"依中国之思路说,就是对于一个概念之'体的说明'"。③ 经过这样的阐明或演绎,一方面阐明其纯粹的、先验的自律性质,展示其中的基本原理;另一方面说明正是由于此处的"道德"具有纯粹的、先验的自律性质,它才能作为此"形上学"的性质,提供切入此"形上学"的进路。质言之,"道德底形上学"其实是探讨那切入本体论和宇宙论(此即形上学)或作为其性质的"道德"(包括其性质、构成、后果等)的学问。

但是,牟宗三的实践智慧学并不止于讲明此道德性的本体宇

---

① 所谓"形上的解析",相当于邓晓芒译《纯粹理性批判》(康德著,人民出版社,2004)中时间空间的"形而上学阐明";形上的推述(证),相当于邓译本中范畴的形而上学演绎;而后文的"超越的运用/推述(证)"则相应于邓译本的"先验演绎"。
② 笔者对于牟宗三"的""底"两字的用法的理解,与颜炳罡的理解正好相反。颜炳罡在《牟宗三学术思想评传》一书中,准确而清楚地指出了牟宗三"道德的形上学"与"道德底形上学"的不同,但是,他认为"的"是表示所有格的词,"底"是表示形容或修饰的词(参见氏著《牟宗三学术思想评传》,北京图书馆出版社,1998,第238页)。但是,在笔者看来,"道德底形上学"表示的是这种"形上学(的解析或推述)"是属于"道德(学)的",因而,"道德"是核心词;而"道德的形上学"表示的是这种"形上学"具有"道德"的性质,其核心词是"形上学"。由此可知,"底"应该是表示所有格的,而"的"则是表示修饰或形容的。
③ 牟宗三:《心体与性体》(上),第116页。亦可参见牟宗三《牟宗三先生全集5·心体与性体》(一),第141页。

宙论，以及构成此本体宇宙论的性质——道德。它是纯粹的、先验的自律道德，而非出于自爱、幸福或道德感的他律道德，也不是出于完善性的本体概念或完善性的神学概念（上帝的意志）的他律道德①。牟宗三的道德哲学并不止于此。他还想阐述此纯粹而自律的道德的超越的运用，亦即说明概念、范畴如何能应用于现象，形成客观有效的知识。根据中国的思路，这即是"用的说明"，具体而言，即说明那道德性概念（即心性本体）如何使人在具体的道德实践中做出存在的、历史的、独一无二异地皆然的道德决断。此种对人的独特的道德决断的说明，加上牟宗三的"两层三我"说或人性的三分，即从真我与假我，或气性主体、知性主体与德性主体，共同构成了牟宗三"立体的主体"之说。

由道德的形上学和立体的主体出发，牟宗三还探讨了"良知"（或宇宙生化本源、民族文化生命和个人心性本源），经由"坎陷"以"开出"民主与科学的新外王事业的问题。这就是牟宗三"本内圣开出新外王"的实践运思。这一思想框架曾遭遇诸多批评和辩难，但争论双方可能都未能深入思考"坎陷"的根本目的这一核心问题。倘若从目的论的视角来看牟宗三的"坎陷"说，我们会发现，牟宗三其实是把"坎陷"所成的民主与科学（以及一切能体现人的个性和本质而人又将其视为终身事业的对象性活动）当作良知"呈现"（或自我实现、自我成就）的必要途径。

综上所述，对牟宗三的政治哲学思想与治理智慧的探讨，应该包括以下内容。首先是概述其政治哲学思想的基本架构和内容；其次，反思其后的超越性根据与人性论基础，这就是道德的形上学、立体的主体的揭示；最后，缕述牟宗三政治哲学思想的治理效应，抉发其治理智慧，探寻其由"坎陷"和"真美善之分

---

① 牟宗三把出于完善性的本体概念的他律道德理论体系，称为"形上学的道德学"，如朱熹、斯多葛派等；把出于上帝（神、天）的意志的他律道德理论，称为"神学的道德学"，如董仲舒或基督教的道德理论。

别说与合一说"所揭橥的治理智慧。

我们坚持由浅入深、由表及里的叙述进路,首先对牟宗三的政治哲学思想做一简要描述。在《政道与治道》中,牟宗三总结了传统中国在政权和治权安排方面的经验教训和理论得失。牟宗三认为,古代中国的政治安排是"有治道而无政道",其实践方面的效果就是,虽然治权的安排显得合理而有效,但由于政权的取得与承继缺乏合理、客观而必然的保障,加上政道相对于治道的根源性地位,治权的安排所具备的那点合理性亦因此而得不到保障。由此,探索治道的恰当形态、探讨政治世界和社会世界的不同律则、澄清治道与政治哲学的关联,是本书第一章的重要内容。

牟宗三在说明与证立"道德的形上学"的过程中,连带着阐明了此"形上学"中的"道德"的纯粹自律之性质,故本书在如实地阐明和证立牟宗三"道德的形上学"的同时,亦演证其中的"道德"的先验性和纯粹自律性。具体而言,所谓"道德的形上学"实即这样的一种努力:把天和人都视为一种本质上客观的、能有所成的创造性力量,并进而依此把性体、人的有价值的行动、道德界和存在界统一起来的努力。为了完成这个任务,牟宗三从探讨中国文化"道统"之道的确切意义开始,通过"帝"、"天(天命,天道)"、"性"、"诚"、"神"、"寂感真几"等范畴说明这种"创造性力量"的客观面意义,接着通过"仁"、"心"、"性"等范畴及其相互关系,说明这种"创造性力量"的主观面及其与客观面的关系,从而有"天命下贯而为性体,性体由仁(心体)的形著而具体呈现与实现"之说,以及心体性体作为创生之真几、创造的实体,使道德界与存在界达成统一的归结。这一部分除了这一主线之外,还有一"隐线",此即道德因其直接来自绝对的创造真几,而成为真正的创造,具有先验的纯粹的自律的性质。这是本书第二章的内容和主题。

在此基础上,牟宗三把"人性"分为气性、知性和德性三个层次，并把人性的"德性"层面的含义定为上述创造性本质力量。相应于其三分的"人性观"，牟宗三系统论述了包括理解的先验原理和实践的先验原理在内的"人性全部领域内的先验原理"，以及这些原理的最终归属——有独立洞见的自由主体的道德实践。此即本书第三章的内容和主题：首先把"人性"归结为道德创造之性，或把人的"道德创造之性"当作人的唯一真性；其次，根据人性的结构而区分理解与实践活动，并把人的活动最终统摄于道德的实践；最后，经由自由而凸显人的真实主体性，并具论人的道德实践、政治哲学、公共治理与人的真实主体性的实现之间的关联性，进而对人的真实主体性的实现或"圆善"是否可能、如何可能等问题做出积极回应。

最后，本书将论题收缩，集中探讨牟宗三的实现人的真实主体性或"圆善"的关键助援——公共治理或治理智慧的问题。这既真正回应了"五四"启蒙对"民主与科学"的呼唤，也蕴涵着为人的真实主体性或圆善的实现提供有利条件的内涵。为此，本书对牟宗三的"良知自我坎陷""本内圣开出新外王"的实践运思展开讨论：本书先回应了学界围绕"良知坎陷"的争议，讨论了"良知坎陷，如何可能"的问题；接着围绕"良知坎陷与政治哲学"的问题讨论了"新外王的形式条件"；最后，从"真美善的分别说与合一说"着眼，对"良知坎陷与公共治理"和"合一说"的治理智慧进行了总结。这就是本书第四章的内容和主题。

本书探讨了牟宗三的政治哲学及其后的超越根据和人性基础，即道德的形上学和立体的主体等问题，并在此基础上探讨了牟宗三政治哲学思想在公共治理方面所提供的治理智慧。总的说来，牟宗三的哲学可以用"超越的自由主义"来概括，而最终可以统摄于"太极、人极、皇极三者并建"这一框架之下。政治哲学实质上是"皇极"的开显，它的背后有着天道人性等根据和基础。此三者之间存在着紧密的联系和互动关系：道德的形上学和真实的主体性为政权、治权的合理安排提供超越的根源和人性基础，政权、治权的合理安排又须能为真实主体性的实现创造良好的条件，并深化对"道德的形上学"的切实领悟与体证，而后者反过来又能使政权与治权之安排更趋合理。

以上对牟宗三政治哲学的理解与诠释，一方面抓住了牟宗三哲学的核心思想观念，实现了对牟宗三哲学思想体系的"客观的了解"。这个核心观念就是在牟宗三哲学思想体系中作为绝对的创造实体或"创生之真几"的心体性体，其具体内涵实即能够收敛、凝聚而有所成的创造性力量（天、人均是如此），是创造性与限制性（或规范性）、无执与执、无限与有限的合一，是即活动即存有的主客观面合一的实体①。另一方面以这个核心观念为拱顶石，力图把牟宗三的"道德的形上学"与"道德底形上学"，以及道德界与存在界、本体界与现象界等统而为一，并以此为据探讨了牟宗三哲学的实践意义，尤其是其政治哲学与治理智慧。

此外，本书主张，对牟宗三思想中某些并不十分清楚或存在歧解的论断，应该通过合理的诠释以使其有意义，而不是简单地回避或否定它们；对于那些确实无法得到合理解释的问题，则明指为牟宗三哲学思想中的内在缺失。这样的处理把牟宗三的哲学思想作为一个整体来做"客观的理解"，并理性地反省其中的理论得失与现实意义，从而提供了一种立体的而非平面的、冷静客

---

① 若以西方哲学的术语来表达，这一实体首先当然相当于康德的自由意志，但由于牟宗三强调这一实体的"涵盖乾坤"的超越性，其能直通宇宙生化之源，故而，这一实体实际上又被牟宗三改造成了黑格尔的作为"绝对精神"的绝对实体或绝对者。牟宗三对中国古籍的解读，与黑格尔对西方哲学发展轨迹的梳理极为类似。黑格尔"通过把以往的哲学理论纳入自己的哲学体系，而不是通过反驳这些理论，来树立他自己在哲学史上的地位"（J. B. Baillie, *Translator's Introduction of Hegel's The Phenomenology of Mind*, Beijing: China Social Science Publishing House, 1999, p. 12）。质言之，黑格尔通过梳理西方哲学的发展，清理出绝对精神在历史发展中的不同环节，从而突出黑格尔的地位。牟宗三力图通过对中国古籍做创造性的诠释、解读，清理出能自我发展的作为"创生之真几"的心体性体，以为义理纲维和发展脉络，对中国文化与哲学进行"贯串历史，通盘省察，立其纲维，通其脉络，化其症结，补其阙失"的诠解。

观而非狂热偏至的叙述牟宗三思想的研究方式。

　　本研究的方法论原则是：基于"以学心读，以平心取，以公心述"的态度，先做客观的理解，然后做"以判心论"的工作。本书力图内在于牟宗三的理路对牟宗三做创造性的诠释，探讨牟宗三的政治哲学思想对我们的生活世界与公共治理所可能有的启迪，并理性地省察牟宗三在相关领域实际存在的片面与不足，以我们的诠释去疏通它们，而不是简单地取消它们。在这方面，芭芭拉·赫尔曼对康德的诠释为我们提供了榜样，即"我所主张的必须从文本出发而有意义，以及它必须使文本有意义。……这与其说是一个进行广义注解的纲领，不如说是投身于同文本的某种连续对话。一旦我们修正一种阐释以获取一个更好或更有力的论证，支持我们是在正确前进的最好保证就在于，这种修正对文本中那些原本不可捉摸的部分做出了阐明"。[①] 当然，必须指出，对牟宗三的部分具体观点的辩护决不意味着本书完全赞同其观点，而只是要说明我们在"理解"的阶段应该做到"客观"，至于"理解"之后的"评论"，则必须以批判性的反思为基准。

[①] 芭芭拉·赫尔曼：《道德判断的实践》，陈虎平译，东方出版社，2006，第3页。

第一章　政道与治道：牟宗三政治哲学的双螺旋构成

2014年12月，台湾"中研院"中国文哲研究所李明辉在接受澎湃新闻网专访时，本着善意提醒的初衷，出于"大陆新儒家"群体的内部分歧和该群体可能引起的误会、攻讦，提出"我不认同'大陆新儒家'这个说法"①的观点。澎湃新闻网在2015年1月发出此专访稿时，为博人眼球，以《专访台湾儒家李明辉：我不认同大陆新儒家》为题发表。② 这个专访稿在网上发表后，引起轩然大波，蒋庆、陈明、唐文明、秋风等"大陆新儒家"先后公开发表文章，批驳李明辉和"港台新儒家"的观点。而李明辉也于2015年3月在台湾中研院组织"儒学与政治的现代化：李明辉澎湃新闻专访座谈会"，一方面澄清自己的观点，另一方面回应相关的批评。此后还有多次"隔空交锋"。由于深感此次论战并非激于意气的"山头"之争、其所折射的问题颇有

---

① 李明辉所不认同的"大陆新儒家"的说法，是针对近年来才广泛流行的"以蒋庆为中心、包括陈明在内的一小撮人的自我标榜"。如果他们（坚持政治儒学、标榜康有为的儒教学说去理解阐释儒家的思想人物等）代表了"大陆新儒家"，那么，像熊十力、冯友兰、梁漱溟以及成长于大陆成名于港台的现代新儒家（如牟宗三、唐君毅、徐复观等），他们的位置将如何安放？实在说来，包括成长于大陆成名于港台的新儒家在内的那些在现代以复兴儒学为己任的学者们，他们的问题意识、解决方案从未远离大陆，所以，他们也应是当之无愧的大陆新儒家。

② 参见臧继贤《专访台湾儒家李明辉：我不认同大陆新儒家》，澎湃新闻网，http://www.thepaper.cn/newsDetail_forward_1295434，2015年1月24日。

反思的必要,因此,《天府新论》编辑部联合四川省儒学研究中心举办了首届"两岸新儒家会讲",邀请相关学者,澄清问题。在会讲中,"大陆新儒家"中最先阐述立场的陈明提出了"超越牟宗三,回到康有为:在新的历史哲学中理解儒学的发展"的立场。陈明认为,近代中国的主要课题是"救亡",或康有为所谓"保国保种保教",也可以说是"国家建构与国族建构",具体来说,就是要在确保疆域不分裂、族群不瓦解的前提下,如何保全中华民族的国民教化与文化连续,建构正义而有效的制度、形塑和谐而统一的文化。在陈明看来,这一问题归根结底只是军事和政治上的危机,却"在一些精英分子自命深刻的理论中被转换成为文化危机"。在这些精英分子自命深刻的理论看来,文化有高有低、落后必然挨打,因而,要转危为机就必须引进西方先进文化,近代中国左派的以阶级为主体的"革命叙事"和右派的以个人为主体的"启蒙规划",就是在这样的思想背景下产生的。陈明认为,他们都没有真正意识到问题的关键所在,包括作为儒者的牟宗三、徐复观,他们尽管有儒者的情怀和理念,但语境、问题意识和所使用的思考范式与那些"自命深刻"的"精英"如出一辙,即以中西文化问题为其问题意识,因而,其工作一方面是"建构其现代的知识系统",一方面是"力证其与民主科学并不矛盾、可以曲径通幽",其思想亦只有"思想史和学术史上的价值",而于国家国族建构和当今对于中西关系和文化的理解,存在诸多问题,如对哲学的偏执、对宗教的误解和对认同的忽视等。这些问题对国族建构而言是重要的。因此,陈明总结说,"国家建构,民主是重要的,同样重要却是自由、正义、法制,而这一切的前提和目标则是繁荣和富强——政治和经济紧密结合相关"。

陈明对近代中国思想界的问题意识和思考范式的概括,自有其依据,但其据此批判现代新儒家尤其是牟宗三,却有些不甚合适。牟宗三的问题域当然包括国家国族建构,但又不止于国家国族建构。其对于中华文化生命的"终极关心",成就兼具普遍性与个体性、享有德福合一之圆善的"有德君子",才是其思想的整个核心所在。牟宗三关于现代化或国家国族建构的思考和解决之道,须放在这个大背景下理解,才能合乎其思想的实际。

虽说如此,我们还是可以首先来看看牟宗三思想中"用"或"表现"层面的政治哲学思想。

第一节 政道与治道的反思建构

政治哲学思想并非牟宗三哲学思想的核心。实在说来,牟宗三的政治哲学思想是受现实政治历史境遇的刺激而迸发出来的。若非如此,他应该不会如此阐发其政治哲学思想。不过,牟宗三在阐发自己的政治哲学思想的时候,其眼光却超越了一时之得失,而将中国政治思想与制度的全部历史纳入自己的视野之中,并聚焦于政权之获得与承继有必然之可期,因而,治权自身所具有的合理性能切实起用。这就是所谓"政道与治道"的问题。

牟宗三认识到中国传统政道有其不足。其中,至关重要的是,政权的取得靠的是"德"与"力",或者说是英雄气概颇浓的"打天下",与之相应的是,政权的传承除了世袭之外,别无其他妥善之法。尽管后世儒家提出了一些补救的措施,如重视相权、合理安排治权、加强对君相的道德约束、强调圣君贤相的自我修养等,但是,这些措施也仅仅能部分弥补政道之不足所带来的缺陷,而不能真正使政权的安排有客观必然的合理性。

如何看待政道与治道的关系,如何反思中国传统政道之不足,如何克服此种不足并实现良治善政,等等,是本章探讨的核心问题。

一 政权的本性与政道

所谓"政道",乃是"相应政权而言",是"关于政权的道理"[1]。

---

[1] 《牟宗三先生全集 10·政道与治道》,第 1 页。

政治形态不同，其政道亦有不同。牟宗三认为，"人类自有史以来，其政治形态，大体可以分为封建贵族政治、君主专制政治，以及立宪的民主政治"①，这些政治形态，各有其政道。但是，就封建贵族政治和君主专制政治而言，其政权"皆在帝王（夏商周曰王，秦汉以后曰帝）。而帝王之取得政权而为帝为王，其始是由德与力，其后之继承则为世袭"②。讨论中国传统政道的得失，应当以政权概念的本性、开始（政权取得方式）之"德与力"及后继（政权承继方式）之"世袭"等义为中心予以论衡。

牟宗三认为，中国传统政道主要体现在封建贵族政治和君主专制政治之中。这两种政治形态在处理政权的取得和承继的方式上，相对于政权概念的本性来说，存在着一个无法回避的矛盾。要解决这个矛盾，就必须要突破这两种政治形态。但是，这一"突破"在传统儒家学者那里，总是难免有一间之隔。

关于政权概念的本性，这在政治哲学上，是一个根本性的问题。而人们对政权概念自身的认识，随时代之不同、政治形态的

---

① 关于"封建"一词的含义，近年来有很多的讨论，武汉大学冯天瑜教授的《"封建"考论》（武汉大学出版社，2006）是其中非常有代表性的成果。在中国传统中，"封建"的原意是"封土建国""封爵建藩"，封建制的基本意涵是世袭、分封的领主经济、贵族政治，古代中国与此相对的是"郡县制"，如柳宗元、顾炎武等都对此有所论述。按照这种理解，中国自秦以后的皇权时代，其所实行的并不是"封建制"，而是在地主经济之基础上行君主集权的官僚政治。牟宗三论及"封建"时，曾说，"照西方来说，封建是罗马帝国崩溃之后，各地方各民族退而求自保的时代……照中国讲，封建是西周三百年周天子的封侯建国，作用乃是集体开垦，充实封地，以'拱'周室"。他的意思是说，西方的封建是指西欧在罗马帝国崩溃之后各地方各民族以城堡、庄园等形式存在并通过契约的约定效忠于自己的领主以求自保而导致的一种散落的状态，中国的封建则是西周天子封侯建国、开垦封地、拱卫周室的组织形式。两者之间虽有差别，但亦多有相似之处。它们都承认有天子或国王以为"共主"，而所"封"所"建"的邦、土、藩、爵，即有较强独立自主之权的贵族。所以，牟宗三称之为"封建贵族政治"是较为准确的。

② 《牟宗三先生全集10·政道与治道》，第2页。牟宗三在讨论政治形态问题时，虽然说的是"人类自有史以来"，但实际上其所讨论的范围仅限于中国。他以夏、商、周三代为封建贵族政治之代表；战国及其后的秦，是向君主专制政治过渡的时期；汉代"布衣革命"则开启了君主专制政治的大幕。

演化，更趋于与政权概念的本性相一致。由于对政权自身性质的认识将会决定对政权取得方式和继承方式的评价，因此，我们把对政权自身性质的认识放在后面来讨论。

牟宗三认为，封建贵族政治和君主专制政治中，政权都掌握在帝王手中，其差别只在于"帝王"是来自氏族部落还是具体个人而已。牟宗三指出，封建贵族政治形态脱胎于氏族部落之统治与被统治，"夏禹以氏族部落统治，传子继体，至桀而止。商汤伐桀，以氏族部落统治，传子继体，至纣而止。武王伐纣以氏族部落统治，传子继体，名义上是八百年，实际上是西周加上春秋初期共四五百年耳"①。而汉代的"布衣革命"则结束了封建贵族政治，标志着君主专制政治的开始，后者便是具体的个人掌握政权——其始以个人"德与力"获得政权，然后通过世袭传承政权。商汤伐桀、武王伐纣，其合法性在其"德"，其成功之保障在"力"，而后"传子继体"，以世袭传承政权；汉代的"布衣革命"亦以"德与力"为政权的初始获取之，其后的继承也以世袭为原则。

所谓"德"，指的是作为帝王的个人（其或是氏族部落之首，或是普通的个人）"必积德，必具有相当之正义与理想，依此而足以吸众，并足以伸大义于天下"②，并因而形成一个时代是非善恶的标准。此"积德"之人，如果生逢无道之世，占据天子之位者个人无德，不仅不能代表正义与理想，而且堕落而腐败，纯为物化、不能自持，那么，他便拥有了成为帝王——掌握政权者——的必要前提。当然，这只是问题的一方面。另一方面，此"积德"之人如果没有实力来充实自己，那么，他空有"德"、空有"正义与理想"，亦不能消解、冲击当权者堕落腐化的物化势力之胶着、固结；其正义与理想不足以广被于天下，而民众之疾苦亦不足以解除而得救。因此，在这样的条件下，武力的冲击便是必

---

① 《牟宗三先生全集10·政道与治道》，第3—4页。
② 《牟宗三先生全集10·政道与治道》，第2页。

要的,非如此,不能打散胶固、呈现光明、透露精神。这种在"德"之基础上的武力冲击,便是中国古代所谓的"革命"或"马上得天下"。

"革命",意思是"变更其所受于天之命",通俗讲,就是变更政权、取得政权。这种理解背后隐含的意思是,政权背后是"天命",或"受于天"的"命数"。这就是说,政权的最初取得,是积德者凭借其"德与力"——其德足以服众,其力足以驭众,且其德与力在现实上没有竞争对手——成为"一实际上之无限",并认为其"生命遥与天接","因而便谓其统治是受命于天"。不止如此,此自谓受命于天之人,因其客观上偶然、一时的(材质上的)无限(一时无两),而有一"超越者"提升其"无限"而圆满之,从而转为"理性上之无限",于是有所谓"乃文乃武,乃圣乃神"之说。但是,这一"无限"(无论是一时的、材质上的无限,还是理性上之无限),都依赖于一时的、偶然的"德与力"具于其身,因而,"一旦德与力不足以常新而适应之,则其理性上圆足之无限,顿时即有裂罅出现。如是,其才质之无限即收缩下降堕落而为有限,再堕落而为腐败之纯物化,而彼超越者亦远离挂空而失其天命之意义,失其圆足之力量"。此时,革命者又将起而打散之,于是,天命不复降于旧的统治者,转而降于新兴者,并重新与新兴者"才质之无限"相合、统一,这就是所谓的"既革命又受命"。① 这样的循环既存在于封建贵族政治中,也存在于君主专制政治中。从而,这两种政治形态背后的政道,其政权的取得方式"惟在德与力之打,而政权亦寄托在个人或氏族部落之德与力上",亦即动态地寄托在偶然性上。由于政权是动态地寄托在偶然的、具体的个人或氏族部落上,故其不能有"客观合法之轨道"来产生作为国家元首的帝王。这就是封建贵族政治和君主专制政治的"政道"在政权取得

---

① 《牟宗三先生全集10·政道与治道》,第4页。

方式上最本质的缺憾。

至于政权传承的问题，牟宗三认为，"尧舜禅让"是否实有其事，并非问题的关键所在。毋宁说，孔子删《书》，断自《尧典》，乃是"寄托其政治上之深远理想于尧舜之禅让"，并极称尧舜之盛德与无为而治。类似的，孟子道性善，亦言必称尧舜。儒家之称尧舜，是理想主义之言辞，其意在"立象"，未必是历史之真实。但儒家以"立象"之义称之，乃是将政治形态之高远理想，置于历史之开端，是将有待于历史之发展努力去实现的目标置于开端以为准则。这也就是说，作为准则，"禅让"的理想表达了这样的理念：政权（天下）并非个人所能私而有之，而当该是天下或全民共有之者。所以，孟子才说，"禅让"并不是尧、舜"以天下与人"，而是"天""以天下与人"，"天不言，以行与事示之而已"。"禅让"作为一种政权承继的方式，一方面是儒家政治上之高远理想的寄托，另一方面却隐含着深刻的弊端：其合法性虽来源于天，但表达此合法性的"行与事"却是"民"之抉择。然而，此"民"之抉择最后却成为"家天下"的开端。牟宗三指出，"尧舜禅让"的"立象"之义，未必是历史之真实，但禹之传启，从而开启的"家天下"模式，却几近历史之真实，形成了封建贵族政治和君主专制政治下政权传承的"传子继体"传统。对此，牟宗三说，夏后氏"传子"，但"其详不可得而闻"，到了殷商，对政权的承继才有所称述。汉儒所称的"商质周文"，其在政权承继的问题上就表现为：殷商主亲亲，故兄终弟及，西周主尊尊，故传世子；"主亲亲，笃母弟"，以亲亲的仁爱为原则，"主尊尊，笃世子"，以尊尊之"义"为原则。概括言之，此处涉及的政权世袭问题，于殷商，其仍未脱离骨肉之情、舔犊之私，"尚未自觉到依一客观之法度轨道以继体"；但周文之尊尊，则已进到"依一客观之法度轨道以继体"的境界。西周之"文"在政权世袭的问题上，更符合政权概念之本性：它"根本是法度问题，不是亲情问题，其精神是尊尊之义的精神，不是亲亲之仁的精神"①。因此，在政权世袭问题上的"商质周文"，根本是"一理性自觉之发展"，因为"尊尊之义道是一种客观精神，能超越形限之私、具体之情，而至于客观精神，以建立客观法度，当然是一大进步"②。此种客观精神所表现的客观法度，因周公制礼、厘定宗法而成立，此后，依宗法制而继体，便成为通用于封建贵族政治和君主专制政治的法度准则。后世虽偶有以亲亲补尊尊，但以尊尊来主导政权承继的世袭原则却是必然。

以上就政权取得之依靠"德与力"、政权承继之仰赖"主尊尊"的世袭，其实质都是将政权寄托在氏族部落或具体个人之上。这就意味着，政权的最初取得靠的是"打天下"之"打"（其后的世袭也以最初的"打"为基础），而"打天下"的方式又意味着政权是一"动态的具体物"，可以"取得来""拿得去"。就此而言，传统政治形态中的君主，其开国之君固然得为一"无限"者（尽管是一时的、材质的），但继体之君是否能常有德、有能而合乎君之格与理，却无必然之可期。而因其继体之君之不合君之格与理，政权被人拿去，便成了"理之至顺者"。因此，政权寄托在氏族部落或具体的个人、一家之血统，虽有一定的法度（宗法制下面的嫡长子继承）来延续政权，却并不能使政权保持其稳定。这就是说，宗法世袭制并不能真正成为政权之道。

这就涉及政权概念的本性问题了。

就政权概念的本性而言，牟宗三认为，政权作为"笼罩一民族集团而总主全集团内公共事务之纲维力"③，其本身应该被设定为一个社会的"定常者"。牟宗三认为，"社会上总须有一定常者"。此"定常者"在道理上是社会的基础，充当社会的稳定器。以传统与现实来说，这个稳定器便是国、国体，其具体表现，便

---

① 《牟宗三先生全集 10·政道与治道》，第 6 页。
② 《牟宗三先生全集 10·政道与治道》，第 6 页。
③ 《牟宗三先生全集 10·政道与治道》，第 21 页。

是政权。由于政权是社会的稳定器、定常者，所以，它应该是恒常的、稳定的，用牟宗三的话来讲，即是"静态的实有"（Statical Being）、"定常之有"（Constant Being），此即所谓"政权不断，国体不断"的"公认之原则"①。牟宗三说："国君象征国，社稷亦象征国。社为土神，稷为谷神。有土有民有主权（政权所在），即为一国。"② 疆域、人民、政权，是国家构成的三要素。但在此三要素中，疆域可大可小，人民的国籍亦可以变化，唯主权（即政权所在）才是真正的稳定器。从这个意义上讲，政权概念，就其本性而言，当是一"静态的实有""定常之有"，是绝对权威之所寄，而非动态（可变）的、可"取得来拿得去"的"物件"。

但遗憾的是，在封建贵族政治和君主专制政治之下，此绝对权威之所寄的、作为静态的实有或定常之有的政权，却被当作可凭德与力取得来、拿得去的"物件"，一方面"既寄托在个人上，可以取得来，当然亦可以被拿得去"③，另一方面"又意想其为不断，不应被拿得去"④。此即传统的政治形态在政道上的矛盾，它无法使政权完成其为恒常之本性。反之，要使政权"完成其恒常之本性，以归于其自身之一致"⑤，就需要突破传统的政治形态，另辟蹊径。但是，前贤对于这一矛盾，终于还是没有足够的资源帮助其突破旧格局，故而没能正面去思以解之。这不能不说是过去的儒者在思想上的不足与缺憾。

虽然历史上除了一个略带缺憾的"禅让"理想外，没能给政道的突破提供任何范例，而思想界、理论界也因为经验的缺乏，未能提供有效的资源为真正的政道充当指向之灯塔，但中华历史

---

① 《牟宗三先生全集 10·政道与治道》，第 9 页。
② 《牟宗三先生全集 10·政道与治道》，第 9 页。
③ 此处的"个人"，是一个象征性的说法。它的含义包括了君主个人以及其继体的"血统"，同时还包括所谓的"氏族部落"在内。
④ 这也说明历朝历代号称的"万世一系"，虽仅仅是政权所有者的主观幻想，但这样的说法背后隐藏着一个客观的道理，这就是政权自身当该是稳定的、恒常定常的。
⑤ 《牟宗三先生全集 10·政道与治道》，第 9 页。

上的往圣前贤对政权之道仍有诸多启人深思的想法。

牟宗三梳理了相关的思想资源。首先是《礼记·礼运》中"大同""小康"语境下的政道思想。《礼记·礼运》描述了"大道之行也，天下为公，选贤与能，讲信修睦"的"大同盛世"。牟宗三认为，它未必是历史之真实，却是孔子政治理想的寄托。他分析道："'天下为公，选贤与能'（与即举字）①，可从政权与治权两方面说。若只限于治权方面说，而政权仍属于一家之世袭，或寄托在具体的个人上，则还不能算真是'大道之行'。以今语言之，即还不能算是真正之民主。"② 因为，真正的"大道之行"或"民主"，须是在政权方面达到"天下为公"，亦即政权的民主。在治权方面的"天下为公，选贤与能"，实只是治权的民主，它若无政权的民主以为客观之保证，则不能得其必然性。此点可证之以史。中国自三代或至少秦汉以后，治权方面的"天下为公，选贤与能"于事实上已时或有之，在原则上亦普遍肯定之，此即士人握治权，宰相可出于凡门甚至寒门。但是，由于政权不民主，此治权的民主，亦时有而不必有，无客观之保证；而其原则上的普遍肯定，亦因政权的不民主而孤立无效，失去其客观的保证，这就是宰相地位时常不保的原因。

由上述分析可知，"大道之行也，天下为公，选贤与能"，乃是从政权方面来说。否则，其如何能当得起孔子的盛赞？不过，稍有遗憾的是，当时没有类似的概念区分，使其中表达的至理——"尧舜禅让"，仅为一普泛的理想，甚至沦为后世篡夺的遮羞布。这也说明，"尧舜禅让"虽比家天下更合理、更近于大道之行也，但由于未有妥善之法以保障其必然之实现，故"禅让"与政权概念之本性的体现始终有一间之隔。

至于"小康"之世，"大道既隐，天下为家，各亲其亲，各

---

① "与"繁体写作"與"，"举"的繁体是"擧"。牟宗三以为"与即举字"，是把"与"形近通假为"举"。
② 《牟宗三先生全集10·政道与治道》，第11页。

子其子，货力为己，大人世及以为礼。城郭沟池以为固，礼义以为纪"，由是而一方面"谋用是作而兵由此起"，另一方面又有禹、汤、文、武、成王、周公之"谨于礼"。在牟宗三看来，这实是"人文历史具定形之发展"，且其中"有礼以运之"。相对于"大同"之境之置于历史的开端、作为"立象"以为孔子政治理想之寄托和准则，"小康"之世则是可以验证之历史的开端：《礼记·礼运》论此"小康"之世，说其中有禹、汤、文、武、成王、周公之"谨于礼"。对此，牟宗三的评论是，"措辞稍有不妥，或令人有可误会之处"，因为"礼代表人之精神、理想以及人类之价值观念"，故"礼之运即是历史之精神表现观也"，但《礼记·礼运》却表示"在小康之时局，须谨于礼"，其意似乎是说"一方礼似乎只有消极之意义，一方似乎在大同时即可不须谨于礼"①。这就是"谨于礼"的措辞可能引起误会之处。但在实际上，"礼无时可缺，无时不须谨。即大同时亦然，且其实现与表现将更多"②。因此，即使在"天下为公"的"大同"之世，礼也须"谨"、也须"急"，否则，大同亦随时可丧失。

分析《礼记·礼运》对"大同"之世于"礼"是否须"谨"的缄默，其原因或许是："尧舜禅让"于史实不可征，故仅为一普泛空悬的理想，而脱离人的意识、置之而不问，从而，其中的概念义理未能起到鉴照之用，并使后世对政权之世及与更替的认识，不能紧扣大同中的概念义理展开，也不能审辨其中诸概念的本性以及其涵蕴的一切。这就是中国前贤于政权概念之本性以及政道之建立均有不足的根源。

其次，孟子、荀子根据此前久已有之的依"德与力"而"打天下"的传统，判汤武革命为合法，而桀纣俱为独夫。如此判定的依据在，汤、武因蓄德受命，从而民归之、天应之；而桀、纣则德衰而失民，从而天废之。《孟子·万章上》记载了孟子与万

---

① 《牟宗三先生全集 10·政道与治道》，第 13 页。
② 《牟宗三先生全集 10·政道与治道》，第 13—14 页。

章的对话，大意是：万章问，可否认为尧舜禅让是尧舜把天下"给"了舜和禹？孟子否认此说，并断言"天子不能以天下与人"，而是"天"把天下给了舜和禹。"天"把天下给人的方式，并非"谆谆然命之"，而是虽不言却"以行与事示之"。此所谓的"行与事"，即天不拒绝新任天子的祭祀、民有争讼而愿意听其裁决。此二者中，天不拒享，以现在的眼光看，无法验证；唯民能听其裁决争讼，可以说是"天"以天下与人的唯一可验证的证明。所以，《尚书》中即有"天视自我民视，天听自我民听"之说。这就说明，政权的归属和更替，关键还是在"民"的接受。不过，在实质上，人民的幸福、精神的表现、价值的实现、文化的发展等，都深受政权归属与更替的影响，而在孟子处，政权的归属和更替问题被简单地以"积德与天命"或"天与人归"来解释，进而"泯没不见"，而不足以成为一问题。但事实上，此问题并不能仅任"天与人归"之自然来回应，倘无更细致入微的分疏，则此问题终无妥善解决的可能。此点已由中国自秦汉以降的历史来证明。即使是历明清之际巨变，对明亡的根源有深入反思，进而触及政权问题之枢机的思想家们，如黄宗羲、王夫之、顾炎武等，其所思及者，仍不出传统观念的范围。唯顾炎武在《日知录》中所言"为民而立之君，故班爵之意，天子与公侯伯男一也，而非绝世之贵"的"天子一位之意"，似稍稍触及作为政权所在的"君主"，与其他的爵位相比，并非"绝世之贵"的意思，质言之，"天子"与其他爵位同是"一位"，从而也并无更多"肆于民上以自尊"的资本。其中限制君权的意味，已然呼之欲出。但距离以"客观有效的法度轨道"来限制君权，仍然非止一步之遥。

再次，王夫之寄望"圣人崛起"、"以至仁大义立千年人极"。王夫之在《读通鉴论》中讨论了"得天下"的不同形式，要之，皆为"气之动志"，由其"机发于人，而风成于世"，故此"气之动志，一动不可止"。对此，牟宗三总结说，汤、武革命，王莽、曹丕之篡夺，三国五代之割裂等是其中的不同形态，而沙陀金元之夷狄入主，则是连带而及，为华族之不幸，这就是前文所说"气之动志"、"动而不止"，故而希望有"圣人崛起"、"以至仁大义立千年人极"来遏止此狂流。实在说来，无论革命、篡窃、割据，还是夷狄之入主，都是由于政权委诸具体之个人而不能常、政道不能立。儒家前贤曾寄望于道德教化、礼乐纲维来纠补，但也仅止于纠偏、补充。因为道德教化、礼乐纲维等"只能施之于机动成套以后之事而见稳顺之效。此种效用是被动的、隶属的、委蛇的，而不是主动的、骨干的、根源的"。① 但是，在"马上得天下"的"机发处"，却须设②一"道"来消融、转移其中的"气-志"关系，使道德礼乐由被动、隶属和委蛇的状态，恢复其本性，转而为主动、骨干、根源，或者说，使其由潜伏的变为首出的、由平面的提挈起而为立体的、由散漫的凝聚而为骨格的。这个"设"于"机发处"的道，便是"政道"、便是圣人以至仁大义所立的"千年人极"。

最后，"本儒家以道德礼乐为主动，为骨干之始愿"的"千年人极"，其义理规模将有如下内容：（1）政权，就其概念本性而言，是"笼罩一民族集团而总主全集团内公共事务之纲维力"③。（2）政权由于其为"集团共同体之一属性"，乃是"对应全集团而起的一个综摄的'形式的实有'、'静态的实有'。既非一动态之具体物，亦非一个人之属性"④。因而，中国古语所谓"天下者乃天下人之天下"，意指天下人"共同地有"或"总持地有"天下，而非"不独属于一家一姓，你可以有，我也可以有"的"个别地有"或"分别地有"天下。这就意味着"天下或政权不可以打不可以取"。（3）由于政权是一"形式的实有"，

---

① 《牟宗三先生全集 10·政道与治道》，第 19 页。
② 牟宗三在此说，道德的、形而上的天道，不可说"设"，但是，在"机发处"遏止"机动气运"之狂流的"道"，却可以由"设"而有。
③ 《牟宗三先生全集 10·政道与治道》，第 21 页。
④ 《牟宗三先生全集 10·政道与治道》，第 21 页。

故而它也是一"定常的实有",亦即"其本性不动不变,恒常如如"。政权关联着现实的民族,且内在于一民族而言,有"民族存,政权存",它不隶属于个人(或氏族部落),故不可以取得来拿得去。(4)由上述关于政权的理解,则有"政道"之含义:所谓"政道"就是"政治上相应于政权之为形式的实有、定常的实有,而使其真成为一集团所共同地有之或总持地有之之'道'也"①。简单说,政道就是能保证政权实现其本性、成为集团之属性并为一集团共同地或总持地拥有的原则性制度安排。

"政道"之所以是这样的原则性制度安排,其原因如下:首先,构成一个国家的核心要素是疆域土地、人民和政权,其中,疆域土地和人民都不是稳定恒常的,但国家却需有一个维持稳定之"重器",此"重器"不能是变动不居的,所以疆域土地和人民都不能充当此重器,故而,唯政权可当此"重器"。所以,政权必须是"恒常的有",亦即是"形式的实有"、"静态的实有"②。其次,政权作为"恒常的有"、"形式的实有"、"静态的实有",就意味着政权并非实质性的具体物,它不可以被人个别地或分别地"占有";就其本性而言,它不能是变动不居的(否则就不能充当"定海神针"般的重器之用),而必须是恒常、定常的,所以是"恒常的有"或"静态的实有"。再次,政权在"理"上

---

① 《牟宗三先生全集 10·政道与治道》,第 23 页。
② 关于国之"重器",有多种理解和解释,有理解为军事力量的,有理解为重要人物的,有理解为瑰宝珍品(主要是礼器等)的,也有理解为"天下"的。所谓"天下",便是我们此处说的政权。我们在此把国之重器理解为政权,乃是强调政权之于国族稳定与恒常的中流砥柱的作用。在这个意义上,政权首先当该是"恒常的有";其次,政权之作为"有",不是实质的"有"或实存,亦即不是具体之"物",而只能是"形式的实有";其三,政权作为"形式的实有",并非具体之"物",所以不能"取得来拿得去",这就是所谓"静态的实有"的意思,也就是说,政权并非动态的具体物,而是静态的、恒常的"有"。而政权要成为"恒常的有"、"形式的实有"、"静态的实有",就其本性而言,就只能为一集团所共同地或总持地"有",而不能分别地或个别地属于具体的个人或氏族部落。这就是牟宗三所谓"政道"的真正含义。

（或就其本性言）是"静态的"、"恒常的"、"形式的"，但在历史事实中却一直被当作动态的、实质性的、可以被"取得来拿得去"的具体物，因此，为了恢复"政权的本性"，确保其为集团所共同地或总持地"有"，并遏止其陷于"机动气运"的狂流中，就必须在"机动处""设"一"道"，以承担此一使命。最后，在此所"设"之"道"，便是政道，于是有"政道"的界定，即它是"政治上相应于政权之为形式的实有、定常的实有，而使其真成为亦集团所共同地有之或总持地有之之'道'也"，质言之，即能保证政权实现其本性、成为集团之属性并为一集团共同地或总持地拥有的原则性制度安排。牟宗三把这样的原则性制度安排称为政权的"民主"，或简化为"民主"。

这就是牟宗三通过梳理和反思中国传统政道及其不足所得到的深刻启发。

二　治道的诸形态及其效果

政道，是相对政权而言的；而治道则是相对于治权而言的。传统的政治形态（即封建贵族政治和君主专制政治）并不区分政权和治权，通过"德与力"的"打天下"获得政权的同时，也获得了支配"治权"（或任命执掌治权的宰相）的权力。但是，这样的一种政权与治权不分，且由于政权掌握在拥有"天命"的"（材质的）无限者"手中，由其所支配的"治权"，尽管存在"选贤与能"的民主的历史事实，但此种"选贤与能"也不能上轨道、得不到客观的保障。因此，把政权与治权分开，以保障政权的民主为首出，是回应传统政治形态之不足的关键。与此同时，在保障真正的"政道"得以实现的情况下，反思中国传统治道的不同形态的利弊得失，澄清各种偏颇之见，便成为一件颇有意义的事情。

依照牟宗三的观点，中国传统治道有儒家德化的治道、道家道化的治道和法家物化的治道等几种形态。下面分别介绍和反思其主要内容与利弊得失。

1. 儒家的德化治道

儒家德化的治道，乃是孔子以夏商周三代所累积而成的礼乐，以及其背后的性情、伦常，乃至道德的心性之"德"为依据，以豁醒人的德性、恢复人的真实心，进而完成性情人格的治理或处理公共事务之道。牟宗三说："礼乐，简名之周文。礼乐本于人之性情，其于人与人方面之根据，则在亲亲之杀，尊尊之等。"① 亲亲尊尊，一方面本于人之性情，另一方面亦在个体间的关系之外，"进而举出其特殊的内容"，即伦常。然后，由性情、伦常，点出作为道德的心性的仁义（礼智），遂使"德"之一观念得以完成。于是，表现为外在的虚文的礼乐，当其通过性情、伦常，进至道德的心性之"德"时，便不再是虚文，而成了"真实心"的流露。以上述所说的"礼乐"为据，并不是以其外显的文制（或虚文）为据，毋宁以其后的性情伦常乃至道德的心性为据。像性情、伦常、道德的心性等"礼乐之所本"，便是儒家之为儒家之所在的"千古常道"、"定然大经"，便是儒家所谓的"德"。

由儒家之"德"（由亲亲、尊尊、伦常、性情、道德的心性——仁义礼智来规定）是拯救周文罢弊，觉醒德性的关键与根本。由此进而恢复人的真实心、真性情、真生命，更进一步恢复礼乐精神，损益并创制礼乐，据此以行德性的教化（德化），以性情之教，引导性情人格之完成。因此，儒家德化的治道，具体而言，以亲亲、尊尊、尚贤三目为体，而以正德、利用、厚生三者为用。

亲亲、尊尊作为伦常的纲维网，是"维系人群的普遍底子"；尚贤作为"每一个体自己奋发向上完成自身之德"的人格（包括修养而不止于修养）之事，对于国家、社会而言，是一生动活跃

---

① 《牟宗三先生全集 10·政道与治道》，第 30 页。

的触角。亲亲、尊尊、尚贤均是正德中事,"亲"固需亲,"尊"亦当尊,然而,若"亲"无德、"尊"非贤,则如之何?① 由此可知,亲亲、尊尊亦隐含着"尚贤"之意,而"尚贤完全是仅就'德'而言",因此,亲亲、尊尊、尚贤均是正德中事。这是政治或治理应该首要着力的目的——正德,提升"民"(或被统治者)的德性②。除此之外,政治或治理还应致力于人民生活的幸福,此便是利用、厚生。牟宗三说,"正德、利用、厚生即是王道",并说"王道亦不能只是德,必涵重视人民的幸福","而讲幸福不能离开德",所以,"外王就须正德以开幸福"③。

儒家的政治理想是行王道。王道理想中,其所追求的目的,包括人民的美德和幸福。牟宗三说:"从王道方面讲,正德必函厚生。正因为德是指道德的真实心、仁义心言,故一夫不获其所,不遂其生,便不是仁义心所能忍。从个人道德实践的立场上说,律己要严,从政治王道的立场上说,对人要宽,要恕。正德求诸己,利用厚生归诸人,而亦必教之以德性的觉醒,此正所以尊人尊生也。尊生不是尊其生物的生,而是尊其德性人格的生,尊其有成为德性人格的可能的生。……故厚生必以正德为本。此是儒家言德治之大端。"④ 概略言之,牟宗三认为,政治王道以亲亲、尊尊、尚贤为主体骨干,而其行事的根据即在"德"——性情、伦常与道德心性,其根本目的在性情人格的完成;故而,其既包括个人的道德实践即"正德",以及以此为据的亲亲、尊尊

---

① 根据《大学》,"亲"无德、"尊"非贤,虽非"我"直接造成,但亦与"我"的修身不足有所关联。因此,"亲"即使"无德","我"也应亲之、爱之、近之,使之化而"自新";而处"尊位"者哪怕并非贤者,"我"亦宜与之以足够的尊敬,并以"直道"待之。
② 此种对于政治或治理的首要目的的认识,已然遍存于中西方的轴心时代。亚里士多德的《政治学》和"伦理学",即是如此;而孔子在卫国"庶矣哉",然后加之以"富之",再加之以"教之"(《论语·子路》)的治理目的之次序,以及《大学》"明明德"、"亲民"、"止于至善"的纲领等,也是把"教化"民众、使之"自新"作为治理的根本目的。
③ 《牟宗三先生全集10·政道与治道》,第31页。
④ 《牟宗三先生全集10·政道与治道》,第31—32页。

和尚贤,也包括以人民生活的幸福为目的的政治实践,亦即利用、厚生;其中,人的真实心仁义心的实现、德性的觉醒,是出发点和归宿,"律己要严","对人要宽,要恕"是具体的要求。

儒家德治的方式和效果,可由《论语》及其他典籍中的部分言论以见之。

孔子曾说:"为政以德,譬如北辰,居其所而众星共之。"(《论语·为政》)朱子《集注》引程子言"为政以德,然后无为",又引范氏所说"为政以德,则不动而化,不言而信,无为而成。所守者至简,而能御烦;所处者至静,而能制动;所务者至寡,而能服众"。这表明儒家的德治,简易无为①。恰如《诗经·大雅·文王》所言"上天之载,无声无臭。仪刑文王,万邦作孚",文王以"无声无臭"的"上天之载"为榜样,其实就是"为政以德"之"不动而化,不言而信,无为而成"。

孔子亦曾说:"道之以政,齐之以刑,民免而无耻。道之以德,齐之以礼,有耻且格。"(《论语·为政》)通过对比以政、刑为治和以德、礼为治的不同效果,孔子倡言德、礼从根本上转化人的治理方法,强调唤醒人的德性之心,使其悱启愤发,自能耻于为非作恶而向善。由此可见,德治乃是归于每一个人自身人格之站立与完成;而政、刑则只是助缘,是原则上或目的上可以废除者②。

---

① 儒家之"简易",来自《易》之所谓"乾以易知""坤以简能",这不难理解。但儒家的"无为"来自哪里?其与道家倡导的"无为",所异者何在?这是个大哉问。此处只能简单言之。儒家的"无为"观念,与《诗经》的教诲相一致,想必其源头应该与《诗经》有莫大关联,而不能说是源自道家(虽然孔子曾经见过老子,向老子问过礼)。之所以如此说,是因为儒家的"无为"以"德"为据,而儒家的所谓"德"即性情、伦常与道德心性;至于道家的"无为",则是源自"道"的属性,循"道"所效法的"自然"(自己如此这般)便是"无为"。这就是说,儒道两家虽共享"无为"的行为方式,但"无为"背后的理据是不同的,儒家"无为"的根据在"德",在性情,在伦常和道德的心性;而道家"无为"的根据则在"道"或"自然"。

② 虽然在原则上或目的上可以废除,但这并不妨碍其在手段上为必须者。

至于德治的极致，则于子路与孔子的一则问答中可见。子路问孔子，"愿闻子之志"，孔子回答说"老者安之，朋友信之，少者怀之"（《论语·公冶长》）。对于这一理想，朱熹认为："如天地之化工，付与万物，而己不劳焉。此圣人之所为也。……分明天地气象。"① 此即儒家德治之极致，而与《易·乾象》之"乾道变化，各正性命，保合太和，乃利贞"相合。"各正性命"，"老者安之，朋友信之，少者怀之"，乃至"君子贤其贤而亲其亲，小人乐其乐而利其利"（《大学》）和"致中和，天地位焉，万物育焉"（《中庸》）等，都是表达儒家德治的至高境界的。在此境界中，每一个人圆满具足的个体人格。"其所以能有此境界，原是根于其德治之开始，即视人人自身皆为一目的，由其德性的觉醒即可向上愤发（原文如此——引者注），完成其自己。故其极致，即是各正性命……落足于具体的个人人格上。"② 这就是儒家德治的终极理想。

尽管儒家德化的治道倡导简易无为的方式，以德、礼的根本转化，追求各正性命的终极理想，但由于其在大一统的君主专制政治形态下，缺乏一客观而有效的法律轨道来限制"君主"、使政权与治权相分离，因而，儒家德化治道的理想始终未能实现。这其中颇有值得深思之处。

在君主专制政治形态下，儒家德化的治道是无（真正的）政道的治道，或治道的主观形态。在这样的情况下，儒家前贤只能在造就"圣君贤相"的途径和方式上下功夫。因为在君主专制政治形态下，如果不是"革命""打天下"，那么，天子（或皇帝）作为一权位上的超越无限体，实无任何客观有效的法律轨道来约束和规范之，使之客观化、理性化，于是便只好从道德上着力，通过"德性"来使皇帝与宰相客观化，但是，这种客观化是非常

---

① 《四书章句集注》，中华书局，1983，第 83 页。
② 《牟宗三先生全集 10·政道与治道》，第 33 页。

脆弱的①。纵观中国古代历史，往往是圣君贤相难求、昏君奸臣易得。因为圣君贤相的"圣、贤是德性上的名词，不是权位上的力量。大而化之之谓圣。化就是要你让开一步，让物物各得其所，各正性命"②；而要让"皇帝"这个权位上的无限体"让开一步"、他自己"忘掉他的权位"、人民也"忘掉他的权位"，又何其难也。故牟宗三说，儒家德治的"德化"皇帝，亦即由德性以纯化而充实权位上的无限体，其最高境界便是"法天"，就是"物物各得其所，乾道变化，各正性命"，皇帝只有如此，"方是尽君道"。

综上，儒家德化的治道，其不足之处实并不在治道本身，而在相应政权而无政道。这就造成了只能依靠道德，而不是客观有效的法律轨道来调整和约束君主的状况，从而，政权不能客观化和理性化，而变成动态的具体物，进而连带有民主色彩的治道也不能保存。

2. 道家道化的治道

道家道化的治道，乃是出于对治周文之堕落为外在形式主义的"虚文"而产生的一种含有愤世嫉俗意味和批判性地强调"反有为，而归于'无为'"的治道思想。这种治道思想有鉴于人受缚于外在形式的桎梏中而不得自适其性的痛苦，强调从此种外在的形式中解脱的意义。故而，道家之"道"作为一种浑圆的绝对、自足的自然，其功用在于破除外在的形式和人为的对待，而有助于一种在"自适其性"中过平等无对的幸福生活。因此，道家的主张有一种浪漫的否定精神，代表了一种反人文、非人文或

---

① 实在说来，从"德性"而来的客观化仍然是比较脆弱的。因为"德性"本身就缺乏客观性。此种"缺乏"可以从两方面来讲，一是作为一种"品质"的德性（在儒家的具体表现，如仁、义、礼、智、信等）如何成为其自身，这本身就是不能客观化的；二是"德性"是否会具于某个人身上，这本身也是非常偶然，因而也难以客观化的，以本身就很难客观化的"德性"为皇帝和宰相"客观化"的前提，足见后者的脆弱性。

② 《牟宗三先生全集10·政道与治道》，第33页。

超人文的思潮，而倡导"反人能，反有为，而归于'无为'"的"自然主义"治理方式。

与儒家德化的治道有某种相似，道家道化的治道也希望"人君归于自己之自适自化而让开一步，让物物各适其性，各化其化，各然其然，各可其可"。但由于道家之"道"进一步散开而落在各个体上，因而体"道"的君主忘掉自己权位的无限，进而成为道化人格的圆满自足之绝对与无限①。而由此圆满自足之绝对与无限之归于"独"，故能推开让开，而让物物各落在自己身上，"故道化的治道之极致便是'各然其然，各可其可，一体平铺，归于现成'，也就是庄子所说的'无物不然，无物不可'。这也是天地气象，天国境界"②。这种道化的治道的"天地气象，天国境界"，可用《庄子·田子方》中"循斯须"之言而喻之，所谓"斯须"，乃是"物方生之机，而吾以方生之念动之，足以成其事而已足矣"③，也就是说，道家道化的治道，既不是以"我"为标准，也不以"物"为标准，而是遵循事物当下的情势和"我"当下的念头，故"无物无我，无古无今。只此斯须，斯须相续。是之谓无为而成其事"。牟宗三对此总结说："循斯须，则我法皆空，是之谓道化。"④ 从这些说法可以看出，儒道两家在治道方面确实存在一定相似之处，牟宗三甚至说，"惟无论儒家的德化，或道家的道化，其治道之最高境界都可说是天国境界，神治境界"，"物各付物，归于现成，神治宇宙万物亦不过如此"⑤。

但是，儒道两家在治道方面的相似性，也就仅仅是在最高境界这一点上。但是，即使是这共同的最高境界或"无为"的背后，也隐含着非常不同的支援意识。在牟宗三看来，道家之所以倡导道化的治道，原因在于道家认为"文礼"只是些束缚人的外

---

① 《牟宗三先生全集 10·政道与治道》，第 38 页。
② 《牟宗三先生全集 10·政道与治道》，第 38 页。
③ 王夫之：《船山全书 13·庄子解第二十一》，岳麓书社，1996，第 328 页。
④ 《牟宗三先生全集 10·政道与治道》，第 39—40 页。
⑤ 《牟宗三先生全集 10·政道与治道》，第 38 页。

在形式，而不像儒家那样"看出文礼本于性情，有德性上的根据"，道家反对等差，却"看不出等差亦出于性情，有德性上的根据"①，因此，便把等差之礼视为"人为的虚妄分别"，是计较、追逐、纷争、多事的根源，而他们的"无为"便是对治这所谓"等差之礼"的。但是，令人遗憾的是，道家本应反对"私意计较、私智穿凿的'为'，根于下等欲望的'为'，根于师心自用纯然是习气的'为'，根于家言邪说立一理以架空造作的'为'"②，却不加区分地连本于德性天理的"为"也一起反对。因此，牟宗三总结说："道家之无为固然亦是遮拔私意私智之'为'，而'无不为'则却只是'自然之变化'，只是休养生息而且一任生息所可能有之自然限度之自适自化。这其中并无价值理想的意味，亦无参赞的作用，因为人之性情中正面之德性未透露故。……自然的（而非理想主义的）'无不为'实不能是无限的、永恒的，而有消逝断灭枯萎之可能。此道家之道之所以为消极，为不足处，而实不能真极成'无为而无不为'一主断也。"③

总之，道化的治道因其本身存在上述的问题而不能自足独立，所以其在中国历史上仅存其义而未能实际发用。这也是它与儒家德化的治道的不同。它虽可以补充儒家德化的治道的某些不足，却不足以真正补足儒家德化的治道的根本缺陷。因为德化治道的根本缺陷在于没有真正切于政权本性的"政道"，从而不能使政权与治权分离，治权也无法得以客观化。这是道家道化的治道所无法解决的。牟宗三总结说，"道化的治道与德化的治道，自今日观之，实不是普通所谓政治的意义，而是超政治的教化意

---

① 《牟宗三先生全集 10·政道与治道》，第 36 页。
② 《牟宗三先生全集 10·政道与治道》，第 37 页。
③ 《牟宗三先生全集 10·政道与治道》，第 37 页。牟宗三在此指出，不唯道家可以说"无为而无不为"，儒家亦可如此说。且儒家由于能区分私意私智之"为"与根于德性天理之为，故能以"无为"来遮拔私意私智之"为"，又能以"无不为"来兴发根于德性天理之大用，故能以德性天理为依据而真正可以说"无为而无不为"。

义"①，这就是说，"道治"与"德治"实际上是人格的教化与养成，而不是普通所谓的政治。尽管政治的意义与教化的意义并不冲突对立，我们不会因为要转出政治的意义，就抹杀或否定教化一层的意义，但是，在中国现代化的过程中，政治意义的转出却有特别的价值，而转出政治意义的具体途径也是很值得认真探究、总结的。关于此一问题，容后再加以详细叙说。

3. 法家物化的治道

法家是中国春秋战国转变期适应贵族没落和井田制崩解、以及由此引起的政治格局客观化趋势而产生的一种政治学说。在这一转变期中，由于贵族没落，君从贵族的牵连束缚中获得解放而拥有一超然而客观的地位，成为一国的元首；由于井田制的崩解，民从井田采地中解放而成为国家中有动转自由之一分子，非复为封君贵族食地采邑中的私属之人，也获得了客观的地位；同时，士人亦不再是家臣食客，而是崛起为一股取代贵族、掌握治权的势力，从而也获得了客观的地位，并表现出政治的客观意义。君、士、民都得到解放并获得了客观的地位，意味着政治格局有了客观化的趋势，同时也意味着出现了一个并非礼文伦常、亲亲尊尊所能涵盖的领域。它呼唤着新的回应方式，这就是法家之"法"出现的背景与契机。

"法"之所以能在此转型时期应运而生，就是由于社会的客观化趋势所引发的政治格局的客观化。因为"最能表示政治运用之客观性的就是'法'，这是突现出来的一个新领域"。②这个新领域即关涉于全体的"公共"领域。这一公共领域不是作为生活的仪节轨道——升降进退、周旋揖让——的"礼"所能涵盖的，而是需要一套具有普遍性和客观性的、无差异地对待所有人（理上或形式上如此）的制度，这就是"法"。牟宗三指出，在实施

---

① 《牟宗三先生全集 10·政道与治道》，第 41 页。
② 《牟宗三先生全集 10·政道与治道》，第 42—43 页。

的时候，法的有效性是其当务①，但在运用的关节上，信赏必罚却是必须的。只有"慎法者必赏，奸令者必罚"，法才能推行无阻。秦孝公变法时，商鞅徙木立信，为的是向民众展现信赏必罚的决心，使新法能够顺利推行。

法家"为政以法"，从境界上虽然不及儒家的"为政以德"和道家的"无为而治"，但其长处在顺应时代政治客观化的趋势，以"法"来规范新的领域、调整新的关系。与"法"所规范的领域的本性一致，法施行时，必定是"认事不认人，认法不认人"。这就需要"冷静的乾慧、客观的理智"，而无仁德以润之的"冷静的乾慧"在信赏必罚时，毫不容情、毫不通融，似乎显得严峻刻薄，但"使孔子而处此，亦不能外乎此一套"②。意思是说，法家之"法"，其境界虽不及儒道两家的天国神治，但颇能契合时代之趋向，而"向客观方面的共同事务之领域用心，……共同事务之领域是抽象的、一般的，是有普遍性与客观性的法所运行之地"。所以，法家"携着法以成就这种共同性的事"，其结果便是"事功"。也就是说，"为政以法"的治道，如果不逾越其边界，的确是直接符合政治的意义的，因为作为运行于共同事务领域的政治，其本质即"客观性的，依法而行的东西"，所以，"为政以法"的治道表现了"客观精神"，已达到政治意义的边界，是当务之宜而无可讥议。牟宗三说，"儒者亦可以作此"③，只不过，儒者对此不甚措意，其用心不在于此；但不用心于此并不表示其在理论系统或原则上一定会反对。实在说来，儒者"向主观方面的个体（个人人格）用心"的以性情伦常、亲亲尊尊为根据的"礼法"，与法家向抽象客观的共同事务用心的"法"，分属两个层面，并不冲突。只要各当其分，儒者不反对"为政以法"的治道，而法家亦不反对"为政以德"的"德化"。

---

① "当务"即应当办理之事。
② 《牟宗三先生全集 10 · 政道与治道》，第 43 页。
③ 《牟宗三先生全集 10 · 政道与治道》，第 44 页。

但是，法家的理论只能在法的领域、事功的范围内起用，而不能超出事功的范围，成就一套透及全部人生的完整系统。这就意味着法家的理论要有益而无害，就只能限于共同事务之领域，以成就事功。但是，遗憾的是，法家在后来通过慎到、申不害，发展至以道家为体的韩非，以及秦政、李斯，其治道便堕落为"物化的治道"。

法家之治道堕落为"物化的治道"有两个关节。其一是法家集大成的韩非顺着抬高君权，倡导君主专制的政体，进一步崇尚君术，将君主驾驭臣下之"术"神秘化，使之成为普遍化的、神秘莫测之术，成为一个"反贤、反德、反民智、反性善，进而反孝弟、反仁义礼智"的治理权术思想，为作为"术府"的君主提供思想资源。其二是韩非把君术、干枯的理智与道结合，以道家之道为体，并使"法"越出其所处理的共同体事务的领域和范围，成为君主驭下的工具。牟宗三指出，道家之道之所以能与君术和干枯的理智结合、成为法家之体，就在于它"本是由破除外在的形式与人为的对待而显的一个混沌，其中并无德性的内容"，也在于"君在权位上本是个超越无限体，今复益之以无德性内容、无价值内容之干枯冷静的虚寂浑全之心，以为神秘莫测之术府，则其为极权专制乃不可免。此神秘莫测之术府所运用之工具便是法"[①]。概略地说，君术笼罩下的人性乃是黑暗无光、干枯晦暗的理智，君术收摄此干枯的理智和道家之道于其中，便成为神秘莫测的"术府"，此"术府"以本有普遍、客观和整齐划一性的"法"为工具，并使其越过共同事务的领域而笼罩划一一切，于是，人间的德性和光明之根被昏暗、物化，遭到抹杀，人民亦只成为"物民"、刍狗或黔首。法家之教也因此而为极端愚民、独裁和专制之教，秦政、李斯实践韩非之教，焚书坑儒，反历史文化，以法为教、以吏为师，遂使法家的治道堕落为"物化

[①]《牟宗三先生全集 10·政道与治道》，第 45—46 页。

的治道"。

当其尚未越过自己的边界——共同事务的领域——时,"法"能表现自己的政治意义与客观精神,能成就事功,帮助主体形成事功精神[1]。但是,"法"一旦越过自己的边界,被作为"术府"的君主所利用,便会成为其普遍地宰制和笼罩一切的工具。于是,法家的治道便堕落为"物化的治道",事功、政治意义、客观精神等皆被桎梏而死。牟宗三认为,这是"大不幸事"。其关键在,顺君主专制政体,单从治道方面用心,而不知从政道方面用心。因此,相应政权(掌握在君主手中)而无政道以限制之,法家之"法"的本性或意义亦不能实现。

这就是说,法家的治道之所以会堕落为"物化的治道",或者说,之所以会有韩非子之顺君主专制政体、将法与神秘莫测的君"术"结合且以普遍化的"无德行内容的道家之道"为体,原因在于它"顺君主专制政体,单从治道方面用心,而不知从政道方面用心",从而不能维持、完成其为法家,进而"向'物化的治道'方向走"。关于这一点,法家自身不能认识,传统中国的思想家们也不能认识,因而,他们未曾使法的领域、政治意义、客观精神在治权治道方面有表现之外,亦在政权政道方面有表现。不唯如此,他们也未意识到,法的领域、政治意义、客观精神"惟在政权政道方面有(表现),则治权治道方面的(表现)始能局守而不滥,维持而不坠,即完成其为法的领域、政治意义与客观精神"。

正因为法家(乃至中国传统思想家)没能正视法的领域、政治意义和客观精神在政权政道方面的表现,所以,前期法家只是事功的法家,而非思想家的、有理想的法家;后期法家则只是顺

---

[1] 牟宗三常说,"事功精神"是中年人的精神、商人精神、散文精神,平庸、老实,无甚精彩出奇,卑之无甚高论,故不为人所喜。但此种精神又使人敬业乐群,做事仔细精密,步步扎实,以能做成事业为要,故尤为现实的政治生活之客观化所必需。参见《牟宗三先生全集10·政道与治道·新版序》。

治道一面,彻底透出,把"为政以法"推极而为"物化的治道"的境地。就此而言,唯儒家能接近完成政治意义与客观精神,事实上正是儒者以其禅让的理想、公天下的理念,表达了政道方面的朦胧意识,法家、道家反无一语及此。

检讨中国传统治道的不同形态,我们发现,中国传统治道的的共同缺失,在于不从政权政道方面用心,而单从治权治道方面用心。这种处理方式的弊病在于其理想的诉求,如儒家"为政以德"的各正性命、道家"循斯须而应之"的各适其性无为而治,只是偶然能得到实现而无客观与必然之可期;而法家法的领域、政治意义与客观精神亦不能期望其必然有表现。因此,要让"为政以德"、"为政以法"能够客观化,就必须保证相应政权有政道,质言之,即有能实现政权概念本性的政道。于是,治道背后有政道,此治道具备了客观形态,与此相反,无政道的治道则只是治道的主观形态、即圣君贤相的形态。后者只有在偶然的情况下,即出现圣君贤相的情况下,才能实现善治。

三 政道与治道的建构路径

在分析和批判中国传统的政道与治道(包括其不同形态)的基础上,我们可以得出如下观点:在牟宗三看来,中国传统的封建贵族政治和君主专制政治,虽然在政治的现实上有一定的根据,但从根本上说,那些根据,无论是禅让、革命还是其他,都因德与力而取得政权,并通过世袭来承继政权,从而,都不可避免地因其偶然性而丧失了其为"根据"的资格。这就是说,从根本上讲,中国传统的政治形态并无真正的政道可言。因为"政道"是能真正地保障政权概念的性质得以实现的原则性制度安排,能保证政权完成其为集团所共同地或总持地拥有的本性的原则性制度安排。而中国传统政治形态背后德与力的要素、世袭等制度安排,均不能保障政权概念之本性的实现,而只能是在政权为氏族部落所有或为个人所有的情况下的一种权宜之计,并不能贞定政权为"静态的有"或"形式的有"的本性。因此，牟宗三有传统中国"有治道而无政道"的主张。

然而，传统中国在"有治道而无政道"的情况下竟然延续了数千年，且创造了无比辉煌的成就。其根据又在于传统中国有着高明的"治道"：儒家"德化的治道"、道家"道化的治道"①。它们与法家的治道相结合，缔造了不少治理的神话。这背后的根据就在中国文化中理性的运用表现。

所谓"理性的运用表现"，是牟宗三对中国文化生命特征的概括。牟宗三指出，这里的"运用"（functional），也可说是"作用""功能"；而"运用表现"（functional presentation）则有似于佛教的"作用见性"、宋明儒的"即用见体"和《周易》的"于变易中见不易"，只不过中国传统的说法偏重于"见体"，而"运用表现"则偏重于"表现"。所谓"表现"，就是在具体生活中牵连着"事"而言"据体以成用或承体之起用"，这里的"体"，即"理性"，是在生活中具体地关联着"事"的实践理性或人格中的德性。质言之，理性的运用表现，即实践理性或人格中的德性能直接在生活中具体地在"事"中起用、表现或实现。牟宗三把它说成是"德性之感召"或"德性之智慧妙用"。

在中国人看来，理性或理是在人情中的、活的事理或情理，是与情或事混融在一起而不破裂的。这种理性，其运用表现，即"是生活、是智慧，亦是德性，才情性理都在内"。牟宗三总结说："这种表现说好是通达圆融、智慧高、境界高，说坏，则混沌、拖泥带水，而且容易混假成真，落于情识而自以为妙道，违

---

① 牟宗三虽然概括了传统中国的三种治道形态，但认为法家的治道尤其是后期法家"物化的治道"，实在算不上高明。他虽然承认前期法家能对法的领域、政治意义和客观精神有所贡献，但并不能使之客观化，至于后期法家"物化的治道"，则不足道也。与此相反，牟宗三对儒家"德化的治道"和道家"道化的治道"再三致意，称其为"天国神治"，是"神治模式"，境界是特别高明的。不过，尽管如此，牟宗三还是坚持，这三种治道形态由于缺乏真正的治道的支撑，而沦为"治道的主观形态"、圣君贤相形态。

禽兽不远而自以为得性情之真。"①

具体说来，从文化问题方面来看，对理性的运用表现可做如下理解。

第一，从人格方面说，理性的运用表现在圣贤人格之感召。这就是《论语》中子贡对孔子"之于得邦家者，所谓立之斯立，道之斯行，绥之斯来，动之斯和"的评价，以及孟子"君子所存者神，所过者化"的白描。孔子的"立之斯立，道之斯行，绥之斯来，动之斯和"，即孟子所谓的"所过者化"。牟宗三说，"这化的作用是由于'所存者神'。化本身也是神，这并没有理由可说。这'化出去'中间并没有什么曲折，故无理由可说"。② 这些说法表明，作为理性之运用表现的圣贤人格之感召，其所过者化、其圣德之化出去，并不需要任何媒介或桥梁，而是直接地、一下子就"化"的，是"莫之为而为者，莫之然而然"的，虽圣人本身亦讲不清其中的原委、其中的过程，而只是其圣德之神直接"化"出去，形成感召。这中间没有曲折，无需媒介和桥梁，否则，便成了理性之架构表现了。③ 因此，圣贤人格的感召不需要媒介，不需要借助于架构表现。其超架构表现的境界以及达到此种境界的学问与工夫，就是中国文化生命的"领导观念"。

第二，在政治方面，理性之运用表现即儒家德化的治道。儒家的德化，首先是德化代表政权的皇帝。因为在过去的君主专制政治形态中，皇帝集政权与治权于一身④，皇帝之取得政权、行使治权并无一定之常轨，使得治乱相循，全凭皇帝之德。因而，在这种情况下，德化皇帝便是必然的选择。其结果便只好将善治

---

① 《牟宗三先生全集 10·政道与治道》，第 52 页。
② 《牟宗三先生全集 10·政道与治道》，第 53 页。
③ 媒介、桥梁本身就是架构，是一个建筑物。建筑物本身的形成即理性之架构表现。因此，借助于媒介、桥梁，包括以言语表达的规则、原理、机制等，去实现的人格养成，便是理性之架构表现。
④ 虽然宰相一直被认为是治权的代表，但实际上宰相只能有限地代表治权，他实际上是大皇帝意志的执行者，本身并无多少自主决策的权力。从这个意义上讲，皇帝实是集政权与治权于一身。

的希望寄托于造就圣君贤相。牟宗三说,圣君贤相的形态是"圣贤人格之在政治领袖上的应用",这就是政治方面理性之运用表现。牟宗三认为,圣君贤相或儒家德化的治道、道家道化的治道、法家物化的治道,其境界均极高,唯德化、道化"系神性一面,而物化则为魔性一面"①。德化、道化,以"各正性命"、"各适其性"、"各遂其生"为最高境界和最后归宿,亦即以"使人与万物,均能各得其所"为终极鹄的。在理性的这种运用表现中,"人民忘掉政治,君相亦忘掉他的权位,个个皆撒手让开而守其'独'。此为彻底散开之个体主义"②。这种彻底散开的个体主义可以说是超政治的高级政治,是"有类于'神治'的形态"。其所以类似于"神治",一是因为德化的或道化的治道须以单线孤行以至于"极"来补济政道之"穷",故而表现为"君相之德之妙用",或"'所存者神,所过者化'之应用于君相"③;二是因为此种单线孤行的治道不需要通过近代意义的国家政治法律等"架构",即可在"君相之德之妙用"下实现"各正性命"的天下太平。此两者"一体两面",均表示无需国家、政治、法律便可德化人民,使"老者安之,少者怀之,朋友信之"。这就是"神治境界"——"神"(譬如西方的上帝)治理宇宙便不需要通过任何架构作媒介。但是,君相之德毕竟不是"神",其德或道之妙用毕竟不能必然在他者(即人民)身上奏效,人间的、政治上的治理,需要通过特定的架构来实现价值,因此,理性在政治上的运用表现,是不恰当的。

第三,从知识方面说,理性之运用表现是道德心灵的摄智归仁而形成道心之观照或寂照,其呈现为智的直觉形态而非知性形态。道心之观照万事万物,一不通过经验,亦即其不受经验或耳目之官的限制;二不通过辩解的推理,不以思想形态出现,故无

---

① 《牟宗三先生全集 10·政道与治道》,第 54 页。
② 《牟宗三先生全集 10·政道与治道》,第 54 页。
③ 《牟宗三先生全集 10·政道与治道》,第 54 页。

需逻辑的程序与数学的量度。因道心之之观照既不由经验又非逻辑推演，故其不成就科学知识，而是成就那将心之智用收摄于德性而转成的德慧。牟宗三说，"德慧"是一种超知性之智，或"神智"、"圆智"。其或类似于西方的上帝之智用。后者无需藉逻辑、数学等程序来了解万物，正如其治理宇宙之无需政治、法律诸架构。这在"上帝"处并不是缺憾。但是，对于中国文化摄智归仁的"神智"而言，未出现逻辑、数学、科学①却是一缺憾。这缺憾便表现为中国文化"一方面有很高的境界、智慧与气象，而一方面又是空荡荡的，令近人列举的头脑发生太惨的感觉"②。因为中国文化中的德慧毕竟不是"神"，这德慧要真能客观必然地起用，就必须借助于逻辑、数学、科学等架构，而有理性之架构表现。因此，牟宗三说："光有境界气象，而无建筑物以充实之，究不能尽其美与大……作用表现是圣与神，现在再经过一番充实光辉之美大而复归于圣神，岂不更好？"③

由前所述可知，理性之运用表现不需任何中介与桥梁作为建筑物，便可直接发生作用，以圣贤人格之感召、德化道化的直接"神治"和神智圆智的道心观照等形式承体起用。其境界虽然高超，但毕竟略有缺憾。因而，须从理性之运用表现转出架构表现。

所谓"架构表现"（constructive/frame presentation）即理性通过一定的架构（中介、桥梁或建筑物）、一定的外部成就，来切实展现（表现）自己的意义。这就是说，理性切实展现（表现）自己的意义，需要通过一定的架构、中介、桥梁或外部成就才能

---

① 类似的，中国传统治道的"神治"，亦无需国家、政治、法律。因而，中国传统的政治思想也缺乏现代意义的国家、政治和法律。现代以来的中国学者，大都承认古代中国并不是一个政治意义上的国家，而是一个文化体或文明体系。同时，其在政治方面仅有治道而无政道，在法律方面有伦理法而非政治法。这些都是中国古代未出现国家、政治、法律的根据。
② 《牟宗三先生全集 10·政道与治道》，第 56 页。
③ 《牟宗三先生全集 10·政道与治道》，第 56—57 页。

办到；而成功这一外部成就（或架构、桥梁、中介）即理性证明自己、表现或呈现自己的方式；同时，此外部成就也是在作为理性呈现自己的方式时，才有意义。这是理性呈现自我意义的一个"圆环"：理性从呈现其意义的"决心"出发，将自己投射到某一中介、架构中，在成就相关的架构、建筑中切实发挥自己的作用，或建构或调整，从而回应最初的"决心"，真正成就自己。在这一"圆环"中，相关架构、中介的成就既是理性借以呈现自己的必要途径或方式，其意义也正在其作为理性的真实呈现。

这样的关系也说明，理性的运用表现和架构表现有着密切的关联。而且，对于中国文化在当前"尽其使命"而言，此两者"都需要，都要出来"①。不过，理性之运用表现和架构表现却有各自的适用场合：理性之运用表现适用于圣贤人格之感召，而政治与知识领域，以及个人道德实践的具体工夫，则需要理性之架构表现。牟宗三指出，架构表现的"底子是对待关系，由对待关系而成一'对列之局'（co-ordination）。是以架构表便以'对列之局'来规定"②。此架构表现中的"理性"并非人格中的德性或具体地说的实践理性，而是非道德意义的"观解理性"或"理论理性"，是人性中知性层的基本元素③。而民主政治与科学知识正是人性中知性层上"理性之架构表现"的成就。

理性之架构表现，详而言之，可由以下四项以明。

首先是政道。前文说到，政道是能使政权保持其为集团所共同地或总持地拥有的"静态的实有"或"形式的有"之本性的原则性制度安排。通过这一原则性的制度安排，政权的本性得到稳固和保障，因其不再寄托于具体的个人或氏族部落，而是寄托于抽象而恒常的制度故也。这一步构造之能形成，其根底在人民有其政治上的自觉与独立性、人民能自觉其为一政治的存在，从而

---

① 《牟宗三先生全集 10·政道与治道》，第 58 页。
② 《牟宗三先生全集 10·政道与治道》，第 58 页。
③ 详见本书第三章。

与皇帝或统治者成为一"有独立个性之对立体即敌体"①。人民在政治上自觉其独立个性,与统治者成为相互对等的实存,从而形成对待关系与对列之局,然后要求通过抽象的制度限制皇帝的权力②,而此种限制皇权的抽象制度,便是政道。牟宗三说:"政道是民主政体所以出现之本质的关键。故政道与民主政体之成立皆是理性之架构表现。"③

其次是政治、国家与法律。政治、国家、法律等与政道一样,均以人民在政治上独立个性之自觉为前提。牟宗三强调,真正意义上的政治,当该是随民主政体而来的民主政治,而不是圣君贤相下的吏治。它的实现(运用、表现)就在于通过选举、被选举而取得定期治权④,此种选举亦依赖于人民在政治上有其独立个性。对于国家,牟宗三说,它"是因人民有政治上的独立个性而在一制度下(政权的与治权的)重新组织起来的一个统一体"⑤。它既区别于皇帝通过武力硬打来的朝代(更替),也区别于作为文化单位的天下。因为"人民无政治上的独立个性",对

---

① 《牟宗三先生全集 10·政道与治道》,第 59 页。"敌"在这里并非如一般所理解的"有利害冲突、不能相容"之义,而是"对列相当、匹敌对等",因此,"敌体"是指彼此地位相等、不分上下的一组存在。这种有自觉个性的人民与统治者成为"敌体",既不是靠圣君贤相的主动让开散开,也不是人民通过暴力谋得与统治者不分上下的相等地位,而是通过制度安排来实现的。
② 人民与皇帝既然是彼此地位相等、不分上下的"敌体",那么,很自然的,人民便会追问,"皇帝能拥有至高无上的权力,凭的是什么",从而要求皇帝给出其权力的来源,并证明其权力的正当性与资格。人民据此便提出了限制皇帝权力的要求。
③ 《牟宗三先生全集 10·政道与治道》,第 59 页。
④ 牟宗三认为,究其根本,民主的实质是"政权为民族全集团所共同地或总持地拥有",或曰"民有"、政权为全民所有。但是,这一实质亦须有一定的途径或方式来实现,因而,能够证明政权民有,从而实现民主的方式或途径,就是人民可以选择一个政府,定期地但可能是暂时地掌握治权。这大概是牟宗三着重强调《礼记·礼运》的"选贤与(举也)能"的原因。由此,我们也可以看出,牟宗三的民主观仍然停留在 19 世纪"民有、民治、民享"的理念,同时糅合了中国古代传统的一些因素,并有意无意地回避了 20 世纪以来民主的多种模式。
⑤ 《牟宗三先生全集 10·政道与治道》,第 59 页。

政权无所事事，只是个被动体，故"亡国大夫有责，亡天下匹夫匹妇有责"。在这一观念中，"亡国大夫有责"表示的是一种"靠武力硬打以改朝换代"的现象，人民对此无所事事、漠不关心，谁来给谁纳粮，纯然是一被动体；而"亡天下匹夫匹妇有责"表示的则是一种普通人要对"亡天下"负责的现象，"匹夫匹妇有责"即表示是一文化单位：天下亡于夷狄、亡于野蛮，人人当仗义，保持此礼仪之邦，这即是一道德文化意识，而非国家意识。以上两端，前者有国家之形，但由于人民无政治上的独立个性，而无所事事、漠不关心，故只成得一改朝换代、城头变幻大王旗的现实，并无真正意义上的国家之实；后者则是一天下意识，只成得一文化单位，其中的人民所具有的只是一道德文化意识，而非国家意识。以此，国家之成就，亦因人民为独立的"敌体"而为一架构，是架构表现之成就。关于法律，它也是随政道之出现而来的、对政权治权的安排和对权利义务的订定。这也是完全靠人民有政治上独立个性的自觉。牟宗三指出，法律的内容即"维护所保障的正义、人性、人道、幸福等"，这些是可以随着时代发展与人民自觉的程度而不断丰富与发展的；但是，就其本质而言，法律当该是政治法①，它"不外靠人民有政治上独立个性之自觉而始成其为近代意义的法律"，并"有其客观实效性"。法律因"人民有政治上独立个性之自觉"而"不是一面倒所订立的"②，故亦见得是"理性之架构表现"。

再次，是科学知识。科学知识涉及的是主客体间的认识关系。要成就科学知识，一方面需要经验（且限于经验），另一方面需遵守逻辑数学。"经验接触对象使知识有特殊的内容，思想遵守逻辑数学而了解对象使知识成一系统（即所谓一组命题）。

---

① 所谓"政治法"，与伦常法相对，就是随政道而来的、对政权治权的安排和对权利义务的订定；伦常法则主要是指中国以前维持五伦的法律。伦常法会随德化或大化流行而被束之高阁，故无独立意义；政治法则有永恒独立的意义。

② 《牟宗三先生全集10·政道与治道》，第60页。

知识之成非预设主客体间的对偶性不可。"① 也就是说，科学知识的成就，必须要"自觉地造成主客体的对立，使对象从情意中提炼出来，成为一个知识的对象"②。在这个过程中，将外界推出去成为知识的对象（而不是如道德宗教一般摄所归能、摄物归心），而主体则为认知主体，两者均在对立关系中凸显。以此亦可见，科学知识亦是"理性之架构表现"的成就。

最后，是人格的养成。这里谈的人格养成，并非所谓圣贤尤其是圣人的人格养成。因为，对于圣贤尤其是圣人来说，其人格的养成无须借助语言这一中介或架构。但是，对于匹夫匹妇而言，其人格的养成需要借助风俗的熏习、语言的训导、舆论的规制、制度的奖惩等架构和中介。在这个过程中，主体人格和风俗、语言、舆论、制度等也构成了一种对偶关系。从这个意义上讲，普通人人格的养成也是"理性之架构表现"的成就。

牟宗三说，中国文化生命的不足就在于缺乏理性之架构表现。因此，中国文化在现代尽其使命的关键在于从理性之运用表现到理性之架构表现，从隶属格局到对列格局，从综和的尽理（尽气）之精神到分解的尽理之精神。当然，此三者归根结底只在一点：如何转出架构表现。对此，牟宗三指出，"从理性之运用表现直接推不出架构表现来"，"其中有一种转折上的突变，而不是直接推理"。③ 具体到儒家的"内圣与外王之道"来说，牟宗三主张，"没有德性，固不能有科学与民主政治，但有了德性，亦不能直接即有科学与民主政治"，也就是说，德性（内圣）是科学与民主政治（新外王）的必要而非充分条件。有人或会反驳说，有的科学家能提出新的科学知识，却没有德性，因此，此种对内圣与外王关系的理解，无论是来自你还是来自牟宗三，都是错误的。单就现象和常识而言，此种反驳有一定的道理。但若能

---

① 《牟宗三先生全集 10·政道与治道》，第 60 页。
② 《牟宗三先生全集 10·政道与治道》，第 60 页。
③ 《牟宗三先生全集 10·政道与治道》，第 62 页。

悉心体会牟宗三此说的深层含义,便可知这种反驳是站不住脚的。因为,能提出新的科学知识的科学家,未必就有"科学(素养)"①,也未必自觉其理性之架构表现,更未能自觉其科学探索、科学发现与其自我认同、自我实现之间的本质关联,因而,仅因科学家提出新的科学知识就言其有"科学",恐怕过于武断了。至于这一反驳中的"德性",实际上被理解为日常语言中的道德,亦未免太过狭隘了。实在说,牟宗三此处的"德性"(内圣),毋宁是个人的自我实现与自我认同,甚至,它更超越地通着天地之道。从这个意义上说,当一名科学家能创造性地通过科学探索、发现自然的奥秘、提出某种具体的科学知识,从而印证自己的本质力量时,他就毫无疑问地具有了"德性"。因为,他在这一发现中,印证了自己的本质力量,实现了自我,获得了自我认同,从而与自然的奥秘或天地之道通而为一。这就表明他具有了"德性"。

德性或内圣背后是理性之运用表现,科学与民主政治背后则是理性之架构表现。就历史与现实的经验来看,理性之运用表现与理性之架构表现分别同时存在于中西方文化之中,似乎牟宗三的上述论断并不能成立。西方文化生命中理性之架构表现及其科学与民主政治等成就,斐然成章。但是,若与理想相比,科学之步入歧途,民主政治现实的堕落,亦与科学和民主政治如影随形。这种反差的背后,与理性之运用表现的阙如紧密相连。牟宗三认为,简单说,理性之运用表现就是"据体以成用"、"承体之起用",其中,作为"体"的理性是在具体生活中牵连着"事"的、活生生的实践理性,是人格中的德性,而其"用"则是人格的感召、德化道化的神治和摄智归仁的德慧,但这些"用"的根

---

① 科学素养,作为一个整体,包括掌握基本的科学知识、了解科学研究的方法、对科学的社会功能及其限度有恰当的认识,以及科学精神等方面。能够提出新的科学知识,就意味着该科学家具备基本的科学知识、熟悉相关学科的术语,并懂得科学研究的程序和方法,但是,这名科学家是否能恰当认识科学的社会功能、是否真正具有科学精神,确实是得不到保证的。

底却在于那活生生的实践理性或人格中的德性；与此相应，理性之架构表现却是非道德意义的"观解理性"或"理论理性"借助某种中介成就政道、政治、国家、法律及科学知识，其中，"观解理性"或"理论理性"只关心经验是否与逻辑相符合，而不关心其是否与具体生活中牵连着"事"的实践理性或人格中的德性相适合。因此，人类历史与现实经验中，与科学与民主政治如影随形的堕落和误入歧途，正是理性之运用表现为架构表现真能尽其使命所必须的明证。

于是，问题便是：在理性之运用表现这一必要条件具备后，中国文化生命在现时代要如何才能客观地尽其使命？牟宗三的回答是：通过良知或道德理性的自我坎陷①，转出理性之架构表现。

在此，良知或道德理性是"体"，而圣贤人格的感召、德化道化的神治和神智圆智道心观照的德慧是"用"。依理性之运用表现，良知或道德理性是直接通过直觉（即前面所述的"用"）来解决道德、政治和生产、生活等领域的问题。由于圣贤人格、"神治"与德慧等均属于主观的实现或绝对的实现②，其在实际上未必会发生。因而，为了使良知或道德理性之"用"能在实际上定然、必然地发生，亦即有其客观的实现，良知或道德理性需要约束或限制其主动、能动的实践面向，而要求一静观、分解的认知架构，即"理性之架构表现"。由于理性之架构表现是静观的、分解的，而良知或道德理性却是活泼能动、关联着具体生活中的"事"的，因而，牟宗三说，道德理性"要求一个与其本性相违反的东西"。这一"要求""表面或平列地观之，

---

① 关于"自我坎陷"的论述，详见后文第四章。
② 所谓主观的实现或绝对的实现，与客观的实现相对。主观的实现或绝对的实现，乃是指在理论上或理想中应该会发生、实际上未必会发生的"实现"，同时，其虽在实际上未必会发生，却不碍"理想"要求其应该发生；而客观的实现则是主观的实现或绝对的实现借助于一定的架构或中介而产生的、现实中必然定然发生的"实现"。

是矛盾"①；但如果内在且贯通地理解，则此一"要求"作为道德理性有其客观的实现的前提，便将会在道德理性的实现或满足中得到消融。反过来，通过此表面矛盾的消融，即表示良知或道德理性"曲而能通"。这由"曲而通之"的客观的实现，不是通过逻辑推理而来，而是有着实践的必然性或辩证的必然性。

在牟宗三看来，良知或道德理性经"自我坎陷"而有一客观的实现，有两方面的具体表现——知识方面的科学和政治方面的民主。牟宗三说："经此坎陷，从动态转为静态，从无对转为有对，从践履上的直贯转为理解上的横列。"② 在自我坎陷的转折中，理性具体体现为观解理性，它在知识与民主的成立中起着建构性的作用，并自成一独立的领域而有其独立性。也就是说，若单在知识或政治的领域内，观解理性的功能是不应该受到干扰的。但是，一旦越出认知的、政治的领域或界限，来到"人性活动的全身或文化理想"的实践领域时，就必须要贯通着、关联着良知或道德理性的特殊义用，接受良知或道德理性的调整、轨约和范导；否则，便会有"科学一层论、理智一元论"以及"窒息文化生命、文化理想的泛政治主义"等"好知不好学，其蔽也荡"的"泛滥无限制"之弊。如是，"吾人自人性的全部活动与文化理想上主张道德理性贯通观解理性，其贯是曲贯，非直贯，故不是泛道德主义，亦不是泛政治主义，故既能明科学与民主的独立性，又能明其与道德理性的关联性"。③

总之，中国传统上并无严格意义上的政道。因为严格意义上的政道，就是能使政权保持其本性，即作为一集团所共同地或总持地有的"静态的实有"或"形式的有"的原则性制度安排。它标志着政权的"民有"性，故牟宗三坚持严格的政道即是民主，这种意义的政道是传统中国所没有的。牟宗三说，中国以往有治

---

① 《牟宗三先生全集 10·政道与治道》，第 63 页。
② 《牟宗三先生全集 10·政道与治道》，第 64 页。
③ 《牟宗三先生全集 10·政道与治道》，第 68 页。

道而无政道，其真正的意涵是中国传统上没有严格意义上的政道①。但中国古代有高度发达的治道，无论是儒家德化的治道、道家道化的治道，还是法家物化的治道，都达到了极高的境界，但是，由于政权问题得不到解决，它们都只是治道的主观形态或圣君贤相形态，而不能成为治道的客观形态，亦即其不能保障自己的理想诉求有客观必然之可期。为了使儒家德化的治道、道家道化的治道客观化，就必须从理性之运用表现转出理性之架构表现，使真正的政道得以确立，而"政体内之各成分，如权力之安排、权利义务之订定"，皆各如其分，而显出"合理公道"的价值。从理性之运用表现转出理性之架构表现，关键在于良知或道德理性的自我坎陷，经由此自我坎陷，一方面科学与民主能保持其独立性，另一方面又不割裂其与道德理性的关联性。

第二节　政道、治道与良治善政

前文说到，中国传统的治道，无论是儒家德化的治道、道家道化的治道，还是法家物化的治道，均达到了极高的境界。儒家的治道理想是"为政以德"的各正性命，道家则是"循斯须而应之"的各适其性、无为而治，至于法家，其客观的事功精神欲使法的领域、政治意义与客观精神等得到完成。这些理想和追求，就其本身而言，都有非常深刻的积极意义。但由于政道的阙如，最终却将各自的治理理想寄托于偶然的、个别的圣君贤相身上，令人遗憾和痛惜。

为了避免历史的重演，牟宗三主张要建立真正意义上的政道。在此基础上，探索治道的恰当形态，真正实现国家和社会的

---

① 但是，中国以往也有自己的"政道"，这就是以德与力为基础硬打天下取得政权、继而通过世袭制度来传承政权的解决之道。这种安排方式带有非常强的偶然性，常使政权处于动态或动荡之中，政权成为"动态的有"，是可以"打得来、拿得去"的，因而不能保持政权概念的本性，所以，它并非真正的政道。

良治善政。

一 有政道的治道

在牟宗三看来，治道的恰当形态，当是有政道之治道，或曰治道的客观形态。与此相对，治道的主观形态，即无政道之治道，是治道的圣君贤相形态。后者将社会的"大治"寄托于圣君贤相的出现。但是，在现实经验中，圣君贤相乃是可遇而不可求的、有着强烈的偶然性，因而，把"治道"寄托于圣君贤相，就是将其寄托于偶然性。牟宗三之所以在区分政道与治道之后，又强调有政道的治道为治道的客观形态，就是为了救济圣君贤相出现的偶然性之弊。

治道的客观形态或治道的客观化，意味着在政道民主（即政权为集团所共同地或总持地有，具有公共属性）的基础上，让治权的所有者能经由一制度性安排（此即代表政道的宪法）而能周期性有序、有效地产生，从而获得其真正的客观化。

牟宗三分别讨论"政权"与"治权"，以及相应的政道与治道。这是承孙中山把政治分成"政"、"治"的做法而来。孙中山指出，"政就是众人之事，治就是管理，管理众人的事便是政治。有管理众人之事的力量，便是政权。今以人民管理政事，便叫做民权"①。根据孙中山的观点，牟宗三指出，政权是"笼罩一民族集团而总主全集团内公共事务之纲维力"②，治权则是"措施或处理公共事务之运用权"③。比较他们的说法，可以让我们更清楚地了解二者之间的关联。孙中山的"政就是众人之事"，亦即牟宗三所说的"公共事务"；不过，孙中山只是把政权界定为"有管理众人之事的力量"，至于"谁"有此力量，这是什么样的力量，孙中山并没有明确。牟宗三则明确，此种力量究其本性而言是属

---

① 《孙中山文粹》（下），广东人民出版社，1996，第 808 页。
② 《牟宗三先生全集 10·政道与治道》，第 21 页。
③ 《牟宗三先生全集 10·政道与治道》，第 24 页。

于一民族全集团的,更进一步,此种力量是总主全集团内公共事务的"纲维力"。所谓"纲维",原意是总纲和四维,引申为国家的法纪、法度,因而,政权作为一种"纲维力",也就是属于全民族集团所有的、抽象的、源自国家法纪法度的主干力量。对于"治权",孙中山认为"治就是管理",他同样没有对管理的主体进行说明(当然,或许因为限于演讲的场合,须要简短截说),而牟宗三则指出了"治权"的掌握者是政府尤其是其首长,亦即政府及其首长所拥有的、处理措置公共事务的、具体可用的权力,就是治权。对于牟宗三之区分"政权"与"治权",如果借用传统的体-用关系来表达,则政权为体,治权为用;政权是抽象、虚说的权力,治权则是具体、可用的权力。但是,"虚以控实",政权是治权之性质的基础与规定者;实以著虚,而治权则是政权得以实现的具体途径。

为了能实现政权概念的本性,一方面相应于政权的政道须是民主的,另一方面相应于治权的治道亦须是民主的。政权的民主在实际上只是意味着"民有",也就是政权由一民族集团所共同地或总持地有,从而得为一"定常之有"或"静态的实有"。治权的民主或所谓治道,即蕴含着民要如何处理治权以体现自己对"政权"的所有权的问题。对此,牟宗三认为,"民"是通过周期性的选举以有序、有效地产生和转移治权来体现自己对"政权"的所有的。他期待着"民"能够甚至是必然会"选贤与能"。但这实际上也带有浓厚的乌托邦色彩。质言之,牟宗三力图以区分政权和治权,以及相应的政道与治道,并借助于民众在政道安排的周期性选举以使治权成为可变者等,从根本上说,并不能真正实现政权概念的本性。因为,从终极的意义上说,政权民有只是形式的条件,而非目的。真正构成目的的,是贤圣君子及其美好生活的普遍成就与实现。不仅如此,此处所谓的"贤圣君子",并非一般的"乡曲拘谨之好人",而是真正能展现或实现其内在本有的美好德性、明其明德的大人君子。因而,仅有政权的民主

（民有），还只是部分地实现了政权概念的本性。欲使政权概念的本性完全充分地实现，还必须在安排治权时，真正能做到"选贤与能"，为贤圣君子及其美好生活的普遍成就与实现，创造良好的外部环境与条件。

在这个意义上说，仅以选举（选贤与能）从而让治权周期性有序、有效地转移来回应政权概念的实现，显示出牟宗三在这方面确有思想资源不足的问题。牟宗三以选举来表达或实现的"民治"，虽然有西方的实践和中国传统的"选贤与能"为其合理性依据，但问题是：历史与现实的经验能否成为一种实践方式具有合理性的充分依据？答案显然是否定的。历史与现实的经验固然能为某种理论或实践方式的合理性提供些许辅助性的佐证，但很难说是充分的。牟宗三之区分政权与治权，目的就是要使政治客观化、从而为其能必然地尽其命（即让贤圣君子及其美好生活普遍必然地成就与实现）提供可靠的保障，但遗憾的是，牟宗三良好的主观愿望缺乏各类客观资源的支持，故而，其美好的主观愿望殊难真正实现。

尽管如此，牟宗三通过有政道的治道这一治道的客观形态所提出的政治的客观化问题，在现实上，是一个有意义的、值得认真对待的客观问题。

治道的客观形态背后，隐含着良善的治理效果如何能客观必然地呈现的问题，而这个问题，实际上就是政治客观化的问题。依牟宗三的观点，所谓政治的客观化是相对于一种政治实践方式而言的，是指其目的和使命能够普遍必然地得以实现，而有其客观的妥效性。牟宗三从历史的经验中看到，以往的政治形态中，若只有治权的民主[①]而政权不民主，则此治权的民主"一方面可

[①] 实在说来，此种状况下的治权民主，实不是"民主"，而只是治权的有限的开放。在政权的本质是私有的具体之物条件下，治权的产生是皇帝或君王的主观任意，治权的传递、转移，也带有极大的随意性。所以才有评论者说"这种（治权的）民主可以随时不民主"，且"'民'根本不可得而'主'之"。

以随时不民主",因为掌握治权的宰相可能连自己的身家性命也随时不保,遑论其他;另一方面,"这种民主是'民'根本不可得而'主'之的"①,因为"民"并不拥有政权,他不能对谁能掌握治权(公共事务的措施和处置权)产生影响,从而也就不能对自己的个人生命、国家民族生命乃至其文化生命担负其应尽之责。于是,人民的幸福、精神的表现、价值的实现、文化的发展也不能有必然可期之发展。为了实现政治的客观化,区分政权与治权,以及相应的政道与治道,并倡导有政道的治道或治道的客观形态,便成为必然的选择。

关于此种客观形态的、恰当的治道,牟宗三虽未明言但在《政道与治道》中多有提示。牟宗三认为,儒家德化之治道所提出的"天下为公"、人人"各正性命"的理想,可为最高的政治原则,过去的儒家通过"德化皇帝",并"要德化了的皇帝起'所存者神,所过者化'之作用",且"不必通过国家政治法律而安天下",是为"天国神治"的极高境界。此境界诚极高,但人终究是人、人间终究不是天国,德化了的皇帝,即使让开了一步,也未必真能起到"所存者神,所过者化"、令人人"各正性命"的作用。而要真正实现"天下为公"、人人"各正性命"的理想,一方面"皇帝"必须"德化",其不能只偶然"让开一步",必须要求有相应的骨干性、纲维性的制度、法律,以保障皇帝的"德化"和他在现实权位上"彻底让开"的必然性;另一方面亦须有人人在德性上的觉醒并奋发向上完成其自己,这同样亦要求政治、国家、法律,甚至科学②等,有其客观的制度化的措置与安排,以保障"人人各自归于其自己,各自根据其德性之

---

① 陈修武:《我读〈政道与治道〉》,牟宗三先生七十寿庆论文集编辑组编《牟宗三先生的哲学与著作》,台北:台湾学生书局,1978,第373页。
② 之所以在此提及科学,是因为科学知识的探寻也是人人"各正性命"之一途径。科学探索的事业亦可使与此相呼应的生命人格"归于其自己",并"根据其德性之自觉"而"贞定其性命"。

自觉以贞定其性命"①，最终将使政治能从神话转为理性的②。

这样的一种治道，便是治道的客观形态，亦即其恰当形态。构成此种治道形态的律则，包括了社会世界的实体性律则和政治世界的轨约性律则。把这两种律则融为相互协调的整体，便是政治从神话转为理性的完成，同样亦是实现良治善政的重要助援。

二 良治与政治世界的轨约性律则

牟宗三认为，政治如何从神话与力之"非理性的"转为"理性的"，儒家式的政治或"良治"如何实现，其最根源的想法、最高的原则就在于儒家把以"德"来规定的圣王——二帝（尧、舜）三王（夏、商、周）——当作政治的最高格。此政治上的最高格，"从根上开启了'政治上为理性的'之门"，也"从根上反对'非理性的'力之观念与由之而生的神话"。具体说来，这个政治上的最高格：在"得天下"方面是"推荐"与"普选"的"公天下"观念；在"治天下"方面是"让开散开，物各付物"的最高精神和"就个体而顺成"的最高原则。此即牟宗三所谓的"政治世界的轨约性律则"（Regulative Law in the Political

---

① 陈修武：《我读〈政道与治道〉》，载《牟宗三先生的哲学与著作》，第387页。
② 牟宗三曾讨论的与政治神话相关的诸多论题，如政治神话的起源、形态、以及其中的使命、命运与预言的不同表现等。他指出，政治神话不只是神话，而是与人群集体的欲望或愿望联系在一起；这种客观的集体愿望具有不可思议的力量，一方面是对既成现实的反抗，另一方面是对未来事实的创造。当这种愿望想要实现时，它必定会发出一个无限量的创造的立体力量，这就是政治神话的根源。政治中客观的集体愿望，其所发的立体力量，如一般而言的立体力量一样，具有创造性、理想性与神性，但其典型表现——民族中生命力特强的英雄人物的立体力量——却与宗教型和圣贤型人格之生命的立体力量既相似又不同。一方面，政治上英雄人物之生命与宗教型或圣贤型生命一样，其立体力量具有向上的超越性与创造性、理想性和神性；另一方面，英雄人物自始即与感觉界联系在一起，并为解决感觉界的某一问题而在感觉界一定向上表现其立体的力量。因此，在政治活动这一本该是理性的活动中，便包含了诸多非理性甚至反理性的因素——欲望、集体的愿望，以及英雄人物的情欲生命及其指向的权力欲。这一张力使得英雄人物在政治神话中的命运有命定主义的属性，需要加以克服，并令其转为理性的。这就是"政治如何从神话转为理性的"这一问题的由来。不过，问题的关键确实在"如何"。

World)。此"政治世界的轨约性原则"是实现"良治"的重要政治资源。

儒家在政治上的"理性",首先表现为"德"——以德取天下(取统治权),并以德治天下。

就"以德取天下"而言,依照孟子之说,儒家圣王之有天下,乃是因圣王的体现于"行与事"之中的"德"。万章曾就尧舜禅让之事与孟子对话。孟子的回答,概括起来,即"天子不能以天下与人",天子之有天下,乃是"天与之"。具体而言,即前任天子荐之于天而天受之、暴之于民而民受之:"使之主祭而百神享之","使之主事而事治,百姓安之"。也就是说,"天"不是以"谆谆然命之"的方式与之,而是通过"行与事示之而已"。(《孟子·万章上》)牟宗三对此解释说:"'天子能荐人于天,不能使天与之天下'。此是首先提出'推荐'一观念,即今之所谓竞选提名也。'天与之'是通过'人与之'而表示。'人与之'是通过其人之行与事而得民心表示。故'人与之''天与之',无异于说经过一普选而得人民之热烈拥护。"[①] 意思就是说,古代"公天下"的"禅让","就是经过'推荐'与'普选'而得天下,践天子位"。这就是"德"的观念,亦即在生活中具体表现的"理性","其底子是最具体而实际的行事与民心,天理就在这里被认定"。当然,如此得到认定的天理,是"不可动摇的信念,良心上不能违背的真理",是被中国以往圣哲"从最具体最实际的生活关系与社会关系直下体认的'天理'"和"社会世界不可动摇的'律则'"[②]。这一社会世界不可动摇的律则构成了政治世界不可动摇的轨约性律则的根据或"底子",它是本节后文将专门讨论的问题。

不过,儒家在政治上的"以德取天下"的观念,虽然在根本上是可取的,但是其中仍存在一些概念上的混漫和思维方式上的

---

① 《牟宗三先生全集 10·政道与治道》,第 125 页。
② 《牟宗三先生全集 10·政道与治道》,第 126 页。

缺陷与不足。从概念的混漫处来看，孟子未能区分"推荐"与"普选"（此即古代"禅让"的现代化表达）之下的"连选连任"和"家天下"之下的"世袭"。孟子对于启之继禹为天子，曾有这样的说法："禹荐益于天，七年，禹崩，三年之丧毕，益避禹之子于箕山之阴，朝觐讼狱者不之益而之启，曰：吾君之子也。讴歌者不讴歌益而讴歌启，曰：吾君之子也。"（《孟子·万章上》）意思是说，禹效法尧、舜，把益推荐给天，但是由于一方面"益之相禹也，历年少，施泽于民未久"，另一方面"启贤，能敬承禹之道"，所以，益在"普选"一关未能通过，启才因此而成为天子。到此，孟子并未表示禹采取的是"依宗法制度而传子之家天下"，也未肯定启能够将"吾君之子"的一时之情永远拉长、成为"家天下"世袭的根据。但是，当他说"孔子曰：唐、虞禅，夏后、殷、周继，其义一也"时，他就混淆了"连选连任"与"世袭"。或者说，孟子之混淆，亦来自孔子。因为孔子一方面说"禅让"与"世袭"，"其义一也"；另一方面又从制度上判定"公天下"为"大道之行"，"家天下"为"大道既隐"。这是儒家政治思想传统在概念上混漫的表现。而此种混漫可能还会产生一悖论。此即汤、武以德与力行"革命"之事，将使汤、武之有德沦为"不德"：汤、武本是有德者，故而才能力敌、战胜桀、纣；"但以革命之力得，得而仍继世而不让，这就是不德。其原来之德只是成就一个私"[1]。

不仅如此，儒家政治思想的思维方式也存在着缺陷与不足，而其政治思想的这种不足又与中国过去政治活动的特征相关。牟宗三指出，"中国以前政治活动的事实就只是那样自然的演变，而儒者的政治思想（此是自觉地对政治活动说话者），则是就那事实作实际的处理，不作形式的追讨"[2]。意思是说，中国过去的

---

[1] 《牟宗三先生全集 10·政道与治道》，第 148 页。
[2] 《牟宗三先生全集 10·政道与治道》，第 143 页。

政治活动从根本上说，是英雄生命的立体力量的自然发挥，缺乏外延的、架构的、形式化的制度，以限制英雄生命的立体力量，并克制其魔性一面，使其创造性、理想性和神性能有客观必然的保障。而儒家政治思想亦只是顺此自然的演变与发挥，作实际的处理。遗憾的是，儒家的政治思想未能满足此一需要，即通过形式的概念、形式的思考，以便将其中自然而定然的界线予以确定、划分，并将纯自然的、偶然的"推荐、天与"之公，经"人能"的参与，自觉地加以促成和维持。

就此而言，儒家政治思想仅有理性之内容的表现，而缺乏外延的表现。这就使得其在"得天下"方面，不能从形式上正视"家天下"的制度之不合理，"而只是顺事地内容地拖下去，笼统地纳于'天与、天废'中"，而"'推荐、天与'之公亦不能形式地当作一合理之制度而被建立起"。这是儒家政治思想在"以德取天下"方面的"理性之架构的表现"的根本缺陷处。[1]

就"以德治天下"而言，其最高的理想与原则是"让开散开，物各付物"的精神和"就个体而顺成"的原则。对于儒家"德治"中"德"的具体表现言，其最高的原则是"直接以主观服从客观"，亦即治者或治权所有者须以作为"存在的生命个体"的人民为标准来衡量。质言之，治者须把人民"如其为一存在的生命个体而还之，全幅让开，顺此存在的生命个体所固有之人性人情而成全之以至达乎人道"[2]。在这里，"存在的生命个体"是直下须肯定的、首出的概念。这是"儒者在政治思想，政治实践上所立的一个最高的律则"，"是衡量治天下者之为德为力，为真为假，为王为霸之标准"，其具体内容就是把人民中的每一个体都作为一"存在的生命个体而注意其具体的生活、价值，与幸福"。这就是儒者"理性之内容的表现"下的尊生命、重

---

[1] 《牟宗三先生全集 10·政道与治道》，第 148 页。
[2] 《牟宗三先生全集 10·政道与治道》，第 129 页。

个体的律则①。具体来讲，它就表现在孟子所谓"忧乐与民同之"的治理方式之中。②

"直接以主观服从客观"的律则，在主观上是治天下者"全面敞开，服从客观"，亦即治天下者放弃其私意孤行或在概念设计上的执着，即事以穷理，服从作为"存在的生命个体"的人民在生活、价值和幸福方面的要求。这就是所谓"忧乐与民同之"。在客观方面，此"存在的生命个体"，"各适其性，各遂其生"，"各正性命"，个体落实地还其为个体，使人人各得其所、各安其生。这就是《大学》"君子贤其贤而亲其亲，小人乐其乐而利其利"的"止于至善"，也是《中庸》的"致中和，天地位焉，万物育焉"的至境。这是儒家德化的治道和道家道化的治道近似的追求。牟宗三综合主客观两面，将其概括为"让开散开，物各付物"的精神："让开散开"是从治者、从主观方面说，表示仁者的精神；"物各付物"即就个体而顺成，是仁者的精神所必含的如理如实的个体主义的极致。牟宗三说："政治的最高理性从这里发，社会世界的最高律则从这里开。"③

不过，与"以德取天下"的公天下观念之仍处于理性之内容的表现路数下一样，"以德治天下"的"让开散开，物各付物"的精神与"就个体而顺成"的原则也处于理性之内容表现的路数之下。这就使得"以德治天下"的实践、"让开散开，物各付物"的精神和"就个体而顺成"的原则，完全依靠仁者的德性来支持，而由于仁者德性之"可遇而不可求"，遂使"仁者德治"只

---

① 《牟宗三先生全集 10·政道与治道》，第 129 页。牟宗三在此比较了儒者与西方尊生命、重个体律则之不同。他认为，儒家之尊生命、重个体，是把人民当作存在的生命个体而注意其生活、价值与幸福，西方则是在政治意义的自由、平等、人权、权利诸形式概念之下来尊生命、重个体。前者是在内容的表现的路数中，后者则是在外延的表现的路数中。
② 除了孟子"忧乐与民同之"，以及"好货好色，与民同之"之外，《大学》中"民之所好好之，民之所恶恶之，此之谓民之父母"，以及《中庸》的"以人治人"，都表达了中国传统治道中尊生命、重个体的至上原则。
③ 《牟宗三先生全集 10·政道与治道》，第 133 页。

为政治上的最高理想,而难为实现者。同时,理性之内容的表现下的"德治"亦蕴含着"人存政举,人亡政息"的结局。因为,仁者的德性运用是独一无二、不能传递的。一方面仁者"可遇不可求",孟子所谓"君子之泽五世而斩"表达的就是仁者德性的偶然性;另一方面仁者虽有,亦未必能居高位,然孟子言"仁政"却强调"惟仁者宜在高位"。由此可知,在理性之内容的表现路数中的"德治天下"的实践,其"让开散开,物各付物"的精神和"就个体而顺成"的原则,完全寄托于偶然性之中。不仅如此,理性之内容的表现路数中的"德治天下"对于治者有过高的期待(期待其为圣君贤相),这必定会赋予治天下者(君与相)过重的负担,同时,也会让人民成为无负担(或至少负担过轻)的、纯被动的潜伏体。治者的负担过重,有相互矛盾的两个方面的表现:一方面,治者要有仁者高度的德性与识量、器量,所谓"用心如日月"、"德量同天地",从而能"事必躬亲",诸事必问;另一方面,治者又必须能"让开散开",坚持"无为而无不为"的"无为而治"的精神,做"为道日损"的"减损"之功。而且,此"为道日损"的工夫乃是一无限的工夫,故而,以此道治天下亦成为一无限的负担。一方面是"事必躬亲"的增加,另一方面是"为道日损"的减损,治者常处于矛盾之中。不仅如此,治者集中一切责望,亦有高位大位、集大权,"而权之所在即是欲之所在,如是而望其减损无为以合于道",这对治者而言,诚为大难之事;而对于有德望者,亦难说不是巨大的诱惑。而在此状态中人民的"各适其性,各遂其生"适足为负担过轻甚至放弃担当的借口。所谓"日出而作,日落而息,帝力于我何有哉?"所以,为着实现"以德治天下"的"让开散开,物各付物"的精神和"就个体而顺成"的原则,就必须要吸纳理性之外延的表现,一方面借助于国家、政治、法律等形式和架构,限制治者,令其能真正让开散开,减轻其负担;另一方面在政治意义的自由、平等、人权和权利等形式概念的作用下,使人民真正落实地还其为"存在的生命个体",同时承担起自己应当担负的职分。

总之,牟宗三指出,"就政治的自性言,政治要成其自己,不能单从'治者个人'一面作一条鞭地想,而须从治者与被治者两面作双边地对待地想,使双方都有责任。依此,政治的自性必然地要落在'对待领域'中,必然地要建立在双方都有责任上,而不能只落在一面的无对中,只建立在仁者的无限负担上"。这就是前文所说的,人民在政治上自觉其独立性而为"敌体"①。这说明,政治世界的轨约性律则,不能只落在理性之内容表现的路数中,而必须要求并整合理性之外延的表现于其中。

综上所述,就其内容来看,牟宗三所言的政治世界的轨约性律则主要有以下三条:(1)政道上确立推荐普选(天与人与)之"公天下"观念(随政权而言政道)。(2)治道上确立"让开散开,物各付物"、"就个体而顺成"之原则(随治权而言治道)。(3)道德上确立"先富后教"、"严以律己,宽以待人"的教化原则(此含政治上的教化之限度及政治与道德之分际)。② 但是,政治世界的这三条最高律则仅仅是轨约性的(Regulative),它还落在理性之内容的表现的路数中。至于其如何要求与整合理性之外延的表现,后文再做具体阐述。

三 善政与社会世界的实体性律则

前文曾说到,牟宗三认为,政治世界的轨约性律则有其底子或根据。这便是社会世界的实体性律则或构成律则。当然,社会世界的实体性律则亦可以说是在具体而真实、存在而亲和的生活关系和社会关系中具体表现的"理性"或天理,此"理性"或"天理"的具体表现,即"善政"的真实呈现。社会世界的实体性律则是理性之内容的表现上的界限、生活实体上事理之当然韵节,是受到节文的人情。以之为底子,通过天理、人情、国法的

---

① 关于"敌体"一词的含义,请参见本书前文的脚注。此处不再赘述。
② 《牟宗三先生全集 10·政道与治道》,第 140—141 页。

相互渗透，可使"政治上得天下与治天下的律则亦容易见到而信其为不可移"①。

社会世界的实体性律则（Substantial Law in the Social World）是一个极为概括性的说法。理解这一说法的具体线索，便是《礼记·丧服小记》中"亲亲、尊尊、长长、男女之有别，人道之大者也"。牟宗三认为，社会世界的实体性律则或构成律则便在生活实体上的人道之中，而且是其中"不可得与民变革者"。简单说来，它们就是天理人情或伦常，散而言之，则是礼仪三百、威仪三千，也可以说是本于人情的礼义与性情之教。

牟宗三指出，对于这种本于人情的礼义伦常、天理人情与性情之教，中国人的具体心灵②比较容易把握住，且对之有坚定的信念与肯定。中国人之能比较容易把握住这种社会世界的实体性律则，并对其有坚定的信念，乃因其能恰当正视具体而存在的人的生活关系、社会关系及其亲和性与落实性，进而亦能因其间的亲和性与落实性体认出其不可移易之常理。此种"不可移易之常理"，便是生活实体上的人道之不可得与民变革者，也就是社会世界的实体性律则。它构成了政治世界的轨约性律则的底子或坚实的基础。正是因为有此实体性律则，政治世界、具体而实际的政治活动才有了基础、动机与目的。正如陈修武在《我读〈政道与治道〉》中所说："儒家之德化治道是透过本之于人性自然之性情的礼乐在客观世界中完成一亲亲、尊尊之伦常；在主观世界中完成一性情道德的心性。落实在政治上，一方面视人人自身皆为一目的，通过其自身德性之觉醒即可向上愤发以完成其自己；一方面使皇帝有德性的觉醒以完成其纯德无限之人格以法天，以拆散他在现实权位的无限紧抓、把持与胶固而使之彻底让开。故此德化之治道乃在使皇帝让开一步，使人人各归于其自己，各自根

---

① 《牟宗三先生全集10·政道与治道》，第156页。
② 所谓"具体心灵"，是指中国人一般而言长于具体的思考，善于从具体的境遇出发思考问题，寻求解答。它是与长于抽象思维的"抽象心灵"相对而言的。

据其德性之自觉以贞定其性命。"① 这段文字虽然是写儒家的德化治道的，但是，它透漏出具体而实际的政治活动的目的——在客观世界中完成一本于人性自然之性情的亲亲、尊尊的伦常，在主观世界中完成一性情道德的心性。

正是因为有此社会世界的实体性律则为指导，政治世界才获得了它的最高律则。牟宗三在解读黄宗羲《明夷待访录·原君》时曾有按语，曰"最实际之人情，'好逸恶劳'"。这就是说，就人性自然之表达或流露而言，"人各自私，人各自利"，他不会主动去兴天下之公利、除天下之公害。但是，一旦作为天子、人君，他必当"以千万倍之勤劳"，做"己又不享其利"的"非天下之人情所欲居"的事情，就此以明"君之职分并非富贵，乃是为天下兴公利，除公害"。② 从而，"以德取天下"的"推荐""选举"的"公天下"之观念，才能在人性的自然表达与流露上讲得通。更进一步，"以德治天下"的"敞开散开，物各付物"的精神和"就个体而顺成"的原则，也在此人性自然的表达与流露中得到说明。

儒家之德化治道其实综括了社会世界的实体性律则和政治世界的轨约性律则。不过，此一治道有其不足，它仅有理性之运用表现或内容的表现。其境界确实很高，达到了神治境界。但是，人间毕竟不是天国，圣君贤相也不可能是无限担负的"神"，且可遇而不可求，所以，为使政治能从神话的转为理性的，除了人在其具体而真实的生命行动中自觉与实践、表现客观的理性，并正视生命且深深照察自身的独立，并无其他办法。因为，政治毕竟是属于生命与实践之事，除了在生命与行动中坚定地维护社会世界的实体性律则和政治世界的轨约性律则外，思辨的工巧无助于政治的理性化，情识的妙用、情欲的激荡更将会使政治远离

---

① 陈修武：《我读〈政道与治道〉》，《牟宗三先生的哲学与著作》，第386—387页。

② 《牟宗三先生全集10·政道与治道》，第180—181页。

理性。

因此，欲使政治由神话的转为理性的，使"良治善政"的理想成为现实，就需要在存在的生命个体中引入以下内容：一是有"一种心理分析学来作心理纠结之解剖"；二是"须从个人生命主体中看理性，把理性收进来，内在于纯主观性中而观其润身之作用，此即引我们必须进到'心性之学'的讲习"。[①]

但即使如此，也不能"只是说"。而是必须时时谨记《尚书》之教："克念作圣，罔念作狂。""良治善政"不可能简简单单，一蹴而就。

---

① 《牟宗三先生全集 10·政道与治道》，第 177 页。

第二章　天道性命：牟宗三政治哲学的超越之源

为了使政治由神话的转为理性的，牟宗三强调，除了要在理性之内容的表现中转出外延的表现，以及在存在的生命个体中引入心理分析学（以解剖心理纠结）之外，还需要把理性纳入存在的生命个体中，使之内在于生命个体的纯主观性中而起润身之用。这就把我们引到了"心性之学"的探究上来。同时，儒家的心性之学背后，有理性或"天道性命"以为其超越的根源。也就是说，作为儒家政治哲学思想之根基的心性之学背后，其所谓的"性体""心体"，有"理性"或"天道性命"以为其超越之源。

作为儒家"心性"本体的超越之源的"天道性命"，为儒家的政治哲学思想的客观实现——通过有政道的治道，顺作为存在的生命个体所固有的性、情、道而成全之，实现"敞开散开，物各付物"和"各正性命"的理想治境，提供形上根据。而与此"心性之学"相契的人性的整体构成，则奠定了牟宗三政治哲学思想的人性之基。本章和下一章将围绕这两个问题，展开论述，以全面揭示牟宗三政治哲学思想的合理性。

第一节　天命与性体

牟宗三认为，儒家"心性之学"的传统包含着原创性的哲学智慧，为哲学原型提供了一个雏形。但是，要使这个雏形发展成为真正的哲学原型，需要在与西方哲学传统的交融、会通中，才能完成。而西方哲学传统中唯有康德哲学最适合作为中西哲学会通的桥梁。其原因就在于康德哲学对于道德的优越性的强调，与儒家最为相近，而儒家恰好最能代表中国哲学的圆融之智。牟宗三通过深入的研究，消化并会通康德哲学，使自己的哲学（尤其是实践哲学）具备了浓厚的康德色彩。但不可否认的是，牟宗三的道德哲学也与康德的伦理学思想有很大的不同。这种不同首先就表现在牟宗三对"道德的形上学"与"道德底形上学"的区分上。牟宗三认为康德只有"道德的神学"和"道德底形上学"（即对道德的先验性所做的说明），而无"道德的形上学"。只有中国儒家哲学才充分证成了"道德的形上学"，亦即儒家通过体认"良知的呈现"而把人的"内在道德性"（或心体、性体）作为"创生实体"，并以之直接与宇宙的创造本源相通，从而使那作为"形上本体"的创生实体带有了道德的性质。"道德的形上学"及其证成在牟宗三"心性之学"中占有基础性的地位，是牟宗三哲学思想的核心。牟宗三对于这个基础的证成是按照"天命下贯而为性体，性体由心体的形著而具体呈现"的思路展开的。本节先从"天命下贯而为性体"一面，交代牟宗三的作为创造性实体或"创生之真几"的"性体"的内涵。

牟宗三是从"道统"的角度来切入"道德的形上学"的研究与证立的。他认为，儒者之为儒者就在于他们对那"尧舜禹汤文武周公孔子孟子一线相承之道"的呼应与承继。而这"一线相承之道"就构成了儒家"道德的形上学"的基点。追溯这一"道统"的内容及其在不同阶段的表现，是了解儒家"道德的形上学"的钥匙。由此，我们才能进一步去理解《中庸》"天命之谓性"如何表达了"天命下贯而为性体"的思想、《易传》"乾知大始，坤作成物"的"乾坤易体"如何能"寂然不动，感而遂通天下之故"，以及"性体"、"诚体"、"易体"、"神体"的即存有即活动的意义。

一 道统之"道"与天命

牟宗三认为,"道"是一种文化的精神生命之方向。每一文化在不同的历史时代都有能展现此"方向"的生命、人格,或者说,在不同的历史时代,都有一定的生命、人格能与这一精神生命之方向相呼应、相承当,此即所谓"道统"的问题。用牟宗三的话来说,此"道"是"尧舜禹汤文武周公孔子孟子一线相承之道,其本质内容为仁义,其经典之文为《诗》、《书》、《易》①、《春秋》,其表现于客观政治社会之制度为礼乐刑政"。② 不过,牟宗三以为,虽然"仁"字在孔子之前已经有见于典籍之中,但尚未被赋予其在后来孔子学说中的超越意义。张岱年先生也说过:"……孔子以前,仁已经是一个公认的道德原则了。《左传》僖公三十三年记载,晋大夫臼季云:'出门如宾,承事如祭,仁之则也。'又定公四年记载,楚郧辛曰:'《诗》曰:柔亦不茹,刚亦不吐,不侮矜寡,不畏强御,唯仁者能之。'又昭公十二年记孔子对于楚灵王的评论说:'仲尼曰:古也有志,克己复礼,仁也,信善哉!'孔子以'克己复礼'为仁,乃是引述'古志'之言。"③ 亦有庞朴先生在"探仁索义"中,从"仁"字字形的转变,猜想"仁"当是古东夷族风、后得以普世化的道德原则④。从这些言论和思想可知,"仁"在前孔子时期仅指非常具体的道德原则或德行,尚非"形而上"者。

于是,牟宗三所说的孔子孟子所呼应与承当的、其本质内容是"仁义"的"一线相承之道",在《诗》《书》《易》《春秋》

---

① 这里的《易》,指的是《易经》,不包括《易传》。在牟宗三那里,《易传》的出现甚至在《孟子》之后。本书中的《易》专指《易经》,下同。
② 牟宗三《心体与性体》(上),第163页。
③ 张岱年:《中国古典哲学概念范畴要论》,中国社会科学出版社,1989,第157页。
④ 参见庞朴《"仁"字臆断》,《寻根》2001年第1期。需要说明的是,庞先生在文中似乎视"东夷族风尚仁"的时间与孔子同时,而这种普世化亦由孔子来推行且并不十分成功。但是我们应该知道,一种"族风"的形成,并非一朝一夕之事。我们在此只需明了,仁字最初并不具有"形而上"的意义。

中由哪些内容或"范畴"来体现,就成了一个值得追问的问题。牟宗三认为,在《诗》、《书》中,是其中的"帝"、"天"、"天命"、"天道"等范畴;在《易》则是乾坤二卦的健顺、易简及生生之德;在《春秋》则现于其中所寄寓的理想的礼乐刑政制度。限于篇幅,此处不讨论《易》与《春秋》的情况,而以《诗》、《书》为主。

我们的问题,先是检讨这些范畴的意义,明确其体现"道统"之本质内容——仁义——的根据。

首先,关于"帝"。"帝"字在《诗》、《书》中均有出现。此处关于"帝"字含义的解读,以《诗》、《书》为主,兼及其他材料。

(1)《诗经》中的"帝"。出现在十六篇诗作中,分别是《鄘风·君子偕老》、《小雅·正月》、《小雅·菀柳》、《大雅·文王》、《大雅·大明》、《大雅·皇矣》、《大雅·生民》、《大雅·板》、《大雅·荡》、《大雅·云汉》、《周颂·执竞》、《周颂·思文》、《周颂·臣工》、《鲁颂·閟宫》、《商颂·玄鸟》、《商颂·长发》。其中,《鄘风·君子偕老》中的"帝"虽与"天"并列出现且带有"神"的意味,但并不是超越的主宰者;而《小雅·正月》中的"皇上帝"则有超越的主宰者之意,甚至说带有人格神的意味也未尝不可。《大雅·文王》中多次提到"帝"或"上帝",其意为:文王因其德行,而能使其子孙得有天下,商之子孙要听从上帝之命,侯于周服。这是牟宗三所说的王权得失意识中的"帝",带有超越的主宰者的意味。《大雅·皇矣》的"皇矣上帝,临下有赫。监观四方,求民之莫",也是说伟大的上帝,威严而明察地观察、监视天下;祂视察四方,是为了探寻民人的疾苦。[①] 这明确地说明"帝"是"临下""监观四方"且能眷顾

---

① 褚斌杰注《诗经全注》,人民文学出版社,1999,第322页。或说,"莫"作安定解,意思是上帝为的是人民安定。此说见于《辞源》(下),商务印书馆,2009,第2900页,亦通。

有"明德"的"旧邦周"而使之为王的主宰。《大雅·生民》中交代周之先人后稷是姜嫄"履帝武敏歆"(即踩在上帝留下的足迹上的大拇指印上,欣然有动)而生的,以说明周人之有天下,除了文王的"明德",也因其先人与上帝的关系。《大雅·板》言"上帝板板,下民卒瘅",即上帝反其常道,而使民生多艰。此实不是上帝反其道,而是上帝欲以此显示周王失政。这显示了"帝"不仅是决定王权归属的主宰,而且也关注王权是否正当;一旦王者失政,民众劳顿病苦,上帝就会反其常道。《大雅·荡》也表达了类似思想,并明确提出"荡荡上帝,下民之辟",即法度败坏、任意胡为的上帝,就像地上的君王。① 《大雅·云汉》中描述旱情不减,乃是"后稷不克,上帝不临"所造成的,因而祈求"昊天上帝"怜悯、帮助下民,降雨消灾。《周颂·执竞》曰:"执竞武王,无竞维烈。不显成康,上帝是皇。"意思是武王以其自强不息之心,成就天下莫能争竞的功烈,而成王、康王之德,也是上帝所嘉奖的。这里的"上帝"也是作为主宰者的。《周颂·思文》称颂后稷之文德,言"贻我来牟,帝命率育"是说"帝"命后稷赠送来牟(小麦、大麦)之种,以遍养万民。《周颂·臣工》有"於皇来牟,将受厥明。明昭上帝,迄用康年"之说,意即美好、饱满的小麦、大麦,即将迎来丰收;最终是这光明昭著的上帝,赐予我们丰收年成。此与《周颂·思文》同类,讲"上帝"对于万民的养育与眷顾。《鲁颂·閟宫》多次提到"帝",讲述"上帝"对于周王室与鲁国先祖的眷顾。《商颂·玄鸟》有"天命玄鸟,降而生商,宅殷土芒芒。古帝命武汤,正域彼四方"之言,一讲商代始祖是"天命所降",二讲成汤之为王者,也是"上帝之命"。比较另类的是《小雅·菀柳》中的"上帝",诸家解释都以为是指地上的王(周幽王)。

综而言之,《诗》中"帝"的观念代表了超越的主宰者和人

---

① 周振甫译注《诗经译注》,中华书局,2002,第453页。或说,"荡"作宽广解,意思是坦荡宽大的上帝,祂才是下民真正的君王。此说似不可通。

间的真正统治者，能依据是否有德而决定王权的归属，同时也眷顾和养育万民，赐予万民赖以生存的谷物、种子及各种条件。

（2）《尚书》中的"帝"。《尚书》中，"帝"出现的频率非常高，除《夏书》外，其他部分都有。但是，其中有超越意味的"帝"却全部集中于《商书》和《周书》中，尤以《商书》中出现的频率高。在《商书》中，"帝"几乎都是指殷人心目中的至上神[1]，是主持人间政权转移[2]的超越主宰者，或商朝政权的守护者。如《汤誓》中"夏氏有罪，予畏上帝，不敢不正"，这里的"上帝"即是体恤民情、罚罪赏德而主持政权转移的主宰者，地上的有德之君亦不敢不听其命。《仲虺之诰》曰："夏王有罪，矫诬上天，以布命于下。帝用不臧，式商受命，用爽厥师。"是说，夏王知民心不从，于是假传上天之命，来迷惑下民。上帝知此做法不善，故把天命转而归商，从而使夏桀丧失他的民众。[3] 这里"帝"主导了天命、政权的转移。《汤诰》有"惟皇上帝，降衷下民。若有恒性，克绥厥猷惟后"，"尔有善，朕弗敢蔽；罪当朕躬，不敢自赦。惟简在帝心"，其中的"皇上帝"是降善于下民，使下民顺之而有其恒性的。在此，上帝又具有了"降衷下民"而使有其恒性和检阅、察识王者过错的能力。《伊训》则通过"惟上帝不常，作善，降之百祥；作不善，降之百殃"之说，警醒王者宜行为适当，令天（帝）命常在。《太甲下》强调"先王惟时懋敬厥德，克配上帝"，即先王成汤就是这样努力而不敢懈怠地修明其德，才能配合上帝。这是在承认"上帝"为能主宰人间政权转移的至上神的前提下，说人间的王者只有"懋敬厥德"才能配合上帝对万民的眷顾与看护。《盘庚下》解说其迁都的原因，

---

[1] 这里是说"几乎都是"，因为《商书》中有几处"帝"字，与"乙"连用，是商王帝乙的名字。
[2] 似乎在商初，"上帝"有主持政权转移的意味在，但是后来却逐渐转变为殷商政权的守护者了。
[3] 李民、王健译注《尚书译注》，上海古籍出版社，2004，第111—113页。或说，"爽"意为不惑。"用爽厥师"意思是使众人不再疑惑。

"肆上帝将复我高祖之德,乱越我家",意即,这是上帝想要兴复我高祖(成汤)之德,以治理我们的国家。也就是说,上帝可以复兴王者之德,使其能保有政权。《说命上》则有"恭默思道,梦帝赉予良弼,其代予言",即上帝能够给商王送来贤能,辅佐他治理国家。以上这些是《尚书》所反映的商代关于"帝"的一些看法,主要有主宰人间政权的转移、世道的治乱、看护眷顾殷人政权等意思。

除此而外,还有一些材料也能反映殷人关于"帝"的看法。殷墟甲骨文卜辞就是其中之一。殷墟甲骨文卜辞中有"帝"字出现,其字形像是"花蒂",因而有人以为祂代表了"生物之德"。郑玄注《礼记》即有"因其生育之功谓之帝"之说。当然,也有人以为"帝"最初是指"燔以祭天"的"寮祭",但此种说法难以自圆其说。不管"帝"字最初是什么意思,我们还是可以确定祂至少是某种神灵。虽有学者认为殷人尚未有至上神的观念,但也有不少学者持论相反,并认为殷人的至上神即"帝",其理由有二:第一,殷墟卜辞所显示的"帝"的功能权威无所不包,而不仅仅是与祖先神、天神并列的"自然神"。祂是"以日月风雨为其臣工"的帝廷的主宰,掌管自然天象、令风令雨、命丰命欠;也是人间社会事务的主宰,"对于时王可以降福祸、示诺否"。第二,以殷人尚未有"至上神"观念的学者持论的第二个理由是"上帝不享祀"的观念。但"上帝不享祀"并不表明殷人对"帝"的冷落,而恰恰反映了殷人对上帝神秘莫测的意志无法把握的状况。至于上帝作为殷人至上神观念是如何形成的,一般认为是由祖先神的观念发展而来。但是这种说法缺乏足够的证据。相反,"帝"与殷人的祖先神倒是分离的。《诗经·商颂·玄鸟》可以佐其证("天命玄鸟,降而生商,宅殷土芒芒")。但这种分离随即带来问题,即时王通过何种方式沟通人间与神界?有人认为这是由"先公先王宾于帝"来实现的,即通过"先公先王"死后升天,进入帝廷,能"宾于帝"、"在帝左右",并进而充当时王与上帝的沟通媒介,保佑子孙的福祉。① 这也是殷人以为"帝"是殷商政权的守护者的原因之一。

相关的研究还有本杰明·史华兹。他在《古代中国的思想世界》中指出:"我们在典籍中还发现了这样的观念:仪态威严的王朝祖先,他们在高高在上的神——'上帝'(后来的天)的'宫廷'里扮演着调解性的身份角色。""在古代典籍中,王家谱系中的祖先……可以与高高在上的神(high-god,商代的上帝)直接交流,在发生旱灾、水灾和其他自然事件的时候他们也会成为祈求的对象。""最终讲来,国王的终极权威存在于他与高高在上的神'帝'以及受'帝'管辖的一群自然神祇的关联之中。""不论'帝'字的本义如何,反正他一直是令人敬畏的、超越的并且是极其强有力的。……掌管着雨、风和其他大气现象、收获、都市居住区、战争、生病以及国王本人的运气。"② 总之,殷墟卜辞的"帝"字所反映的意义,与《商书》中"帝"字的意义是一致的。

《周书》中也出现了"帝"字。多数研究者以为,殷人"帝"的观念在周人那里得到了认同和继承。③ 这点在反映周初状况的篇章中尤为明显。例如,《泰誓上》先是说"惟受罔有悛心,乃夷居,弗事上帝神祇,遗厥先宗庙弗祀,牺牲粢盛,既于凶盗",谴责商王受(即纣王)没有改过之心,像夷人一样傲慢不恭,不侍奉上帝神祇,任由祖先宗庙不得祭祀,连祭祀用的牺牲和黍稷都被盗贼吃掉了。④ 接着说"天佑下民,作之君,作之师,惟其克相上帝,宠绥四方。有罪无罪,予曷敢越厥志",即上天

---

① 以上关于殷墟卜辞的研究,参见唐文明《与命与仁——原始儒家伦理精神与现代性问题》,河北大学出版社,2002,第33—37页。
② 〔美〕本杰明·史华兹:《古代中国的思想世界》,程钢译,江苏人民出版社,2004,第22、24、28—29页。
③ 不过,周人更多地是用"天"来取代"帝",虽然在很多时候也保留了"帝"。这就造成了在《周书》中出现了"帝"与"天"混杂的状况。
④ 李民、王健译注《尚书译注》,第195页。

保佑下民，派来了能够辅助上帝、爱护和安定天下的君主、百官，对于讨罪赏善之类的事情，"我"是不敢逾越祂的意志的。最后总结说"予小子夙夜祗惧，受命文考，类于上帝，宜于冢土，以尔有众，底天之罚"，即我时时刻刻都敬畏天威，受命于文王，祭祀上帝，率领你们众人来实现上天对殷商的惩罚。在这里，"帝"同样也是天地的主宰，能够赏善讨罪，安定、爱护天下万民。《周书》中出现的其他"帝"字，如《泰誓下》"上帝弗顺，祝降时丧"；《武成》"予小子既获仁人，敢祗承上帝，以遏乱略"；《大诰》"已！予惟小子，不敢替上帝命。天休于宁王，兴我小邦周，宁王惟卜用，克绥受兹命"；《康诰》"我西土惟时怙冒，闻于上帝，帝休，天乃大命文王，殪戎殷，诞受厥命"；《召诰》"呜呼！皇天上帝，改厥元子兹大国殷之命"；《君奭》"呜呼！君已曰：'时我！'我亦不敢宁于上帝命，弗永远念天威，越我民罔尤违"，"在太戊，时则有伊陟、臣扈，格于上帝，巫咸乂王家"；《多方》"洪惟图天之命，弗永寅念于祀，惟帝降格于夏。有夏诞厥逸，不肯慼言于民，乃大淫昏，不克终日劝于帝之迪，乃尔攸闻。厥图帝之命，不克开于民之丽，乃大降罚，崇乱有夏"；《立政》"古之人，迪惟有夏，乃有室大竞，籲俊尊上帝，迪知忱恂于九德之行"，"亦越成汤陟，丕釐上帝之耿命……帝钦罚之，乃伻我有夏，式商受命，奄甸万姓。亦越文王、武王，克知三宅有心，灼见三有俊心，以敬事上帝，立民长伯"；《吕刑》"上帝监民，罔有馨香德，刑发闻惟腥，皇帝[①]哀矜庶戮之不幸，报虐以威，遏绝苗民，无世在下"；等等。其所表示的意思，同样是一个超越的主宰者，在克服其为商朝的守护者的同时，恢复了其在商初的主持政权转移的意义，并带有体恤、眷顾、养育下民的胸怀。

其次，关于"天"（以及"天命""天道"）。与"帝"字类

---

① 皇帝，蔡沈注《书经集传》以为"舜"。《四书五经》上卷，北京古籍出版社，1995，第473页。

似,"天"① 在《诗》《书》中频繁出现,而其意义也与"帝"字相近,但更加丰富。

(1)《诗经》中的"天"。《诗经》中"天"字有四种含义。一是指那无法解释的神秘力量,以便给人力无法理解的事情寻找借口。如《邶风·北门》"已焉哉,天实为之,谓之何哉",意为:算了吧,这实是天造成的,还能说什么呢!二是表示悲叹或惊叹、赞叹。如《鄘风·柏舟》"母也天只,不谅人只",《王风·黍离》"知我者谓我心忧,不知我者谓我何求。悠悠苍天,此何人哉",以及《鄘风·君子偕老》"胡然而天也,胡然而帝也"。三是指自然的天空。如《唐风·绸缪》"绸缪束薪,三星在天。今夕何夕,见此良人",《小雅·采芑》"鴥彼飞隼,其飞戾天",《小雅·鹤鸣》"鹤鸣于九皋,声闻于天",以及《小雅·正月》"谓天盖高,不敢不局"。四是有超越义的、有意志的主宰之天。而这种"天"的意志又有不同体现。有生成万物、下民之"天",如《大雅·荡》"天生烝民,其命非谌。靡不有初,鲜克有终",《大雅·烝民》"天生烝民,有物有则。民之秉彝,好是懿德",以及《周颂·天作》"天作高山,大王荒之";有主导人间政权转移的"天",如《大雅·抑》"天方艰难,曰丧厥国",《大雅·桑柔》"天降丧乱";有神秘威严的"天",其中经常出现的"天畏"和"天威"等词语可佐其证;有发布命令、以作范型的"天",如《大雅·文王》"上天之载,无声无臭。仪刑文王,万邦作孚",《周颂·维天之命》"维天之命,於穆不已!於乎不显,文王之德之纯";有降福、降命②、降休、降宠的"天",如《小雅·天保》"天保定尔,亦孔之固",屡次出现的"受天之祜",《大雅·文王》的"天命靡常",《商颂·烈祖》的"自天降康,丰年穰穰",《商颂·长发》的"何天之休"与"何天之龙

---

① 此处,以"天"字为主,同时兼顾"天命"和"天道"。下文亦是如此,不再注明。

② 此处的"命"是指王朝的命数,与命令不同。

（宠）"；有身处上界而监视下民的"天"，如《大雅·大明》"天监在下，有命既集"；也有降灾以示人王失政的"天"①，如《小雅·节南山》中"天方荐瘥，丧乱弘多"，《小雅·正月》的"民方今殆，视天梦梦"，"民今之无禄，天夭是椓"②，《大雅·板》"敬天之怒，无敢戏豫；敬天之渝，无敢驰驱"，《大雅·召旻》"天降罪罟，蟊贼内讧"；等等。

（2）《尚书》中的"天"。《尚书》中"天"的意义不如《诗经》丰富，但意义更为集中。综观《尚书》中的"天"字，可以见到两种含义。其一是"自然之天"。如《虞书·尧典》的"乃命羲和，钦若昊天，历象日月星辰，敬授民时"，其中的"昊天"即自然之天。此外，还有"（洪水）浩浩滔天"（《虞书·尧典》），"地平天成，六府三事允治"（《虞书·大禹谟》），"昏迷于天象"（《夏书·甘誓》），等等。其二是有意志的主宰之天。主宰之天又有不同的功能：创生万物下民的，如《商书·仲虺之诰》"惟天生民有欲，无主乃乱"，《周书·泰誓》"惟天地万物

---

① 杨泽波以此为证据，对牟宗三视天为"创生实体"的思想提出质疑。在《牟宗三超越存有论驳议——从先秦天论的发展轨迹看牟宗三超越存有论的缺陷》（《文史哲》2004年第5期）一文中，杨泽波指出，西周末年由"降灾以示人王失政"引起"怨天""疑天"思潮，直接导致了西周天命观中"主宰之天"退格为自然之天、命运之天、德性之天，由此，天丧失了作为"创生实体"的超越存有的资格，仅有命运、德性的起源之责。但是，杨泽波对牟宗三的批评是站不住脚的。首先，杨泽波的"以德论天"和"以天论德"意义含混，很难说清楚二者之间有何区分。所谓"以德论天"，是周人为论证其政权的合法性，而建构的"周人有德在先，天助有德者"在后的观念，并进而赋予天"能创生""能道德"的主宰者的特质。其后"怨天"思潮兴起，天失却主宰者地位，而仅保留命运、德性的形上之源的地位。这是"以天论德"。但事实上，"怨天"是否导致天的主宰者意义尽失，仍可疑；而作为德性之源的天若非"以德论天"，则非道德的自然之天如何派生道德也是可疑的。其次，以先秦儒家天的思想建构超越存有论的努力，并不因天失却其主宰者地位而必然存在根本性的理论困难。因为那原本不存在的都还可以建构，更何况只需对此天论思想稍作整理，即可成为创生实体。最后，牟宗三在论证超越存有论的时候，恰恰是排除了人格神意义的"天"的。至于非人格神的天如何还具有创生性，后文自有交待，此处不赘述。

② "天夭"即天灾。

父母，惟人万物之灵"。护佑下民的，如《商书·汤诰》"上天孚佑下民，罪人黜伏，天命弗僭"，《周书·泰誓上》"天佑下民，作之君，作之师。惟其克相上帝，宠绥四方"，《周书·吕刑》"今天相民，作配在下"，等等。有表示王朝气数所归或转移的，如《虞书·大禹谟》"皇天眷命，奄有四海为天下君"，"天之历数在汝躬，汝终陟元后"；《商书·咸有一德》"天难谌，命靡常"，"受天明命，以有九有之师，爰革夏正"；《商书·西伯戡黎》"天既讫我殷命"；《周书·泰誓中》"有夏桀弗克若天，流毒下国。天乃佑命成汤，降黜夏命"；《周书·微子之命》"乃祖成汤克齐圣广渊，皇天眷佑，诞受厥命"；《周书·梓材》"皇天既付中国民越厥疆土于先王"；等等。以天道的方式显示仪刑（通型）并赐人以德的，如《虞书·大禹谟》"惟德动天，无远弗届。满招损，谦受益，时乃天道"，《商书·仲虺之诰》"天乃锡①王勇智，表正万邦，缵禹旧服，兹率厥典"，《商书·说命中》"明王奉若天道，建邦设都，树后王君公，承以大夫师长，不惟逸豫，惟以乱民。惟天聪明，惟圣时宪，惟臣钦若，惟民从乂。惟口起羞，惟甲胄起戎，惟衣裳在笥，惟干戈省厥躬"，《周书·洪范》"天乃锡禹'洪范'九畴"，等等。监临下民、示威示福、降灾示祥、决定赏罚的，如《商书·伊训》"皇天降灾，假手于我有命，造攻自鸣条，朕哉自亳"；《商书·太甲上》"天监厥德，用集大命，抚绥万方"；《商书·咸有一德》"皇天弗保，监于万方，启迪有命，眷求一德"，"惟天降灾祥，在德"；《商书·汤诰》"肆台小子，将天命明威，不敢赦"；《商书·微子》"天毒降灾荒殷邦"；《周书·泰誓上》"皇天震怒，命我文考，肃将天威，大勋未集"；等等。除了上述这些能力之外，天还通过一些自然现象，为贤者申辩，如《周书·金縢》"天大雷电以风，禾尽偃，大木斯拔……（王曰）'今天动威以彰周公之德，

---

① "锡"此处意思是"赐"。

惟朕小子其新逆,我国家礼亦宜之'",以及通过"天讨(剿)"之说,表示"天"对于倒行逆施之人的不满。所有这些都显示了当时人们对于天的理解。其中值得强调的是时人对于天的意志持一种不可预测的态度,因而能反过来强调修养自身德性的重要意义。① 其显证是《周书·君奭》中的"不知天命不易,天难谌,乃其坠命","天不可信,我道惟宁王德延,天不庸释于文王受命",以及《周书·蔡仲之命》中"皇天无亲,惟德是辅"。不过,天的意志虽不可直接了解,却可以通过"民"来反映,如《虞书·皋陶谟》"天聪明,自我民聪明。天明畏,自我民明威"。

综上所述,我们通过对《诗经》和《尚书》中"帝"和"天(包括天命、天道)"范畴的梳理,明确了孔子所自觉地呼应与承当的"一线相承之道"在前孔子时代的超越意义:它们作为"超越的有意志的主宰者"即至上神,其功能包括了生成万物、下民,以天道的方式显示仪刑(通型)并赐人以德,主持人间政权转移,"掌管着雨、风和其他大气现象、收获、都市居住区、战争、生病以及国王本人的运气",体恤、眷顾并养育下民,以及监临下民、示威示福、降灾示祥、决定赏罚等方面。这虽然在某种意义上超出了牟宗三"其本质内容为仁义"的判断,但不可否认的是其中确实包含提供规范、赐人以德,体恤、眷顾下民的内容。而这方面的内容虽然与牟宗三后来对"仁义"的解释有所不同,但确实存在很大的渊源。它构成了后来孔子"再建道之本统"、"立仁教以辟精神领域"的基础。在这里,我们虽然没有考察《易经》中的宇宙生成理论,但是其"乾坤"二卦的"健顺之德"所代表的人间事务的依循法则,与《诗》和《书》中这些范畴的意义殊无二致;我们虽然没有考察《春秋》中所可能包含的作为客观政治社会制度的礼乐刑政,但是这些礼乐刑政的来源与《诗经》和《尚书》中"上天之载,无声无臭。仪刑文王,

---

① 当然也有反例,此即《商书·西伯戡黎》中,商王纣得知西伯戡黎之事后所说的"我身不有命在天"。不过,后来证明纣的预测是错误的。

万邦作孚""天乃锡禹'洪范'九畴",以及"地平天成,六府三事允治"相类,我们可由之体会到其中礼乐刑政的雏形,也并不违背上述的超越意义。

总之,牟宗三"道统说"中的"道",其文虽见于《诗》、《书》、《易》、《春秋》,并表现为礼乐刑政等客观的社会政治制度,但其本质的内容却是"仁义"。因而"道统"之道实即"仁义之道"、"内圣外王之道"。不过,这"仁义"的确切涵义在前孔子时期尚未显明,只以"帝"、"天"之作为超越的有意志的主宰者来表现。孔子在整理前人文献的过程中,将其确切涵义确定下来:一方面去除"帝"、"天(命)"等人格神的以及主导王权得失的意味,而将其转变为能起"创生"作用的超越实体①;另一方面又豁醒人的真实主体性,并通过"仁"这一主观根据(即实践根据)来契接天,从而发生了一"创辟之突进"——"立仁教以辟精神领域",并成为"道之本统"的再建立者。孔子之后,其客观一面由《中庸》、《易传》承其绪,而将"天命"转化为"性体"、"诚体"、"易体"、"神体",其主观面则由孟子"十字打开",而彰显本心仁体"四无依傍"的创生之能。这就是儒家"道德的形上学"在先秦时期的发衍。

二 "天命之谓性"

在确定了"帝"、"天(命)"② 作为超越主宰者的内涵和创生万物下民、颁布礼乐刑政制度、发布命令、赐人以勇智等功能之后,牟宗三指出,孔子虽然很少谈"性与天道",但并不代表他忽略或不知道"天(命)"的这种超越的意味。他说:"孔子

---

① 同时,也有提供规范的作用。牟宗三明确指出,孔子并未明确说天是一形上的实体,但难说不蕴含这样的意味。

② 实际上,"帝"与"天(命)"是两个本质上或在内容意义上(牟宗三式的语言)相同的概念。周人用"天(命)"取代殷人的"帝",是一个了不起的成就。但是,这种取代并没有改变这个概念的内涵。所以,它们是可以相互替换的。

第二章 天道性命：牟宗三政治哲学的超越之源 077

虽未说天即是一'形而上的实体'（Metaphysical reality），然'天何言哉？四时行焉，百物生焉。天何言哉！'实亦未尝不蕴含此意味。'维天之命，於穆不已'，难说孔子未读此诗句，亦难说其不契此诗句。"[1] 同时，牟宗三还分析了孔子之所以不常言"性与天道"的原因。一般认为孔子不常言"性与天道"，乃是以《论语》为据。而在《论语》中，孔子确实也只提到过一次"性"字，此即"性相近也，习相远也"（《阳货第十七》），此外，则只有子贡说过"夫子之文章，可得而闻也；夫子之言性与天道，不可得而闻也"（《公冶长第五》）。由此可见，孔子在《论语》中确实很少谈"性"［《论语》中虽然极少提到天道，但"天（命）"[2] 却出现得很频繁，这里的"天（命）"不可避免地会带有天道的内涵］。但是，这并不足以说明孔子就真的很少说"性与天道"。牟宗三说："如果《易》之《彖》、《象》真是孔子所作，则《乾彖》'乾道变化各正性命'语中之'性'正是上节所谓积极面之性，是自理道或德而言之'超越之性'，此性是与天道天德贯通于一起的。如此，则孔子对于'性与天道'并非不言，亦并非无其超旷之谛见。子贡不可得而闻自是

---

[1] 牟宗三：《心体与性体》（上），第19页。亦可见牟宗三《牟宗三先生全集5·心体与性体》（一），第24页。

[2] 关于《论语》中的"天（命）"的含义。存在着一些争论：有人以为在孔子那里，"天"的含义并不统一，而是既有主宰之天，也有自然之天；也有人认为，孔子所说的"天"，仅有主宰之天的统一含义。其中，后面一种观点较有代表性，亦即直把孔子所说的"天"视为春秋时期"天命观"的继续，是一种有意识、有意志，外在于人而又主宰人的神秘力量；一种超越的向往和终极关怀。关乎此，可参阅冯友兰《中国哲学史》（上），华东师范大学出版社，2000，第51—52页；冯友兰：《中国哲学史新编》（上），人民出版社，1999，第171—173页；肖萐父、李锦全主编《中国哲学史》（上），人民出版社，1982，第71—72页；郭齐勇：《中国哲学史》，高等教育出版社，2006，第25—26页；等等。不过，郭著中讨论了孔子的"天（命）"的一种新变化，即将其从只与天子、诸侯、大夫等贵族关联的状态中解放出来，成为每一个体的"立命担当"，并进而与主体的内在道德律令结合起来，转化其包含的宗教性而为内在的道德性。

子贡之事。"① 此见不乏应者，如郭齐勇在其《中国哲学史》中也持相似的见解。他通过《孟子·告子上》所引述的孔子对《诗经·大雅·烝民》"天生烝民，有物有则。民之秉彝，好是懿德"的解释——"为此诗者，其知道乎！故有物必有则；民之秉彝也，故好是懿德"——指出，这首"知道"之诗，反映了孔子"天生育了众民，是人之源泉；每一事物都有自己的特性和规律；人所秉持的常道，是趋向美好的道德，即天赋予了人以善良的天性……天不仅是人的信仰对象，是一切价值的源头，而且也是人可以上达的境界。人本着自己的天性，在道德实践的工夫中可以内在地达到这一境界。这基本上就是孔子的'性与天道'的思想"。他由此得出结论说："孔子很少谈论'性与天道'，但绝不是不谈论'性与天道'……夫子关于'性与天道'的论，学生不容易听到，这是因为夫子的教育，因材施教，循序渐进。"② 比较两者的论述，牟宗三的意思是说，不能仅以《论语》为据就说孔子不常言"性与天道"，也不能以子贡对此"不可得而闻"就断定孔子不言或罕言，但他的论据还是带有猜测性的。而郭齐勇在此则解释了学生们很少听到的原因，且论述比较确定，虽然他的证据是间接的。不过，他们得出的结论是相似的，而且都指出了孔子言下的"天（命）""性"是"自理道或德而言之的'超越之性'"，是能起创化作用的"价值之源"。

牟宗三随即指出，即使我们仅以《论语》为准，说孔子并不常言"此积极面之'性'"，也不能说孔子对此没有意识。只是孔子不能一下子全都说到了。孔子所做的只是以他所崇扬的"仁"，来开辟精神和价值领域，为后来《中庸》《易传》完成"道德的形上学"奠下基础。关于孔子的"仁"如何为此奠下基础，本章

---

① 牟宗三：《心体与性体》（上），第 186 页。亦见牟宗三《牟宗三先生全集 5·心体与性体》（一），第 227 页。还需要说明的一点是，此处所说的牟宗三关于孔子不常言"性与天道"的原因，还是不完整的。更详细的论述，见本章第二节。

② 郭齐勇：《中国哲学史》，高等教育出版社，2006，第 25—26 页。

第二节再做详细交待,此处着重交待"天命"与"性"的关系。

牟宗三认为,《中庸》首先提出"天命之谓性",即是对"天命"与"性"的关系的积极说明。牟宗三承认,单纯从"天命之谓性"一语,还看不出这里的"天所命而定然如此之'性'"是哪个层面的性。但是,若联系"率性之谓道"一语,可以断定此"天命之性"不会是"气性之性";再联系后文"喜怒哀乐之未发谓之中","中也者,天下之大本也",此作为"天下之大本"的"中"(牟宗三称为"中体",亦即"性体"),绝不会是气性之性。"又依《中庸》后半段言诚、言尽性,诚是工夫亦是本体,是本体亦是工夫,诚体即性体,性体亦不会是气性之性。"[①] 牟宗三还认为此处的"性"来源于孟子的性善。而孟子的"性善"之性虽未明言其来自"天命"或"天定",但孟子所说的"心之官则思,思则得之,不思则不得也。此天之所与我者。得其大者,则其小者弗能夺也"(《孟子·告子上》),以及他所引述的"天生烝民,有物有则。民之秉彝,好是懿德"的诗句,可以证明那"仁义内在"的本心善性(即"心之官")、"秉彝"当是天所命而定然如此者。

然则,此"天所命而定然如此之性"是如何而可以说是"天所命"的,其具体内容又是什么,则是必须交代清楚的。

在《中国哲学的特质》一书中,牟宗三通过他认为最有代表性的三段引文,解释了天命如何下贯而为"性"的过程[②]。这三段引文分别是:

(1)《诗经·周颂·维天之命》:"维天之命,於穆不已!於乎不显,文王之德之纯。"

(2)《诗经·大雅·烝民》:"天生烝民,有物有则。民

[①] 牟宗三:《心体与性体》(上),第25页。亦可参考牟宗三《牟宗三先生全集5·心体与性体》(一),第32页。
[②] 参见牟宗三《中国哲学的特质》,上海古籍出版社,1997,第20—25页。

之秉彝，好是懿德。"

（3）《左传·成公三年》："刘康公曰：吾闻之，民受天地之中以生，所谓命也。是以有动作礼义威仪之则，以定命也。"

牟宗三认为，这三则引文所出的时间均早于孔子，故其所表达的"天命天道在敬的作用中，步步下贯而为人的性"的观念，亦形成于孔子之前。依牟宗三的观点，《诗经·周颂·维天之命》中的"天命"，即天道，其全幅意义当如此理解：一方面是超越的（Transcendent）①，另一方面又是内在的（Immanent，与Transcendent 相反），兼具宗教与道德的意味；换个角度，天道又是"作用"（Function）②。正是由天道的"作用"的涵义，把天道的超越义与内在义连接起来，而有天降命于人之说。天降命于人，"人的生命才可有光辉发出"。牟宗三引《尚书·周书·召诰》"今天其命哲，命吉凶，命历年"说："天的命'哲'、'历年'与'吉凶'三事，似为命之个别化、事件化，而将天命的个别化与事件化，转为光明的主体时，人不必事事想及天命，只要当下肯定天所命给自己的光明主体便可。这时，反观天命、天道本

---

① Transcendent 或当作 Transcendental，牟宗三等当代新儒家强调的"内在超越"观念，实际上是来自康德。由于牟宗三认为康德对 Transcendent 和 Transcendental 不加区别，因而，他有时也未加区别地使用这两个词。尽管牟宗三本人对这两个词有严格区别，即把 Transcendental 译为"超越的"，把 Transcendent 译为"超绝的"，但在此处却可能是误用。按牟宗三对这两个词的区分，此处说"天命"是超越的，严格说来即意味着"天命"是超绝的，但是，依照康德（当然也包括牟宗三），Transcendent 和 Immanent 之间是"矛盾关系"，即它们之间不能同真也不能同假，只能一真一假；Transcendental 和 Immanent 却不是矛盾关系，而是"交叉关系"。这也是"内在超越"之所以可能的原因所在。因而，此处说"天命"是 Transcendent，应当是误用，尽管李明辉曾对此辩解说，牟宗三并未严格按照康德的用法来使用这两个词。但是，这一辩解是不可能成立的。

② 天道的"作用义"。我们还可以在孔子那里发现，如《论语·阳货第十七》"子曰：天何言哉？四时行焉，百物生焉，天何言哉？"这里，"不言"的天，以其"作用"而令四时行、百物生。

身，它的人格神意味亦已随上述的转化而转为'创生不已之真几'，这是从宇宙论而立论。"① 此后儒家所言天道之"生生不已"，即是说此"创生不已之真几"，或者说是"创造性的本身"（Creative Itself）。总之，"天命、天道"的全幅意义，可作此理解：作为超越的主宰者通过"命令作用"而同时成为人的内在的道德性，最终归结为"创生不已之真几"或"创造性的本身"。这种"创生不已之真几"完美地体现在"文王"的身上，故有"於乎不显，文王之德之纯"的诗句。

在此，天之降命还是落在人间的"圣王"身上。而在《诗经·大雅·烝民》那里，就不只是落于"圣王"身上了。"天生烝民，有物有则"，即自天而生的人类（众民）个体，在其实践中必会与各种外界的人与物发生关系，这些关系就表现为认识与实践活动②，此即"物"与"事"，人在从事这些认识与实践活动的过程中，一定会产生相应的行事的道理或原则，故曰"天生烝民，有物有则"；"民之秉彝，好是懿德"，即个体人所具有的恒常之性，便是喜好这美好的德性（或对这美好的德性产生"关切"）。于是，原本只是"圣王"德性的"创生不已之真几"，也在普通人身上有了体现③，并成为"民受天地之中"而得的"命"。

再进一步，"民受天地之中"而得的"命"，又在客观化的

---

① 牟宗三：《中国哲学的特质》，第22页。
② 这里的实践活动，指的是狭义的实践，即道德实践。
③ 牟宗三在此处认为，"天生烝民，有物有则"反映了人们在交往和实践中产生相应的行动的道理或原则的情况；而"民之秉彝，好是懿德"则是对民之喜好此美好德性（或对此美好德性产生"关切"）的恒常之性的描述。这两句诗结合起来，就反映了行动的道理或原则与"民之秉彝"的紧密关联。我们甚至可以这样说：实践活动的道理或原则要成为真正的"客观原则"或法则，就必须保障"民之秉彝，好是懿德"，质言之，须得是保障"民"以关切、喜好美好德性为其恒性、促进人之善性得以完成的原则，才有资格成为"客观原则"或法则。由此也可以说，客观原则或法则，当该是"民受天地之中"的"命"的客观化或呈现、实现；虽然现实中的"礼制"未必如此，但理想中的"礼"就该是这样。

"动作礼义威仪之则"① 中确定下来。这是《左传·成公三年》引文所述的主旨。

上述"天命下贯而为'性'的过程"只是问题的一方面。另一方面,从中国哲学重道德性的根源(即忧患意识②)来看,由于这种根源(即忧患意识)产生于"德之不修,学之不讲"的担忧,从而,其所引发的是一种正面的道德意识:首先是一种负责、认真的态度和戒慎恐惧的"敬"的观念,这种"敬"的观念含有一个道德意识,故有"敬德"之说;其次,这种忧患意识亦与天命相连,从而,天的降命由人的道德决定。于是,"天命、天道乃通过忧患意识所生的'敬'而步步下贯,贯注到人身上,便作为人的主体。因此,在'敬'之中,我们的主体并未投注到上帝那里去,我们所作的不是自我否定③,而是自我肯定(Self affirmation)。仿佛在敬的过程中,天命、天道愈往下贯,我们的主体愈得肯定,所以天命、天道愈往下贯,愈显得自我肯定之有价值。表面说来,是通过敬的作用肯定自己;本质地说,实是在天命、天道的层层下贯而为自己的真正主体中肯定自己"④。在这里,值得注意的有两点,一是天的降命由人的道德决定,一是天命、天道层层下贯所形成的是自己的真正主体。关于前者,其意思是天之所命(乃至其创生)是否有道德意义,是不确定的,是

---

① 这就是孔子所说"立于礼"所反映的客观化的"立法"活动。牟宗三关于"立于礼"与"客观化的立法活动"的相关性的内容,请参见牟宗三《中西哲学之会通十四讲》,上海古籍出版社,1997,第115—116页。
② 所谓"忧患意识",是徐复观首先提出的观念。它是在与基督教的罪恶怖栗意识、佛教的苦业无常意识的对照中显示其特殊意涵。牟宗三认为,基督教的原罪恐怖意识使得其信徒以救赎的方式求得超拔;佛教的苦业无常意识以解脱轮回的方式得以超拔。这都是寄望于来世或彼岸世界。中国人的忧患意识与之有很大不同。
③ 这里所说的"肯定"和"否定"均在道德的层面说,此时,我们只肯定自己;而只有我们顾及人性的气性与知性层面时,说"自我坎陷""自我否定"才有意义。因此,这里的"不是自我否定,而是自我肯定",并不与"自我坎陷"相矛盾。
④ 牟宗三:《中国哲学的特质》,第16页。

"人"才赋予其道德的价值,以牟宗三的话说,就是"通过'敬德'、'明德'表示并且决定'天命'、'天道'的意义,那是一个道德秩序(Moral Order)",这也是他将自己的道德理论的哲学形上学基础称为"道德的形上学"的原因;关于后者,它表达了"天命"(天道)即人的德性本质或"真正主体性"的思想,故有"这道德的秩序亦为'宇宙的秩序(Cosmic Order)'"之说。①

以上只是笼统地解释了"天命下贯而为人的真正主体"的过程。至于其具体方式,牟宗三举出了"超越的遥契②"和"内在的遥契"两种。关于"超越的遥契",本章下一节再予以说明,这里先介绍"内在的遥契"的方式。

"内在的遥契",牟宗三认为它"不是把天命、天道推远,而是一方把它收进来作为自己的性,一方又把它转化而为形上的实体"③。这主要见于《中庸》的后半篇。

牟宗三认为,《中庸》所言的"诚",即相当于其开篇所说的"天命之性"。所以有"诚者,天之道也。诚之者,人之道也"之说。这里的"诚",朱熹解释为"真实无妄之谓,天理之本然";张岱年联系后文"天地之道,可一言而尽也。其为物不贰,则其生物不测",说诚即天地之道,是"前后一贯""永不间断"的,代表了规律性和必然性的意义;④周敦颐则联系《易传》与《中庸》,把"诚"视为源于"万物资生"的乾元,而为"圣人之

---

① 牟宗三:《中国哲学的特质》,第17—18页。依牟宗三,由于"天命""天道"不单在人的"敬之功能"(Function of Reverence)中肯定,更在人的本体(Substance)中肯定。因此,这道德的秩序亦为"宇宙的秩序"(Cosmic Order)。当然,仅通过"天命""天道"在人的本体中肯定就赋予其"宇宙的秩序"的涵义是否充分,是一个很复杂的问题。不过,牟宗三通过天道的创生作用来显示其"宇宙的秩序"的地位,是一种极富创造性的尝试。
② "遥契",在《心体与性体》一书中,牟宗三改为"逆觉体证"。字虽不同,义则一也。
③ 牟宗三:《中国哲学的特质》,第36页。
④ 参见张岱年《中国古典哲学概念范畴要论》,中国社会科学出版社,1989,第100—101页。

本"，在"乾道变化各正性命"，即万物各得其实存时，"诚"的意义得以确定。周敦颐的这个说法后来成为宋明儒的共识，同时也与"诚"的词源学意义最为接近："诚"，从"言"从"成"，说的是"言即能成"，其在日常生活中的意义大略为"真实""守信"，做出的承诺要兑现等，但是，作为"天之道"的"诚"，就类似于基督教所宣扬的"道（言，Logos）成肉身"或"神说'要有光'，就有了光"，尽管孔子确曾说过"天何言哉"。此外，周敦颐把"诚"视为"圣人之本"的观点也得到了《中庸》的确证。此即"诚者不勉而中，不思而得，从容中道，圣人也"。这就是"把它（即天道）收进来作为自己的性"的一方面，亦即"自诚明，谓之性"的过程。

另一方面，《中庸》也强调"把它（即天道）转化而为形上的实体"的一面。《中庸》有"唯天下之至诚，为能尽其性，能尽其性，则能尽人之性，能尽人之性，则能尽物之性，能尽物之性，则可以赞天地之化育，可以赞天地之化育，则可以与天地参矣。其次致曲，曲能有诚。诚则形，形则著，著则明，明则动，动则变，变则化。唯天下至诚为能化"之说。这即是说天下至诚的圣人可以充分发挥自己、他人、万物的"性"，因而可以参与并赞助天地的创生、化育功能（这其实也就是天地的本质功能）。圣人参赞天地之化育的根据则在于其"精诚"所至而不断地向外感通，最终与天地相契接、打成一片。此即通过圣人的感通、尽性，参赞、反显天地的创生过程。至于圣人以下，则只能各推致某一面的"善"而至于"诚"，并"形"、"著"、"明"、"动"、"变"、"化"而达到"至诚"之境。

最终，"唯天下至诚，为能经纶天下之大经，立天下之大本，知天地之化育。夫焉有所倚！肫肫其仁，渊渊其渊，浩浩其天。苟不固聪明圣知达天德者，其孰能知之！"这天下至诚的圣人，以其诚恳笃实的"仁德"，如渊的深度，浩瀚的广度，充实其聪明圣知达于"天德"，故能了知天地生成、养育万物的功能，从而发现、显明经理天下的根本法则①。因此,《中庸》说:"故君子之道,本诸身,征诸庶民,考诸三王而不缪,建诸天地而不悖,质诸鬼神而无疑,百世以俟圣人而不惑。"也就是说,圣人以自己本身的德性为依据所发现、显明的实践法则,其效验是普遍必然的。也正是在这个意义上讲,诚者不仅能够成就自己,同时也能成就他人与万物。

总之,天道、天命层层下贯而为性、为人的真正主体,这是牟宗三论证其"道德的形上学"的第一步。在这"下贯"的过程中,人并不是被动的接受者,而是积极主动的自我肯定的"真实主体",是人的道德决定了天命的道德秩序,因而真正说来,道德的形上学带有以"人的道德"说明作为"形上的实体"的"天命"的意味。

三 性体与寂感真几

在牟宗三"道德的形上学"理论中,《中庸》重点说明了"天命下贯而为性、为人的真正主体"的过程,而《易传》则重点从乾坤二卦的"象象"说明了作为创生不已之真几的天道(或乾道)本身具现的创生原则和终成原则。

牟宗三认为,《易传》代表了儒家的形上思考。儒家的这种形上思考本身也是一种真理,不过,这种真理与近代以来的科学真理不同:科学的真理是"外延真理"(Extensional Truth),它依赖于主体在认知上表现出外延性原则和原子性原则②;而儒家的

---

① 牟宗三的道德哲学受益于康德哲学良多,但在此处,牟宗三与康德有很大的不同。依康德,上述所说实际上涉及一个人的理性如何能对一个它所无法形成知识的对象形成知识的问题,亦即那"天地之化育"或世界的创生是有限的理性存在者所无法认知的。而牟宗三则认为圣人有这个能力,其根据在于圣人的"本心仁体"具有无限的感通能力,能够"涵盖乾坤",从而,圣人的本心仁体虽与作为本体的"创生不已之真几"在层次上不同,但在内容意义上则相同。

② 牟宗三认为,这是罗素提出来的关于科学知识成立的两个很重要的基本原则。前者表示命题的意义由命题主词的外延的范围(即量)来决定。这保证了命题的客观性。后者表示对象可以被分解或分析成若干部分,而各部分可以独立地、单独地被了解。参见牟宗三《中西哲学之会通十四讲》,第7页。

这种真理可以叫作"内容真理"（intensional truth），它是一种通过生命来表现的真理，但由于其与主体的紧密联系，而不能客观地被肯断（objectively asserted）。不过，不能客观地被肯断并不代表它不具有可普遍性。实则，这种普遍性是通过其中的观念、概念来达成的。此即牟宗三"由游离不明确的观念，而至转成明确的概念（concept），一成概念就具有普遍性"① 一语所表达的。以此，牟宗三通过把《易传》中的乾元、坤元界定为有普遍性的概念、原则（即创生原则和终成原则），而主张儒家的这种形上玄思也是普遍的真理。

牟宗三赞同多数易学研究者的观点，承认《易经》主要是一本关于占卜的书，而占卜的关键则在把握"几（幾）"②。因此，当《易传》紧紧抓住"几（幾）"这个观念来解释"易"的时候，牟宗三就认为《易传》对《易经》的解释能相应，并代表了儒家的义理。而牟宗三同时也认为《易传》的主要意义在于它表达了儒家的道德的形上学。因而我们需要了解"几（幾）"的涵义及其与道德的形上学的关系。

在牟宗三看来，以"几（幾）"来占卜，是一种采取最开始、最具体、最动态的观点看事件的态度。这与中国文化看待宇宙、世界的思维方式有关。中国文化以"事实（或事件）的总集"的方式看待世界，而任何事件或事实的发展都会经历"始、壮、

---

① 牟宗三：《中西哲学之会通十四讲》，第3页。
② "幾"，《说文》曰："从丝（读作 yōu，意思是细微、微小。段玉裁《说文解字注》说'二幺者，幺之甚也'），从戍。戍，兵守也。而兵守者危也。"《说文》将"幾"释为"危"，其意深远，然在现代汉语语境中又容易滋生误解。我们其实可以深思：为什么细微、幽微之地，却仍需"兵守"？其答案当然可以是《说文》所提供的"危也"，但更重要的一种可能是"要也"；也就是说，"幾"是要害、关键之地，故"虽细微、幽微，亦仍需兵守"；更进一步，"要害、关键"之时，确实是事情发展的动向、苗头刚刚显露的时候。陈迎年在《感应与心物——牟宗三哲学批判》中将其释为"离无入有，处于有无之间"，虽不中亦不远，但其将"幾"之字形说为"从丝从戍"，就太不严谨了。参见陈迎年《感应与心物——牟宗三哲学批判》，上海三联书店，2005，第230页。

究"三环节。以"几(幾)"来占卜,就是当事件于"要动还未动"(即"始")时,就抓住决定事件未来走向的诸可能中最大的可能。故《易传》有"幾者动之微,吉之先见者也"① 之说,而周敦颐也说"动而未形,有无之间者,幾也"。牟宗三对此总结说,几(幾)不是一个时间概念,而是一个程态。这个程态是动态、变化的,但又是"动而未形",处于"有无之间者"。故曰:"易无思也,无为也,寂然不动,感而遂通天下之故。"亦即它在未有感应之时,无思、无为、寂然不动;而一旦有所感应,则能一通全通,通彻全宇宙的故实。此即牟宗三所说的"寂感真几"、"易体",亦即在"哲学的解释"② 中作为超越的"所以然"的"宇宙最后的真实"③。在"寂感真几"中凸显"神"的"妙万物"的无限之用。

因此,《易传》在"寂然不动,感而遂通天下之故"之后,有"非天下之至神,其孰能与于此"之说。然则,此"至神"所谓何哉?牟宗三认为,《易传》的"神"有两种意义。其一是由"阴阳不测之谓神"和"知变化之道也,其知神之所为哉"所表达的对阴阳变化不可测度的一种赞叹或描述。这个"神"的意义,没有超越的意味,不是宇宙间的那个本体。其一是由"神也者,妙万物而为言者也"所表达的"在万物后面而能妙万物"的本体或超越的实体。而所谓"妙万物"就是它在万物后面应用,就是"无限之用"。这种无限制的作用,"就是创造性的作用,就

---

① 此句按朱熹云,《汉书》"吉之"之间有"凶"字。参见《周易·系辞下传》,《四书五经》上卷,第324页。
② 牟宗三把"然"与"所以然"的解释分为三个层次,即科学的解释、哲学的解释和上帝的解释。科学的解释一定基于经验,是可以试验、可以验证的。但它并非必然无疑的,而只是暂时的,且对于有些情况不能做出推演。哲学的解释是从理性上做客观的肯断。它不是暂时的,而是到处一样的。哲学的所以然还不是最后的,最后是上帝的创造。但在中国,则不讲"上帝的创造",而只有"天命不已"的实现之理。通过这个"天命不已",从理性上客观地肯断宇宙的最后真实。
③ 牟宗三:《周易哲学讲演录》,华东师范大学出版社,2004,第64页。

是一个道体、天命，它不停止地起作用"①。从而，这"至神"就是即体即用、即存有即活动的形上实体，是"不动的动者"②。这就是"寂感真几之神用"。

而"寂感真几之神用"或无限妙用，归根结底，可以用《易》的"纲领原则"（leading principle），即乾卦所说的"元、亨、利、贞"来概括。牟宗三说，"'元、亨、利、贞'四个阶段，大分两个阶段，这是儒家道德形上学所向往的最高境界"。③"元、亨"代表的是创生的原则，"利、贞"代表的是终成原则。创生与终成，合起来构成了事、物的发展过程，创造的充足理由，以及儒家道德的形而上学的全幅内容。《易传·乾象》对此做出了具体而生动的解释。

《易传·乾象》云："大哉乾元，万物资始，乃统天。云行雨施，品物流行。大明终始，六位时成，时乘六龙以御天。乾道变化，各正性命。保和太和，乃利贞。首出庶物，万国咸宁。"在以上这段话中，牟宗三最为重视"大哉乾元，万物资始"和"乾道变化，各正性命"这两句。他首先对"大哉乾元，万物资始"做出了如下解释："'大哉'乃赞叹之词。乾是个元，故曰'乾元'。'万物资始'意谓万物资以为始，万物资以有其存在。资者，凭藉凭赖也。'大哉乾元，万物资始'，这就是从万物资始表示乾元是一个创生原则，乾元使万物存在。"④并进而指出，这表示《乾·卦辞》的"元、亨"二字。而接下去的"品物流行"等语句，则是以"漫画式的语言"落在六爻上讲，展开成一个生长的过程。对于"乾道变化，各正性命"，牟宗三认为此语虽云"乾道变化"，实则乾道并不变化（因为道不能变化），而是乾道在阴阳（气）的生长变化过程中显现成"乾道变化"。在乾道变

---

① 牟宗三：《周易哲学讲演录》，第75页。
② 这里"不动的动者"，不从人格神或实体（Entity）的角度理解，而从实在（Reality）、作用（Function）的角度理解。
③ 牟宗三：《周易哲学讲演录》，第19页。
④ 牟宗三：《周易哲学讲演录》，第12页。

化的过程中万物各正其性命、定其性命、成其性命。个体的"性命"只在乾道、天道落在万物个体上时才有。这个"乾道变化，各正性命"所讲的就是终成原则，这是"利、贞"二字表示的。综而言之，"乾元"以其"统天""御天"表示它是一个纲领原则，涵盖天地万物于其中。

一个涵盖性的纲领原则，意味着其下还有"隶属的原则"。"必须有附属的原则，那个纲领原则才能涵盖天地万物，天地万物都可以说在内，都可以用这个纲领原则去解释。"① 纲领原则里面就藏有那个附属原则，故而，单说此纲领原则的时候就必须得替那附属原则留一个余地。从而此纲领原则分开来讲含有两个原则：纲领原则和附属于它的隶属原则，具体说来就是"创生原则"和附属于此创生的"终成原则"。牟宗三说："乾元是纲领性原则，就是说它可以容纳另一原则进来，另一原则就在'各正性命'那个'各正'的地方进来，也就是在'利贞'那个地方进来。哪一个原则进来了呢？就是坤卦代表的那一个原则。就在'各正性命'的地方，在这个层次上把坤卦的原则容纳进来了。因为万物各正性命，落在万物上讲，不只是道。……所以，坤卦的保聚原则就藏在'各正性命'里面。"② 亦即在万物分别地正、定其性命，得其"存在"里面。在这里，牟宗三引入了"坤卦的保聚原则"。他认为，保聚、凝聚和前面提到的"终成"表达的是同一个意思。它相当于亚里士多德的"目的因"（Final Cause）。用《坤·象传》的话说，是"至哉坤元，万物资生"，即万物凭藉坤元有其生，生就涵着其后的成。"生就是存在，它生，它就存在着"，从"存在着"这地方讲，就是"资生"，即资之以生。万物凭藉什么存在呢？凭藉的就是这个"终成原则"，就是技术理性，就是形式原则。

我们可以把乾坤所代表的两个基本原则，分别叫作创生原则

---

① 牟宗三：《周易哲学讲演录》，第16页。
② 牟宗三：《周易哲学讲演录》，第16页。

和终成原则。当然，这种称谓只是相对的，如同作为"创生原则"的乾元中涵藏有"终成原则"一样，坤元中也包含有创生原则。这可以从《坤》"六二：直、方、大，不习，无不利"所展示的阳刚的生命看出来。牟宗三说："坤卦也有创造性原则，创造性原则与终成原则到处应用。"① 因此，创生原则与终成原则不可分离地联系在一起，这才有一个个事、物的"始、壮、究"的发展演化。"'资始'那个地方原来什么也没有……它原来不存在，我使它存在，这个是始；存在以后，你照这样而存在着，这就落实了，真正成一个现实的东西。"② 不过，创生原则与终成原则之间还是存在着一种主从关系。亦即乾元必须领导坤元，终成原则必须从属于创生原则；或者方向理性（即创生原则）必须作为先在根据指导技术理性（即终成原则）。

牟宗三认为，乾坤两卦足以尽"易"之蕴，换句话说，由乾坤两卦所代表的原则或义理，就构成了儒家道德的形上学的规模。在《周易哲学讲演录》中，牟宗三多次强调了"《乾彖》的义理就是道德的形而上学"；"儒家道德形上学的义理规模都在《乾彖》里面表现出来，这就是两个原则，创造性原则是纲领原则，创造性原则在'元、亨、利、贞'的过程中就藏有另一个原则，那个原则就是保聚原则，也叫终成原则"；"把终成原则特别提出来专讲就是坤卦，坤卦代表终成原则。乾卦代表创造性原则，是纲领，在这个纲领下，终成原则就在这里面完成万物之为万物"。③ 从这些引文可以看出，牟宗三言下的"道德的形上学"实际上可以用两个原则来概括，即创造性原则和终成原则。所谓"创造性原则"，也可以叫作创生原则④。这种创造是从"无"而造，原来不存在，通过创造使它存在；而不是利用已有的材料加

---

① 牟宗三：《周易哲学讲演录》，第 33 页。
② 牟宗三：《周易哲学讲演录》，第 29 页。
③ 牟宗三：《周易哲学讲演录》，第 21—22 页。
④ 牟宗三认为"创造"是基督教用语，中国传统一般说"创生"。

上形式（form）的"造"，这种"利用已有材料加上形式"的"造"叫制造（或创制），不是上帝的创造。创造是创造出整个个体，而不只是形式，不只是抽象概念。所谓"终成原则"，也叫保聚原则、凝聚原则，相当于亚里士多德的目的因或终成因（final cause），也就是每一个事、物最终完成它自己，成为它自己。关于创造原则与终成原则之间的关系，牟宗三以一个比喻来说明："乾是创造性原则，是体。我们本身不是乾道，我们是要把这个乾道表现在我们的生活中，把这个'体'体现到我们的生命中来，这就要通过一个实践的工夫，这个实践的工夫统统是坤道。……我说：'闻道尊孟轲，为学法荀卿。'……不管你有多大的创造，多了不起的天才，你总是人，你不是神，你总要学。……学就落到坤道上。所以，坤道是保聚原则，你没有这个学，光讲乾道，它不能凝聚。不要以为创造是火车头，不能凝聚就是横冲直撞。要有所成，有所成就要使它凝聚。光讲创造而无所成就是虚无主义。"① 这段话虽然有点混乱，但主要意思还是很清楚的，即乾的创造性原则只是"体"，这个'体'只能在我们的生活中、我们的生命中才能得到体现②，而我们的生命要能体现"乾道"的创造性原则，万万不能离开实践的工夫；实践的工夫中最核心的是终成原则或保聚原则，它实际上是凝聚、轨约创造原则或创造力的；不包含终成原则的"创造"是不上轨道的火车头，横冲直撞；只有能够凝聚的创造才会有所成。从而，儒家道德的形上学其实就是一个能凝聚、受轨约的创造原则（或创生原则）。这同样也表现在中国传统所讲"尊乾而法坤"一语之中。

所谓"尊乾而法坤"，尊乾就是以创造原则为尊、为纲领，

---

① 牟宗三：《周易哲学讲演录》，第22—23页。其中，"坤"有"终成"的功能，也是学或效法的对象。
② 乾道的创造性原则固然也可以在"物"中实现，万物的生成、化育背后就有"乾道"的创造性原则在。但是，由于"物不能推"，它只是被动地完成"乾道"的创造，所以不能认为"物"能够体现乾道的创造性原则。只有能主动做实践的工夫的"人"，才能在其生活中、生命中"表现"与"体现"乾道。

法坤就是取法于坤。取法于坤就是作道德的修养工夫、做道德实践的工夫。因为"乾道"是体,而人本身不是乾道,而是要把这乾道表现在我们的生活中、体现在我们的生命中,故而需要通过一个实践的工夫。

不仅《乾彖》如此,《乾·象》所说"天行健,君子以自强不息"也反映了儒家道德的形上学思想。牟宗三认为:"中国的道德形上学这个深远的玄思有两个智慧,客观的讲就是'天命不已',主观的讲就是'纯亦不已'。"① 之所以如此说,是因为《易传·乾彖》的智慧来自《诗经·周颂·维天之命》的"维天之命,於穆不已"②。牟宗三说:"'纯亦不已'是主观地讲,从道德修养讲,转到《易传》就是'天行健,君子以自强不息'(《乾·象》),……'天行健'是天健之德,是创生原则,这是客观地说。'君子以自强不息'是根据'文王之德之纯'。文王之德之纯,纯亦不已,'纯亦不已'就是自强不息,'纯亦不已'是法天。"③ 这些说法,显示了牟宗三把先秦儒家经典融和统一为一个思想整体的努力,也是他"道统"观念的反映——那一线相承之道,在历史的行程中由一定的生命人格来呼应与承当,从而逐渐明确其涵义。这就是超越的主宰之天,经过圣哲的理性(其实这圣哲的理性,同样也就是我们的理性④)化掉其超绝性与人格

---

① 牟宗三:《周易哲学讲演录》,第 13 页。
② 当然,牟宗三是说,乾元的观念依《易传》是顺着乾的健行之德而来的,依《诗经》则从"维天之命,於穆不已"而来。本书在此重点说其与《诗经》之"天命不已"的本质联系。
③ 牟宗三:《周易哲学讲演录》,第 13 页。
④ 在《周易哲学讲演录》中,牟宗三明确指出,圣人"开物成务",实即从道德法则、定然律令中引出"义务"(Duty)。他说:"这不是圣人开出来了吗?说圣人开出来,其实就是我们的理性开出来。"(见《周易哲学讲演录》,第 42 页)因而,在牟宗三哲学中,"圣人"并不是一般人所认为的实体(Entity)化、人格化的"道德原型",而是作用性的"我们"的纯粹理性。当然,不可否认的是,牟宗三确实以某些具体的人格为"圣人"。而对于这一点,我们可以说是牟宗三囿于其思想背景、知识基质所不可避免地固有的缺失。因而,我们完全可以只将"圣人"视为能确立道德法则、定然律令的纯粹理性。或者,牟宗三把圣人视为"我们"的理性,是在他的思想不断圆熟的过程中完成的。

性，从而有"道德化的"天之降命而为性、为人的真正主体。而这天道、天命，即牟宗三的"道统"之道，不过是能收敛、凝聚而有所成的有目的的创造性力量而已。

牟宗三从"一线相承"的"道统"出发，通过对反映此"道统"的诸概念的涵义的厘清，说明了儒家道德的形上学的客观性一面①在先秦的发展：从能创生万物下民的超越的主宰者的"帝"、"天"，以其创生性而为"天命"、"天道"，下贯而为人的真正主体性，是为性体②；同时，此"性体"亦即天德之"诚"，是被叫作"诚体"的形上实体，它作为一个形上实体，同时亦是道德的实体。牟宗三在此说："把个人道德上表现的'诚'扩大化，诚的意思是真实无妄，这个真实无妄不但在个人这方面说，就是宇宙那个最高的实体也是真实无妄……虚假就没有'天命流行'。"③ 在《易传》，则更进一步通过理性，化掉那超越的实体的"人格神"的性质，而把"天命"、"天道"改造成"乾元"的创造原则和终成原则，亦即能收敛凝聚、能受规范而有所成的创造性。中国文化就在此创造性与规范性的矛盾性缠绕中，不断获得新生和发展。④

第二节 性体与心体

在牟宗三"道德的形上学"中，不仅有客观一面的天道下贯而来的性体或真正主体性，也有主观面的"仁体"、"心体"。正

---

① 此"道德的形上学的客观性一面"，用牟宗三的话来说，就是"创造性之在其自己"。
② 牟宗三认为，"天命"的下贯，不止于人，亦及于物而为性。不过物之性不能活动、创生，而只有天所降于人的"天命之性"才具有活动性、创生性，从而成为"性体"。
③ 牟宗三：《周易哲学讲演录》，第19页。牟宗三在这里还表达了这样一个观点，即"道德的形上学"含有这个意思：根据人的道德性，决定或赋予天命、天道、诚体等形上实体以道德的性质。
④ 这也就是牟宗三说"中国文化的纲领就是尊乾而法坤"的原因。

是主观面的"仁体"、"心体",才使得一定的生命人格能与"一线相承的道统"相应与承当。因而,明确此"仁体"、"心体"的意义,是牟宗三"道德的形上学"的又一项重要任务。

如果说"天道性体"是"创造性之在其自己",那么,"仁体心体"就是"创造性之对其自己",亦即仁体心体是形著并具体呈现性体的实体。本节的任务,即通过对"创造性之对其自己"的理解与察识,阐明牟宗三"心性是一"的"创造性之在且对其自己"的意义,说明"性体由心体形著并具体呈现"的一面。

一 践仁以知天

牟宗三认为,孔子是中国文化的"道统"的重建者。孔子对"道统"的重建是通过继承与损益之前的思想资源来完成的。一方面,他把由《诗经》、《尚书》、《易经》、《春秋》等古代典籍所表达的超越性的"帝"、"天(天命、天道)"、"生性互用"等思想内容作为思想背景或"隐默之知"继承下来;另一方面,他又对这些思想内容加以损益、改造,并收摄于"仁"的观念中,完成一"创辟的突进"——立仁教以开精神领域,重建了"道之本统"。

不过,当我们说孔子因循损益其前的思想传统,并"立仁教以开精神领域"时,立即会面临孔子言下的"天"、"天命"究竟有什么深刻意味,以及如何解释《论语》中仅两次提到的其中仅有一次出自孔子之口的"性"字等难题。

关于第一个问题,时人与前贤均已有丰硕成果,可资借鉴。本章第一节①已述及的冯友兰、肖萐父、郭齐勇等先生的著作中,均以为孔子言下的"天(天命)"主要是超越性的主宰之天。《论语》中言"天"凡47处,其中"天子"、"天下"共24处,

---

① 参见本书第77页脚注②。

另有一处系子贡赞扬孔子之不可企及而言，即"夫子之不可及也，犹天之不可阶而升也"，这些都不能算是超越的主宰之天。其余言"天命"、"获罪于天"、"天将以夫子为木铎"、"天厌之"、"天生德于予"、"巍巍乎！唯天为大，唯尧则之"、"天之将（未）丧斯文"、"天纵之将圣"、"吾谁欺？欺天乎？"、"死生有命，富贵在天"、"不怨天，不尤人。下学而上达。知我者其天乎"、"畏天命"、"天何言哉？四时行焉，百物生焉"、"天之历数"等都带有主宰者的意味，而不是像某些学者那样把"天"仅当作自然之天。在此，"天"不仅主宰个人的命运①，而且能"生德于人"、"纵人以圣"、"与人以则"，以及虽不言而能作用以使四时行百物生，甚至决定"斯文"②之存丧。正是以此为基础，牟宗三说，孔子"暂时撇开客观面的帝、天、天命而不言（但不是否定），而自主观面开启道德价值之源、德性生命之门而言'仁'"。③其实，上文已经显示，孔子对客观面的"天（天命）"并未撇开。不过，他确实解放了以往王者政权得失意识中的"天（天命）"，同时，也豁醒人的"真正主体性"，凸显人之能契接"天"的主观根据，此即"仁"的观念的提出。

因而，孔子通过对其前的思想传统的继承与因循，暂时置"客观面"的天道性命为其思想中的"隐默之知"，而突出强调"仁"的观念作为人契接天命的主观根据。这就是所谓的"践仁知天"。

关于第二个问题，即为什么《论语》中仅两次提到"性"字，且其中仅有一次出自孔子之口的问题，牟宗三是想通过回答这个问题，说明为什么孔子没有正面说"积极面的性"，而我们

---

① 这个"命"，应区别于"天命"之命。在牟宗三看来，"天命"之命是超越的、形而上的命令，而命运之命则是气性的、形而下的命运。
② "斯文"，其意思是周朝的文化典章制度。在此，笔者认为牟宗三会把"斯文"理解为文化意识或道统的具体体现，具有创造性和规范性的双重功能，是一个社会、文化仍具有生命力的表征。
③ 牟宗三：《心体与性体》（上），第18页。

还仍然视他为"道统"的重建者。牟宗三对此做了两点解释。第一点前文已有述及,即孔子并非没有谈积极面的"性",只是在《论语》中较少涉及而已。因而,不能仅以《论语》即断定孔子不言或罕言"性与天道"。关于第二点,牟宗三主张即使事实上孔子不言或罕言"性与天道",那也是因为"性与天道"的超越性涵义已经成为孔子的思想背景或"隐默之知"。当然,我们可以说,这积极面的"性"的意义得以彰显,是孔子之后由《孟子》、《中庸》、《易传》来完成,且它们须依据孔子的"仁"才能出现。但这并不妨碍孔子把它作为思想背景。而孔子在当时的"急务"并不是把"性"置定为客观的存有,而窥测其"是什么",而是"环绕聪明、勇智、敬德而统之以仁,健行不息以遥契天命",使《诗》、《书》中"疾敬德"、"祈天永命"的道德总规更为深远宏著。① 在牟宗三看来,把"性"置定为客观的存有,会使其变得复杂、神秘而奥密,从而令窥测其"是什么"的问题成为"智测之事"。而中国的圣哲在此并不像希腊哲人一般,费其智测。因此,孔子把客观的存有一面暂时撇开,而另外开辟仁、智、圣一面,从智测归于德行,践仁行道,以开辟精神领域。于是,原本复杂、神秘而奥密的问题,变成了自己所能把握的"我欲仁,斯仁至矣"、"一日克己复礼,天下归仁焉";原本是对第一序的存有的自存潜存的"性与天道"的智测,转而为凌空地自我做主地提起来、站起来、创造出来的生命、德性,以仁、智、圣的生命德性凸显真实生命的价值之光。经此一转,那原本被撇开的"超越的存有",与内在的生命德性的存有一起,彰显而挺立、朗现而贞定。故不必言性与天道,而性与天道自在其中。由此,我们可以说,孔子虽罕言"性",却仍是"道统"的重建者。

当然会有人问,为什么"经此一转"就会有"不必言性与天

---

① 牟宗三:《心体与性体》(上),第 188 页。

道,而性与天道自在其中"的结果呢?难道是变戏法?牟宗三当然并不认为这是"变戏法",而是认为通过"践仁以知天"、下学上达的超越的遥契的方式,可以有此一"转"。

且看"践仁知天"、下学上达的超越遥契如何能使超越的存有与内在的存有一起朗现而贞定。这首先要明确牟宗三对"仁"的理解。

牟宗三对孔子的"仁"的解释,不像大多数人那样纠缠于孔子的言说而把仁分为几层涵义,而是借"作用"以"见性",直接面对"仁"的本质涵义,从怵惕恻隐的不安不忍的超越之"情",发现"仁"的两个本质涵义:觉与健。并通过对仁的这两个本质涵义的说明,表明践仁何以能知天。

在《中国哲学的特质》中,牟宗三指出:"照讲者个人的了解,孔子的'仁'具有下列两大特质:(一)觉——不是感官知觉或感觉(Perception or Sensation),而是怵恻之感,即《论语》所言的'不安'之感,亦即孟子所谓恻隐之心或不忍人之心。有觉,才可有四端之心,否则便可说是麻木,中国成语'麻木不仁'便指出了仁的特性是有觉而不是麻木。……(二)健——是《易经》'健行不息'之健。《易经》言:'天行健,君子以自强不息。'所谓'天行健'可说是'维天之命,於穆不已'的另一种表示方式。君子看到天地的健行不息,觉悟到自己亦要效法天道的健行不息。这表示我们的生命,应通过觉以表现健,或者说,要像天一样,表现创造性,因为天的德(本质)就是创造性的本身。至于'健'字的含义,当然不是体育方面健美之健,而是纯粹精神上的创生不已。"① 这就是说,仁首先是一种对于他人(尤其是陌生人、路人)危难处境的惊惧、忧伤、悲痛、怜悯之情,继而不能忍受他人的这种处境而欲对之有所改变的积极的愿望。故牟宗三说:"我们可以这样正面地描述'仁',说:'仁以

---

① 牟宗三:《中国哲学的特质》,第31页。

感通为性,以润物为用。'"① 这一说法使得"仁"的含义更加广泛:从对他人的危难处境的惊惧、悲痛、怜悯,扩大而至于其极——与万物为一体,从而能"与天地合其德,与日月合其明,与四时合其序,与鬼神合其吉凶"。② 同时,仁又不仅是欲对他人危难处境加以改变的愿望,而且也在感通的过程中表现其创造性,润泽、引发他人的生命。因而,仁代表了"真实的生命"(Real life)、人的"真实的主体"(Real subject),而这个"真实的主体"又能遥契天道,成为天命、天道的一个"印证"(Verification)。

不过,这里的问题是,牟宗三以"觉"与"健"来说明"仁",有没有根据?牟宗三常常用程颢的观点来说明这一理解。程颢说:"医书以手足痿痹为不仁,此言最善名状。"③ 所谓"手足痿痹"就是"无觉"。当然这里只是说"无觉是不仁",而到了谢良佐则明确地"以觉训仁"。因此,牟宗三的这个主张并非空言无据。但是,我们在《论语》中找不到佐证。对此,唯一可做的就是解释:牟宗三以为,《论语》中孔子随机地说"仁",都是指点为仁之方,都是就近取譬,指点人各自启迪自己的真实生命;而这些"为仁之方",如"己立立人、己达达人"、"忠恕之道"等,都能反映"觉"与"健"的特质。他最喜欢举的例子就是"宰我问丧":"宰我问:'三年之丧,期已久矣。君子三年不为礼,礼必坏;三年不为乐,乐必崩。旧谷既没,新谷既升,钻燧改火,期可已矣。'子曰:'食夫稻,衣夫锦,于女安乎?'曰:'安。''女安则为之。夫君子之居丧,食旨不甘,闻乐不乐,居处不安,故不为也。今女安则为之。'宰我出。子曰:'予之不仁也!子生三年,然后免于父母之怀。夫三年之丧,天下之通丧也。予也有三年之爱于其父母乎?'"(《论语·阳货》) 这段话表

---

① 牟宗三:《中国哲学的特质》,第 31 页。
② 黄寿祺、张善文译注《周易译注》,上海古籍出版社,2001,第 21 页。
③ 《二程集》,中华书局,2004,第 15 页。

明，人若安于悖礼的行为，对于常人不忍心做的事情泰然处之，便是"无觉"，便是"不仁"。相反，若能够反思到自己的"不安"，并由此而意识到那些能使自己"安"的，这就是"觉"了；更进一步，若能够"推己及人"，知道自己想要有独立的人格且有所作为，从而使他人也能够有其独立的人格且有所作为，甚至推而广之，能够"博施济众"，天地万物都与自己息息相关，"健"也就有了。故而，《论语》中说"仁"，确实可以用这两个特质来概括。

了解了"仁"的含义，我们再来看看孔子如何"践仁"。牟宗三认为，孔子是"依其具体清澈精诚恻怛的襟怀，在具体生活上，作具体浑沦的指点与启发"，而这种具体浑沦的指点与启发，不是特殊的，而是普遍的，只不过这种普遍是"混融于精诚恻怛之真实生命中而为具体的普遍，随着具体生活之曲曲折折而如水银泻地、或圆珠走盘、遍润一切而不遗的这种具体的普遍"①。牟宗三认为，圣人的整体人格本身就全幅是"仁道"的展现。孔子的许多具体行为、他对历史现实人物的臧否，可以视为"践仁"。其中"用行舍藏"、"无可无不可"的进退出处，"子为政，焉用杀"、"君子之德风，小人之德草，草上之风，必偃"、"必先正名无所苟"的为政方略，忧心于"德不修，学不讲，闻善不徙，不善不改"、"不愤不启，不悱不发"，并教以"文行忠信"的教育理念，"叩其两端而竭"、"必由斯道"的对待知识的态度，以及"毋意，毋必，毋固，毋我"的修身自持等，都是孔子以其"具体清澈精诚恻怛的襟怀"以及"觉"与"健"的仁德，本着其真诚的、忧伤于人之艰难处境的道德情怀，于具体而真实的场合审察清明，所做的独一无二异地皆然的道德决断。这些具体言行，表面上似乎并没有什么是非如此不可的，而实际上其所做的每一行为决断，又是任何一个具有"真实主体性"的人在当时的

---

① 牟宗三：《心体与性体》（上），第 100 页。亦可见《牟宗三先生全集 5·心体与性体》（一），第 122 页。

具体情境中都必定如此的。

这就是孔子的"践仁"。

不过,"践仁"只是内圣之学的践履归宿之一,其另一个是要"知天",合起来就是"践仁以知天,即成圣"①。然问题亦在此。因为,按照通常的看法,"仁"与"天"是两个不同的概念,所以通过践仁而知天或践仁以期知天②如何可能,也就成了一个非常重要的问题。牟宗三认为,孔子是通过"超越的遥契"来解决这个问题的。《论语》中的三句话表现了此"超越的遥契":

(1) 子曰:莫我知也夫!子贡曰:何为其莫知子也?子曰:不怨天,不尤人,下学而上达,知我者其天乎?

(2) 五十而知天命。

(3) 畏天命。

此处的"下学"就是践仁的工夫,而不是追求专门知识的"学"。前者有德性修养的意味,是要把知识消化于生命,转化为生命所具有的德性,转智为德,后者并无德性修养的性质,且其目的是成为专家;"上达"就是"上达天德"③,是"下学"的最终目的,具体而言是在经验知识的基础上通过"内心的觉悟"④,在不断的践仁中,使生命更精纯,思想更精微,人生境界更高明,从而与天相知。更进一步则生发出对天命的敬畏。于是,长期践仁可能会导致最终知天(遥契天道)。牟宗三认为,孔子虽然没有明确地说仁就是天,他暂时撇开了客观面的"帝"、"天"、

---

① 牟宗三:《心体与性体》(上),第219页。亦可参见《牟宗三先生全集5·心体与性体》(一),第268页。

② 这两者都合乎牟宗三"践仁知天"所表达的意思。请分别参见牟宗三《中国哲学的特质》,第33—34页;牟宗三:《心体与性体》(上),第18页。

③ 按牟宗三的观点,古语"天德"与天命、天道其实没有很大的区别。见氏著《中国哲学的特质》,第34页。

④ 牟宗三在此盛赞古人之训释"学"为"觉"。

"天命",而把《诗经》、《尚书》中的这些概念当作背景历史意识,在强调人之能契接"天"的主观根据——"仁"中,更加重更真切于人对天的契接与崇敬。孔子这样做一方面豁醒了人的真实主体性,另一方面解放了王者政权得失意识中的天。在这个过程中,"天"并不凸出其"人格神"的意味,而是逐渐被赋予一种"形而上的实体"(Metaphysical Reality)的意味。这种背景下的"天",虽不与"仁"合一或为一,却可由于"仁心感通之无限而趋于绝对普遍性"和"仁与天有其'内容意义'之相同处"①,最后可以合而一之。由是,"践仁知天"连为一体而使得主观与客观合一,具有内在的先验性与具体的超越性,从而其所做的道德决断都是存在的、历史性的、独一无二异地皆然的。

不可否认,牟宗三此处的说明不是十分清楚。但是,我们可以借用康德的思路来使牟宗三的说明清楚起来:践仁知天其实是从对普通理性的道德知识的认知开始,借助"义务"的概念和反思的活动,认识到德性法则实际上来自我们的纯粹理性的实践应用,而这种德性法则甚至是超越的主宰者也不会反对的,我们对这法则亦同样抱持一种敬畏(或敬重)的态度。

这就是牟宗三说孔子"践仁以知天"的涵义。通过"践仁知天","仁体"的"创造性之对其自己"的意义得以确定。

二 尽心知性知天

前面已经说过,孟子也是对"道统"之"道"有相应与承当之圣哲。孟子对此"道"的相应与承当,体现在他以"怵惕恻隐的不忍人之心"为人之所以为人的根据。这当然是承继孔子而来。孔子从"怵惕恻隐的不安不忍的超越之情"发现"仁"的"觉"与"健"的本质涵义,正是孟子以"不忍人之心"说"仁"的前导。孟子亦以其对"心"、"性"、"天"做"觉与健"

---

① 牟宗三:《心体与性体》(上),第20页。

（即仁）的理解，而对"道统"有相应与承当。可以说，孟子通过"尽心知性"来"知天"所走的道路类似于孔子的"践仁知天"，而孟子的不同则在于把"性"拉进来当作中间环节。这给我们带来的问题是如何解释"尽心"与"践仁"、心与性（善）的关系。

关于"尽心"与"践仁"。

所谓"尽心"的"尽"，并不是认识论的穷尽之尽，而是充分发挥的意思。因此，"尽心"就是充分发挥"心"的功能，去呈现、具现人之"所性"。至于"践仁"，如前文所说，是通过德性修养，把普通理性的道德知识消化于生命中，转化为生命所具有的德性，化智为德的道德实践；换句话说，就是在自己的生命中，经反思而见到自己所具的人之为人的德性本质，并在自己的道德实践中，以此规范自己，使自己能"由不安不忍而至于能安能忍"。牟宗三认为，充分发挥"心"的功能，也是消化普通理性的道德知识于生命、化智为德，就是经过反思而呈现或具现自己的德性本质，并以此规范自己。从这个意义上说，"尽心"便是"践仁"。

牟宗三承认，"孔子未说'心'字，亦未说'仁'即是吾人之道德本心"[1]，且以"仁"为心、为理、为道都是后人讲说时随语意所加。但是，牟宗三赞成这种做法，而主张其合理性即表现在"孔子由'不安'指点'仁'，不安自是心之不安"[2]。孔子不以"心"说仁，并不能妨碍孟子这样做。而实际上，孟子确实

---

[1] 牟宗三：《心体与性体》（上），第 20 页。此处的"本心"，指的并不是经验心理学意义上的心理活动，而是指人的"是理义"且能够"悦理义"的本有之性；用牟宗三的话来说，就是能起道德创造之大用的内在道德性；而用康德的术语，就是自由的善良的意志。有论者以为"本心"是作为本体的"纯粹思维"，从而才有"心外无理"与"心外无物"之说（参见谢遐龄《康德对本体论的扬弃》，湖南教育出版社，1987，第 58 页注①）。这固然不错，但稍欠准确。因为在中国伦理思想中，"本心"向来不是作纯粹思维看，而毋宁是作为纯粹实践理性的至善的意志。

[2] 牟宗三：《心体与性体》（上），第 20 页。

也以"人心"说"仁",此人心即"本心"。《孟子》中提到"仁"字的有159处,其中有些是修饰语,修饰政治或人、道,为"仁政"、仁者,或"道二:仁与不仁而已矣";有些是作为人的具体的品质,如"仁义礼智"合用、"仁且智,夫子既圣矣"等;也有一些是融摄其他品质的德性之总体①。在以上用法中,无论是作为人的具体品质,还是德性之总体,其与"心"的合一都是毋庸置疑的。例如,《孟子·公孙丑上》孟子论"人皆有不忍人之心"章,有"恻隐之心,仁之端也;羞恶之心,义之端也;辞让之心,礼之端也;是非之心,智之端也",而在《孟子·告子上》中更是直接说"恻隐之心,仁也;羞恶之心,义也;恭敬之心,礼也;是非之心,智也";当"仁义"合用表示人的"德性之总体"时,孟子说:"仁,人心也。义,人路也。"这些都说明了"仁"与心的内在关联。可以说,孟子继承了孔子由"不安"指点"仁"的思路,而直接以"心"说仁,从而才有"尽心"即"践仁"之说。

前面已经具体说明了"践仁"的涵义,而对于"尽心"只是笼统地指出其为"充分发挥'心'的功能"。为了进一步说明"尽心即践仁",我们还需要明确孟子的"心"有些什么功能。《孟子》中"心"字凡107处,其含义可分为6类,即心脏器官、主观的意愿和动机、思想内容、人的认识官能或智力、人的认识活动、人的道德本心。需要指出的是,"尽心"所发挥的"心"的功能,仅限于人的道德本心。而此"道德本心"即"不安不忍的恻隐之心",其功能即在于确定什么样的行为是"所恶"的、不堪忍受的,而什么样的行为是可欲且值得去做的。孟子曾经虚拟了一个"乍见孺子入于井"的例子,来说明我们的"不忍人之心"在这种情况下的反映:"今人乍见孺子将入于井,皆有怵惕

---

① 这里是指"仁义"并用的情况。在这种情况下,仁是个人德性的总体,人所应自居之"所";义则是所以行"仁"之道。故有"居仁由义"、"以仁存心"、"仁,人心也;义,人路也"之说。

恻隐之心——非所以内交于孺子之父母也，非所以要誉于乡党朋友也，非恶其声而然也"（《孟子·公孙丑上》），亦即当人们见到一个不懂事的小孩子将要掉入井中时，都必定会油然而生一种惊惧、忧伤、怜悯的反映（此即所谓"不忍人之心"）并积极地挺身相救，而产生这种反映的根源，不是因为他想要与这个孩子的父母结交，也不是他想在邻里、朋友中获得好名声，更不是厌恶自己不这样做会留下坏名声（也有人认为"恶其声"应当理解为"厌恶孺子入井时的惊恐、哀号之声"）。这种反映是自然而然、油然而生的。① 由这种"不忍人之心"所产生的结果就是当下决定自己分所当为之事，而做出这个决定，并非出于任何算计，也非考虑到什么结果。除此而外，孟子还强调"本心"是人判断何者为"所欲有甚于生"、何者为"所恶有甚于死"的本性，是天赋予任何人的，"非独贤者有是心，人皆有之，贤者能勿丧耳"。人若能充分发挥这种"不忍之心"，并顺此"不忍之心"去做点什么而让自己能"安"、能"忍"，这就是"仁"②。从而，"尽心"即充分发挥"本心"的"决定什么样的事情与行为是'所恶'的、不堪忍受的，从而什么样的行为可欲且值得去做"

---

① 孟子在此所说的情况，与康德所论证的意志的自我立法十分类似。康德在《道德形而上学奠基》中，从对"义务"的概念的反省而达致的普通理性的道德知识出发，经由这一普通理性的道德知识在实践中面临的"自然辩证论"（即人们一方面要尊重并遵从严格的道德法则，另一方面又因自己的感性偏好的作用而对前者的有效性、纯洁性产生怀疑并取消了道德的尊严），从而在实践中产生了一种对"道德形而上学"的需要。在"道德形而上学"中，康德以意志对实践理性的不同关系，区分出客观的必然性与主观的必然性，进而区分不同的命令式。而由"定言命令"概念（即主观的准则与普遍的客观法则的一致）提出其表达式，以显明意志的自我立法。这一"自我立法"必须不考虑各种感性的因素或算计才可能。虽然孟子的"本心"的自律是自发的、油然而生的，而康德的意志的自我立法由语言分析而来，因而此二者有所不同，但是，如果我们不考虑这种区别，我们确实可以把"本心"的自律类比于意志的自律。

② 这就是《孟子·尽心下》所说："人皆有所不忍，达之于其所忍，仁也；人皆有所不为，达之于其所为，义也。"也就是牟宗三所说的"应由'不安'以识仁，由不安再至于安以为仁"[牟宗三：《心体与性体》（上），第253页]。

的功能，也就是"践仁"。

关于"心"与"性"。

前面说过，孟子把"性"引入以为"践仁"（亦即"尽心"）与"知天"之间的中间环节，从而发展了孔子的"践仁以知天"。牟宗三对此做了积极的评价。他说："惟'性'之问题是孟子时特显之问题，而孟子亦积极地创辟地盛言此问题，遂奠定儒家内圣之学之基础。其不顺'生之谓性'（自生言性）之老传统言性，而创辟地自仁义内在以言超越的义理当然之性，内在道德性之性，或道德创造性之性，正是本上世道德总规（政规）中道德意义的概念，如聪明、勇智、敬德之类，以及超越意义的概念，如帝、天、天命、天道之类，通过孔子之仁教而如此地言之者。"① 这说明，孟子论"性"是以上世的道德总规为背景，以孔子的"仁"为关键，而创造性地做出的必然应有的义理充实的发展。在牟宗三看来，孟子正是以"仁义内在"② 为根据而谈论"性"的。

《孟子·告子上》记载了孟子与告子关于"性"的论辩。牟宗三认为在这一论辩中，告子秉持的是从上世"生之谓性"的老传统而来的"性无善无不善"的观点。以此为基础，告子以类比的方式说明"性"与"仁义"的关系是原初的材料（杞柳）与加工后的成品（桮棬）的关系，并主张性的善或恶乃是取决于这一加工的过程。孟子不赞同这种"生之谓性"的立场。通过类比，孟子指出，如果说"生之谓性"，则"白之谓白"也能成立。

---

① 牟宗三：《心体与性体》（上），第239—240页。在此，有两点需要说明。一是"生之谓性"的老传统。牟宗三以为孔子之前的中国文化有一个"生""性"互用的传统，而把"性"解作消极面的自然生命、人的自然性（如"食色性也"之类）等涵义。自孟子始（其实从孔子已经开始，只是孔子未曾对此有明确的表示）扭转此自生言性的老传统，而创辟一积极面的以内在道德性言性的新传统。二是所谓"上世的道德总规"，即由尧、舜、禹、汤、文、武、周公所代表的王者以聪明、勇智、敬德团聚群体、开物成务的表现。
② 唐文明在《隐秘的颠覆——牟宗三、康德与原始儒家》（三联书店，2012）一书中的"自律的挪用"部分（第69—86页）对孟子与告子"仁义"-"内外"的辩论及孟子"仁义内在"的意涵有非常精细的讨论，此处不再赘述。

如此则有如下结论①：

$$\because 生之谓性 \longleftrightarrow 白之谓白$$
$$\underline{白羽之白 = 白雪之白 = 白玉之白}$$
$$\therefore 犬之性 = 牛之性 = 人之性$$

孟子还论证说，如果顺告子所说"性"与"仁义"的关系，那么，"仁义"就会是对"人（性）"的戕贼（犹如戕贼杞柳以为桮棬），最终将导致天下之人以"仁义"为祸患的结论。这是告子也不愿见到的。因而，孟子主张"性"虽然包含于天所命于人的原初的质性，但是作为"性"的原初质性却与人与生俱有的"本始才朴"有根本区别，前者是天所命与人的原初质性中那些其实现不假外求者；而后者则是其中的其实现有待外部条件者："口之于味也，目之于色也，耳之于声也，鼻之于臭也，四肢之于安佚也，性也，有命焉，君子不谓性也。仁之于父子也，义之于君臣也，礼之于宾主也，智之于贤者也，圣人之于天道也，命也，有性焉，君子不谓命也"（《孟子·尽心下》），亦即人的各种感官的功能及其满足，虽然也是"性"（自生言者），但其实现依赖于外在的偶然因素，所以君子不认为是"性"（自内在道德性言者）；而另外的那些能使人完成其道德实践的使命的各种功能（仁义礼智等），则来自天之所命并作为人的真正主体性，故君子不以其为偶然的命运。从这里我们可以看出，孟子对告子"生之谓性"的传统（亦即牟宗三所谓"消极面的性"）是有明确的认识的，但是他宁可把内在于人的能够做出道德决断的"仁义礼智"（尤其是仁义）视为真正的"性"；而把人的"自然之生性"视为偶然的命运。因此，孟子言下君子所认为的性，严格说来，只是人判断道德善恶的标准和做出道德决断的能力，它既

---

① 告子于此不审，未能了解孟子此处类比之不恰当。

是"善"的，又是超越善恶的。正是在这个意义上，孟子有"性善"之说。

总之，《孟子》的"心"、"性"虽然各自都包含不止一个意义，但是，若就严格意义上的"本心"和"善性"而言，它们都是既具有实体性，又能在道德实践中自主、自律、自作主宰、自定方向的道德决断的能力。类似于康德所说的"自由的至善的意志"和"纯粹实践的理性"①。正是以此为据，孟子提出"仁义内在"和"性善"之说。

除了仁与心、心与性的内在一致，牟宗三还指出孟子以"性、心、情、才"为一。《孟子·告子上》说："乃若其情，则可以为善矣，乃所谓善也。若夫为不善，非才之罪也。恻隐之心，人皆有之；羞恶之心，人皆有之；恭敬之心，人皆有之；是非之心，人皆有之。恻隐之心，仁也；羞恶之心，义也；恭敬之心，礼也；是非之心，智也。仁义礼智，非由外铄我也，我固有之也，弗思耳矣。故曰：'求则得之，舍则失之。'或相倍蓰而无算者，不能尽其才者也。诗曰：'天生烝民，有物有则。民之秉彝，好是懿德。'孔子曰：'为此诗者，其知道乎！故有物必有则，民之秉彝也，故好是懿德。'"②牟宗三在《圆善论》中解释此段文字时，不是把"情"视为"情感"之情，而是"情实"

---

① 当然，牟宗三更加重视"自由意志"。他经常把"心体"与"性体"、王阳明的"良知"、刘蕺山的"意"当康德的自由、意志之因果性［参见牟宗三《心体与性体》（上），第153页］，而甚少涉及康德的纯粹实践的理性。他甚至批评康德把自由意志看成一个理性体，这大概是因为他对于纯粹实践理性的"纯粹自发性"了解不够，而把实践理性只是视为"依概念而得知识——关于道德的知识"（《牟宗三先生全集15·康德的道德哲学》，第327页）的能力，或者说是"但理"。由此而产生忌讳［正如他批评朱熹对"禅"的忌讳，牟宗三在此也有对"但理"或"只存有不活动"的理的忌讳。或许，牟宗三之产生忌讳，是由于他未能意识到康德的理性概念，在其实践运用中不是构成性（或建构性）概念，而是范导性概念］，不愿把性体视为纯粹实践理性。如果牟宗三能够放弃这种忌讳，而充分理解纯粹实践理性的"纯粹自发性"及其范导性作用，则即存有即活动的性体与纯粹实践理性的类似是显而易见的。

② 杨伯峻译注《孟子译注》，中华书局，1960，第259页。

之情，故所谓"人之情"就是"人之为人之情实"，而"才"也不是"本始材朴"之"材"，而是"良能之才"。"情、性、心、才，都只是一般物事"①，具体说来，都是指人的自主地判断什么样的事情与行为是所恶且不堪忍受的，从而什么样的行为是可欲且值得去做的能力。

至此，通过对"践仁"与"尽心"的关系、"心"与"性"的涵义的界定，以及通过内在的遥契来"践仁以知天"，我们就可以理解为什么孟子能够说"尽其心者，知其性也。知其性，则知天矣"，即如果我能够充分发挥自己的"道德本心"的"决定什么样的事情与行为是'所恶'的、不堪忍受的，从而什么样的行为可欲、且值得去做"的功能，我就可以理解并实现我那由天所赋予的真正主体性（或内在道德性），因为这真正主体性不过是能够在道德实践中起道德创造作用的先验能力。从而，经由对这种"创造性"的反思，而达致对那"於穆不已"的创生之天的理解、敬畏与服从，以及掌宰此创造性之天在吾人身上的赋命——天命。

这就是孟子的"尽心知性知天"。由此，产生了作为道德实践的内在（主观）根据的"心体"和超越（客观）根据的"性体"。

三 以心著性

牟宗三的道德的形上学在先秦的演进，乃以上述"道统"之道在不同历史时代的表现为线索：先是《诗》、《书》、《易》中作为超越的主宰者、万物下民的创生者和发布命令以为范型的"帝"、"天〔天命、天道〕"；然后，这一"超越的主宰者"朝两个方向的发展：

一是《中庸》、《易传》的道路，即此超越的主宰者渐渐祛除其人格化的特点，而转变为一种真实无妄的、能够有所成就的创

---

① 《牟宗三先生全集22·圆善论》，第22页。其实，视"性、心、情、才"为一，并非牟宗三的独创，在陆九渊那里就已经如此了。参见《陆九渊集》，中华书局，1980，第444页。

造性力量;而当这种力量贯注在人身上时,就成为人的"真正主体性"。通过对此"主体性"的认识和反思,并充分发挥其能够有所成就的创造性力量,人可以参与、赞助天地化育万物的活动,从另一方面把自己的"真正主体性"又转化为一形上实体。在此,一方面是创造性之自身(依牟宗三的观点,即《易传》之"乾元"),另一方面是人对此创造性自身的取法、效法(即道德践履工夫,"君子以自强不息",亦即"坤道")。此即牟宗三所说儒家"道德的形上学"的客观性一面。

二是孔子、孟子的道路,即祛除前面出现的"超越的主宰者"人格性特质,而把它改造成一"不言"而能起生化作用的力量,以此为思想背景,为人的"不安不忍、怵惕恻隐之心"安置一个足资遥契的超越的原则。与此同时,人一旦充分发挥其"真实主体"或"真正主体性"(即"践仁"),就能理解、敬畏并顺从那能有所成的"於穆不已"的创生之天,并掌宰它在吾人身上的赋命。此即牟宗三的"道德的形上学"的主观性一面。

牟宗三认为,"道统"之道的这两个方向的发展,是道德的形上学在先秦时期的"两往来";或者,借用黑格尔式的语言,若牟宗三"道德的形上学"所欲树立的,乃既是实体又是能力的规定根据(ground of determination),是"能有所成就的创造性原则",则其客观性一面是此"创造性原则之在其自己",而其主观性一面是此"创造性原则之对其自己"。而先秦时期儒家"道德的形上学"的发展进程也就到此为止。此后,"生之谓性"的气性、才性一系成为中国学脉论"性"的主流,直至宋明时期。

宋明时期,中国文化经过对佛家思想的消化吸收,以及反动于五代十国时期士人道德风习的堕落,出现了一些能与原始儒家的"道德的形上学"的源头相呼应的生命、人格,从而重新复活了中国文化的所谓"道统"。

牟宗三正是以对"道统"的上述认识为其前理解结构,阐发他对于宋明儒学的"客观理解"的。他认为宋明儒学的"主要目的是在豁醒先秦儒家之'成德之教',是要说明吾人之自觉的道德实践所以可能之超越的根据。此超越根据直接地是吾人之性体,同时即通'於穆不已'之实体而为一,由之以开道德行为之纯亦不已,以洞澈宇宙生化之不息"。① 故宋明儒心性之学有两问题,即作为中心问题的"心性问题"(或本体问题)和作为辅助的道德实践的下手问题(或工夫入路问题),前者是道德实践所以可能的客观根据,后者是道德实践所以可能的主观根据。"性体""心体"两大观念正是相应于这两个问题而来。

牟宗三以"性体""心体"两大观念来概括宋明儒学,并将其分为所谓"三系",即以北宋周敦颐、张载、程颢为重新接续、呼应先秦儒家的"道德的形上学"、"创生之真几"者,此时尚未分系;此后则有程颐、朱熹为"只存有不活动"的静涵横摄系统,胡宏、刘宗周的心性分说而以心著性的"即存有即活动"的动态立体直贯的系统,和陆九渊、王守仁的纯孟子学的动态立体直贯系统。② 其中,后面两系虽有所不同,却均能坚持儒家道德

---

① 牟宗三:《心体与性体》(上),第 32 页。
② 此"三系",分别可以叫作伊川朱子系、五峰蕺山系和象山阳明系。在牟宗三看来,伊川朱子系与宋明儒的大宗、正宗不同。它对儒家"心性之学"的基本处(即本书前面所述的"道统")有相当的却并不彻底的转向,是真正能当得起"新儒家"称号的一系。不过,由于其转向是一种"歧出",不算是'正宗',故牟宗三说朱子为"(继)别子为宗";五峰蕺山系是真正继承北宋三大儒把先秦儒家的"天道性命通而为一"的路向的一系,因而可以说是宋明儒之正宗,其对儒家"心性之学"做了调适上遂的引申发展;象山阳明系则从孟子学的立场出发,通过弘扬孟子的"本心"和"尽心知性知天"的思想,在终极处可以与五峰蕺山系相通。故后两系可以合并,成为宋明儒学的大宗。牟宗三关于宋明儒"三系论"的划分,引起的争论异常激烈。赞成者谓其为一划时代的、极富原创性的思想。反对者以为三系论于史无据,例如刘述先就反对"三系论",其理由主要有:转述唐君毅所谓熊先生不言三系,五峰、蕺山之间无学术关联等。当然,刘述先也指出,他的这一做法乃是从思想史的发展进程而说,并不妨碍从哲学的角度承认"三系论"的合理性。只是不要把它与思想史的讲法混在一起。刘述先之说,参见氏著《有关理学的几个重要问题的再反思》,《国际朱子学会议论文集》(上),台北:中研院文哲研究所筹备处,1993。其实,有无三系并非关键,关键在"三系"是否说得通。

的形上学所重视的"创造性自身"、"创生之真几"的即存有即活动的创生性或活动性,故可以合并而为宋明儒学之大宗、正宗。

于牟宗三,宋明儒学在两个意义上可以叫作"新儒学"(Neo-Confucianism),其一是"顺本有者引申发展而为本有者之所涵,此种'涵'是调适上遂地涵";其二是"于基本处有相当之转向(不是彻底转向),歧出而另开出一套以为辅助,而此辅助亦可为本有者所允许,此种允许是迂曲歧出间接地允许,不是其本质之所直接允许者"。① 在牟宗三看来,前者并不是真正的"新",因为它只是引申发展儒学的本有传统,即"道统";它由北宋周敦颐、张载和程颢,以及后来的五峰蕺山、象山阳明所代表。后者对儒学的本有传统有所转向,故能称得上真正的"新";它由伊川朱子所代表。两种"新儒学"的不同,从外在表现看,可由对《大学》的不同态度而知。在宋明儒之正宗看来,《大学》在儒家典籍中,并不具有决定性的意义。相反,其意义与地位要依对《论语》《孟子》《中庸》《易传》的理解而定。当然,《大学》所说的义理确实与儒家的义理相符合,但是,它所表达的只是一个进学的次第、一个总括性的外部(形式)的主客观实践纲领,是只知其然而不知其所以然者。而《论语》、《孟子》、《中庸》、《易传》却是根源于孔子的仁教(成德之教)的生命智慧方向而来者,故对于儒家的义理有本质的、决定性的作用,它们的内在的、本质性的意义的确定,是《大学》的意义与地位得以确定的前提。但在伊川、朱子看来,一方面《大学》所说的"明明德"、"亲民"、"止于至善",以及"格物、致知、诚意、正心,修身、齐家、治国、平天下"(即所谓"三纲领八条目")本身就具有本质的、决定的意义;另一方面《大学》所"明"的

---

① 牟宗三:《心体与性体》(上),第14页。其实,牟宗三是不大愿意使用"新儒家"这一说法的。他曾经说过,儒家就是儒家,没有什么新儒家。此处,他是顺着已有的名词,解释所谓"新儒家"之所以为新的意义。而从他把朱熹判为"儒学的歧出",可知他主张所谓"真正的新儒家"并不真是儒家,或不以为朱子能真正代表儒家。

"明德"乃是作为结果的德行(与之相对的是,宋明儒的大宗却把《大学》中的"明德"视为作为原因的"心性")。以对《大学》的不同态度为契机,牟宗三阐述了其关于宋明儒学的"三系论"理论。

前文已有交待,牟宗三是以其对于儒家的"道统"的认识为基础来解读宋明儒学的。牟宗三眼中的"道统",即孔子以其生命人格对之前的"帝"、"天(天命、天道)"所代表的创生力量与提供范型的超越实体发生呼应,并将其从王者政权得失意识中解放出来,收束于人的"内在道德性",即"仁"——一种惊惧、哀伤、悲痛、怜悯于他人之危难处境并由对此的不忍而力求有所改变的"觉与健"的生命精神,以此豁醒人的真正主体性,确立道德实践的超越而内在的根据;孟子承继孔子"怵惕恻隐不安不忍"的"仁心",并通过"仁义内在"的"善性",提出"尽心知性知天"之说,进一步贞定了人的真正主体性,把"怵惕恻隐不安不忍的仁心"作为人的"本质之善性"(或超越于善恶的本善)固定下来,并与天、天道、天命相契接,从主观面定下了道德实践的根据;孟子之后,《中庸》吸纳孟子关于正面的积极面的"性"的观念,以"天命之谓性"、"中也者,天下之大本也"、"诚者,天之道"、"天地之道,可一言而尽也,其为物不贰,则其生物不测"等思想,正面宣扬那作为创生实体的"真实无妄"的"诚体"(同时亦即天道、性体、中体),对于万物的创生、养育和人的道德行为的"纯亦不已"所起的既创造、又轨约的双重作用,质言之,即宣扬此内在道德性之提供德性法则,使人的任一实践、行动都纯粹且有道德价值的作用;《易传》则依《易经》所示的宇宙论模型,把代表"创生原则"的乾元和代表"终成原则"的坤元,收束于"寂然不动,感而遂通"的"易体(道体)",从而提供了一个"本体宇宙论"的系统,最终完成了儒家的"道德的形上学"在先秦的一个"圆环"。因此,我们把牟宗三所谓"道德的形上学"的关键归结为对能收敛、凝聚而有所成的创造性原则的贞定与探寻。

以上述关于"道统"的认识为基础，牟宗三仔细梳理了宋明儒九大家的著作与思想，确定了他关于宋明儒可以分为"三系"的思想①。宋、明儒可分三系、两宗，具体的论述却可以分为四组：

1. 北宋前三家对创生之真几的体认

（1）周濂溪"默契道妙"

"默契道妙"是宋末元初道学家吴澄对周敦颐的称许之辞，牟宗三亦极喜以此说周敦颐，并对周敦颐所"默契"的"道妙"有明确的说明。牟宗三指出，周敦颐的最大造诣在"对于天道诚体之神、寂感真几，有积极的体悟"②，亦即对客观面的创造性本身、道德实践的客观（超越）根据有积极的体悟，同时对实践工夫即道德实践的主观根据也有所探讨。以《通书》为主要对象，牟宗三阐述了周敦颐对于这两个问题的看法："他（即周敦颐）所了解的道体就是以《中庸》的诚合释乾元，拿诚体解释乾元的创生过程。"③ 此见于《通书·诚上第一》所说"'大哉乾元，万物资始'，诚之源也。'乾道变化，各正性命'，诚斯立焉"，亦即

---

① 应该承认，牟宗三"三系论"的思想，并非突然就形成的。我们看到，在讲演录《中国哲学的特质》中，牟宗三仍然笼统地认为程朱一派接续的是《中庸》"天命之谓性"和《易传》全部思想的、重视客观性原则的思路，而陆王一派则是接续孟子的重视主观性原则并能契接天道的思路。其不同只在于程朱过分重视客观性一面，而于主观性一面体悟不够（参见《中国哲学的特质》，第51—53页）。甚至到1963年牟宗三讲《宋明儒学综述》时，"三系论"仍未明确，虽然，其时牟宗三已经明确地意识到"性理"、"天理、天道"、"寂感真几的生化之理"、"心"等范畴的"创生"与"贞定"的意义。但其中，尚未见到对五峰蕺山的论述，故可知其时"三系"之说尚未明确。或许是在后来写作《心体与性体》的过程中，牟宗三才逐渐明确其关于"道统"之"道"的确切内涵，又在阅读五峰、蕺山的文字中发现其学说与濂溪、横渠、明道的思想的相应，与象山、阳明的小异，于是才有了"三系"之说。傅伟勋先生亦持有类似的主张，参见氏著《从西方哲学到禅佛教》，三联书店，1989，第275页。
② 牟宗三：《心体与性体》（上），第304页。
③ 牟宗三：《宋明儒学的问题与发展·宋明理学讲演录》，华东师范大学出版社，2004，第97页。

作为创生性原则的"乾元"是"诚体"的源头；而乾元在带着气化的运动中使万物各自获得其存在和规定，从而确立了"诚体"的真正意义。因而，又有"'元亨'，诚之通；'利贞'，诚之复"，即由创生原则自身的亨通，进一步使万物也能够亨通并正、定其存在与规定，从而完成一个创生的过程，诚体也以此而挺立并显现自己。这样，周敦颐就把《中庸》的"诚体"与《易传》的"道体"、寂感真几结合起来，从有所成就的创造来讲儒家的"创造性本身"。这种"创造性本身"既是无限的存有，又是创造性的活动，是"即存有即活动"、"体用不二"的本体，类似于西方"智神论"（Theism）的有意志之神。在牟宗三看来，周敦颐所理解的"道体"正是《周易哲学讲演录》中的综合了"气"与"神"的万物资之以始生终成的创造性本身，是"真实无妄"的即存有即活动的"诚体"。即他根据"一阴一阳之谓道"而说的"道"——是动态的、综和的总摄词语，其综和、总摄就表现在它"一定有两面，有气这一面，有神这一面。气表示动态，动态之所以为动态靠神。神是活动的，神之动跟气之动不一样"。[1]

但是，单单形而上地谈论"道体"仍很抽象，其具体而真实的意义尚不能为人所了解。为了使即存有即活动的"道体"的具体而真实的意义被人了解，从而使其真能起"道德创生之大用"，必须以道德实践的工夫，使其具体化而得以证实。一般讲工夫皆就《论语》的践仁、《孟子》的尽心知性而言，但是，牟宗三说，由于周敦颐"形而上学的兴趣浓"，对于《论语》《孟子》很少了解，所以，他不是根据《论》《孟》讲工夫，而是绕出去从《尚书·周书·洪范》的"思曰睿，睿作圣"来讲工夫。亦即从"思"，从"意念上用功"、"看你的意念往哪里发动"[2]，在"意

---

[1] 牟宗三：《周易哲学讲演录》，第55页。
[2] 牟宗三：《宋明儒学的问题与发展·宋明理学讲演录》，第99页。

念发动处"省察其是否合乎道德法则①,是善是恶。从而,"思"是省察、判断,"所思"者是意念及其是否与道德法则相符合的问题。就结果而言,若意念能够合乎道德法则,则思得而通;不过,"通"也有不同方向,有"通微"和"无不通";而能"通微"且"无不通",那就是"睿"了。"思"所追求的最终结果就是"睿",故曰"思曰睿"。周敦颐以为"无思,本也;思通,用也",即强调"思通"之用以"无思"为本。"无思"就是无"思相"或没有个人私虑,它并不与"思"相对②。没有任何个人私虑,然后去省察意念,则能无往而不通,这就是"圣"。因而,在牟宗三看来,周敦颐的工夫实际上是对作为主观准则的"意念"当其"动而未形,有无之间"时作省察判断,使人的思想行动无不通。这种修养的最高境界就是圣人的"无思而无不通",亦即纯由人的理性③作主,抑制感性。这就是周敦颐的"工夫论"。在牟宗三看来,周敦颐的思想在解说"道体"的一面特别显明,而在讲"工夫"时由于没有真正归到《论语》、《孟子》,使主体性一面的表现有虚歉,故仍有待发展。

(2) 张横渠以"天道性命相贯通"

牟宗三认为,张载也是根据《中庸》、《易传》来了解"道体",不过,《易传》的成分更重。他不是用"太极",也不是用"诚体",而是用"太和"、"太虚"、"神"等观念来说明"道体",而"道体"在先秦典籍中,显然是从《诗经·周颂·维天

---

① 在这里需要注意的是,不能混漫。不能把"道德法则"视为外在于人的,而应该看作人的理性自给的法则;意念也不是一个单纯的主观念头,而应该被视为人行动时的主观准则。从而,对意念在其发动时的省察,也就是人应用其理性和判断力(牟宗三常常说的"具体的解悟"能力)去审察"意念"在"动而未形,有无之间"(即"几")时是否包含着自相矛盾、自我反对的性质。
② 与"思"相对的是"不思"。故周敦颐《通书·思第九》有"不思则不能通微;不睿则不能无不通"之说。
③ 牟宗三指出,意念或念头,是被对治的、形而下的东西;而人的理性或儒家说的性、良知、心,康德的自由意志,是超越的能对治的本体、道体、诚体。

之命》之"维天之命,於穆不已"而来。在《正蒙》中,张载从"太和"、"太虚"来了解道体。牟宗三说:"太和是个综摄词、总括词。太和就是至和(grand harmony)。就个人生命讲,生命谐和才能顺适调畅,要不然就精神分裂。所以,从谐和悟入,也有道理,……这样了解的道一定带着一个行程讲,一定带着一个宇宙论的行程(cosmological process)。"他说,"既然带着一个行程,就不能光是理,也带着气"。① 亦即不能是"只存有"的"但理",还必须有活动性。至于"太虚",牟宗三认为它不是综摄词,而是通过分解以显的超越的一面,亦即通过分解带着行程的"太和"(其所得的是体与气)而显的超越的"体"的一面。牟宗三说,太虚就是至虚,虚不是佛家的"空",也不是道家的"无",而是儒家"虚以控实"的精神,其中有一个作用,这就是"神",就是无限妙用。故曰"太虚无形,气之本体"②、"太虚神体"。它在"气"后面运用,而使气能"化",故有"散殊而可象为气,清通而不可象为神"(《正蒙·太和》)。我们可由此而知,牟宗三认为张载的"太和"能综摄太虚(神体)与气两面,是"太虚神体"与"气"的谐和。这是从本体宇宙论的角度来说,讲宇宙观、宇宙的创生过程。而张载(还包括周敦颐)之所以先讲宇宙观,由宇宙观建立人生观,是为了对抗佛教缘起性空、如幻如化的宇宙观。但这并不代表他们所说的人生观、道德意识是以宇宙论为基础或前提。而是反过来,以人的道德创造

---

① 牟宗三:《宋明儒学的问题与发展·宋明理学讲演录》,第102页。
② 关于张载的"体"与"本体",是否如牟宗三所说,是超越的"即存有即活动"的"创造性实体",学界有许多不同看法。例如田文军教授等在《张载哲学中的"体"与"本体"范畴》一文中仔细辨析了《正蒙》中的"体"与"本体"两个范畴,在不同的上下文背景中所具有的"形体"、"形性"、"形质"、"体认"和"产生"等含义,强调了在深入解读与辨析这些范畴的过程中,把握张载哲学的旨趣与追求,真实论定其哲学的学术价值与历史定位的客观研究的态度。参见田文军、李炼《张载哲学中的"体"与"本体"范畴》,《武汉大学学报》(人文科学版)2006年第6期。不过,本书旨在客观理解牟宗三的思想,而不是辨析他是否误解了前人,故而,不在此展开讨论这些不同的看法。

第二章 天道性命：牟宗三政治哲学的超越之源

性反说有创造性的宇宙本体的道德性。此论由张载在《正蒙·诚明》中把天道性命通而为一便可看出。《正蒙·诚明》曰："天所性者通极于道，气之昏明不足以蔽之。天所命者通极于性，遇之吉凶不足以戕之。"这就是作为本体的天道性命通而为一。

至于从人的道德意识来说，则"太和"应视为人的至为谐和的状态。在此状态下，人的言行（即气）全由"创生之实体"所统驭，而能够"谐和"。而要达到这样的状态，就需要实践的工夫或实践理性来实现。实现"太和"的工夫，就是"尽道"。《正蒙·太和》有言曰："然则圣人尽道其间，兼体①而无累者，存神其至矣。"亦即圣人在气之聚散中充分体会"道体"的创造性，故能超越善恶（亦兼含善恶）而不受善恶之累，这是由于"神"的无限妙用在。这就把"尽道"的工夫与"神"联系起来讲了。而"尽道"则在"尽心化气以成性"中完成。牟宗三说，"尽心"是孟子的观念，"化气"即变化气质，是宋明儒的共同意识，"成性"是张载的特有观念。"尽心"已如前所说，是充分发挥"本心"的"决定什么样的事情与行为是'所恶'的、不堪忍受的，从而什么样的行为可欲且值得去做"的功能。在《正蒙》中，张载通过"大心"来说"尽心"，亦即使"心""从'见闻之狭'中解放。解放后的道德心灵乃根本是超越的心灵，孟子所谓'本心'"。②此处的"见闻之狭"乃是指人心被见闻所限制，而沦为经验的、感性的、心理学的（属于现象界的）心，或"成心""习心"。从"成心（习心）"中解放，所得的"道德本心"就成了无外的、普遍（遍在）的心体。由"大其心"而使"心"从见闻之狭中解放，并充分发挥这种普遍而遍在的本心的妙用，去转化人的"气质之性"，这就是"化气"。《正蒙·诚

---

① 牟宗三认为，"兼体"的意思比较隐晦。但是，借助《正蒙》中的其他文字，牟宗三把"兼体"解释为"能兼合各相而不偏滞于一隅"，正因为能"兼合各相"，故可不为形迹（也包括善恶的区分）所累。
② 牟宗三：《心体与性体》（上），第458页。

明》有云:"形而后有气质之性。善反之,则天地之性存焉。故气质之性,君子有弗性者焉。"这是说,"化气"即是通过"善反"以显天地之性作为道德创生之实体,并表明气质之性并非君子所谓的"性体"。① 而君子所谓的"性体",就是"合虚与气有性之名"② 的性,是"太虚神体"与"气"的谐和。通过"大心"、尽心、"化气",所成的(或彰显的)这个"天地之性"或"合虚与气"的性,就是牟宗三所说的道德创造性,人的真正主体性。

(3)程明道"主客观面合一"的一本论

在牟宗三看来,程颢是宋明儒的最高峰,因其思想最圆融,智慧最清明,境界最高明。程颢是以其对创生之真几(或创造性本身)的体会与疏解、真正使主客观面合一而为"一本"来体现其境界的。所谓"一本",其来源虽在《孟子·滕文公上》孟子对墨者夷之的批评③,其涵义却不限于《孟子》的语境,即不限于从"天之生物"的角度来理解"一本"。牟宗三指出,程颢不像周敦颐和张载那样,以"太极""太和""太虚"来说"道体"或创生之真几、创造性本身,而是直接从《诗》"维天之命,於穆不已"来说创生之真几,从"文王之德之纯,纯亦不已"讲道德的创生,而以"於穆不已""纯亦不已""天理"为"一本"的不同表现:天理,动态地说,于客观面通"於穆不已",于主

---

① 《正蒙·诚明》此处的思想显然来自《孟子·尽心下》。此处孟子说:"口之于味也,目之于色也,耳之于声也,鼻之于臭也,四肢之于安佚也,性也,有命焉,君子不谓性也。"牟宗三也因此认为,张载的"气质之性"乃是承先秦"生之谓性"的老传统而来。而与之相对的"天地之性",则是孟子"人之所以异于禽兽"的善性、"天命之谓性"的积极面的创生意义之性。
② 《张载集》,中华书局,1978,第9页。
③ 其事见《孟子·滕文公上》,墨者夷之为厚葬其亲辩解说,"爱无差等,施由亲始";孟子则指出"且天之生物也,使之一本,而夷子二本故也"。其意思是说,夷之在大原则上主张"兼爱",亦即无差别的普遍的爱,不考虑时空与具体情境,但在具体的实施中却要"由亲始",又要考虑具体的时空、情境。从而,使那本该只由"本心"所发却会因时空与具体情境而有不同表现的"爱"(一本),变成了两种性质不同、来源有异的爱(二本):一是普遍而无差别的爱,来自墨家学说的教义;一是"施由亲始"的有时空情境的爱,来自自己对特定情感的感受之心。

观面通"纯亦不已",静态地讲,就是道德法则。以上所说,是"一本"的历史渊源。在明道处,"一本"代表的是主客观面的创造实体的合一,是"本体宇宙论的实体"的道德创造或宇宙生化的立体直贯(故曰纵贯系统)。其总名可谓之理或天理(Categorical Reason),是既超越又内在的动态的生化之理、存在之理或实现之理。自其为创造之根源说是一(Monistic),自其散著于万事万物而贞定此万事万物而言,则是多(Pluralistic)。自其为"一"言,是动态的理(活理、主动理性,Active Reason);自其为"多"言,是静态的理。作为前者,它既是本体论的存有,又是宇宙论的活动,亦即"即存有即活动"的本体宇宙论的实体(Onto-cosmological Reality);作为后者,它偏重于"本体论的存有"的意义,而且亦显现为"普遍理则"之义,但它同时也是前者(动态的、根源的理)所投射出来、自发出来的一种贞定的状态,或显的状态。寂显通而为一,统曰理或天理,亦即本体宇宙论的实体、道德创造(道德行为之纯亦不已)之实体。此"创造实体"有种种名:就其为自然之动序说,此寂感通而为一而统曰理的天理,又叫"天道";就其渊然(深刻地)有定向而常赋予(即於穆不已地起作用)说,是"天命";就其为极至而无以加之其上说,是"太极";就其无声无臭清通而不可限定说,是"太虚";就其为真实无妄纯一不二说,是"诚体";就其生物不测妙用无方说,是"神体";就其为道德的创生与感润说,是"仁体";就其亭亭当当而为天下之大本说,是"中体";就其对应个体而为其所以能起道德创造的超越根据说,或使天地万物各得其自性说,是"性体";就其为明觉而自主自律自定方向以具体而真实地成就道德行为纯亦不已或形成一存在的决断说,是"心体"。总之,是"寂感真几":寂然不动,静而无静,感而遂通,动而无动,而为创生觉润之实体,亦即"於穆不已"之奥体。[1]

---

[1] 牟宗三:《心体与性体》(中),第 16—17 页。

程颢的言论当中,最能体现诸体合一而为一本的,当数他对《中庸》"赞化育"之说的评断:"今虽知'可欲之为善',亦须实有诸己,便可言诚,诚便合内外之道。今看得不一,只是心生(生即不熟义)。除了身只是理,便说合天人。合天人,已是为不知者引而致之。天人无间。夫不充塞,则不能化育。言赞化育,已是离人而言之。"① 在这段话中,程颢把孟子所说的"可欲之谓善"与《中庸》的"诚"通过"实有诸己"结合起来,强调"诚"的"合内外之道",亦即"天人无间"的意义。凡言"内外"不一、言"合天人"、言"赞化育",已是天人有间。必"天人无间",方有"一本"可言,从而方有"合内外"与"化育万物"之诚。这里显示了程颢超越《中庸》所言"至诚"之赞天地之化育而与天地参的"两个路头",弘扬"一本"的圆融之智,显示了他以为"人表现的道体和天地表现的道体一样"②的根本主张。

这就是牟宗三所说的程明道"主客观面合一"的一本论。然则,如何达到这种"一本"呢?牟宗三认为,这要从程颢的《识仁篇》来了解。程颢在《识仁篇》中提出的"工夫论"首先是"学者先须识仁"。因为"仁"浑然与物同体,亦即体现于万事万物之中,故有"观鸡雏"知仁、见"春意"与"生意"知仁,以及"义礼智信皆仁"之说。"识得此理(即仁)"且其心不懈息地以诚敬存得此理,就可以"不须检防,不须穷索",无往而不如理合道了。就程颢"识仁"的工夫论而言,它全从《论语》《孟子》而来。其中,"不懈息"突出《论语》中曾子"仁为己任,不亦重乎?死而后已,不亦远乎?"的忧患意识,"诚敬存之"则突出《孟子》中"万物皆备于我,反身而诚,乐莫大焉"和"必有事焉而勿正,心勿忘,勿助长"的道德意识。

以上三人是儒家"道德的形上学"的道统在经历了长期的歧

---

① 《二程集》(上),第 33 页。
② 牟宗三:《宋明理学的问题与发展》,第 110 页。

出与湮没之后，奋起呼应与承当此道统的代表。虽然他们的思路是逆着此道统在先秦的发展次序，从《中庸》、《易传》的结合，回归《论语》、《孟子》，但是，他们在"道体"的体会上，却能顺承先秦的"道统"中能收敛、凝聚而有所成的创造性本身以言"本体"，在工夫论上，则强调"省察"意念、大心化气以成性、先识仁（理）再不懈地以诚敬存养之，最终回到"践仁知天""尽心知性知天"的慧识。正是在这个意义上，牟宗三把他们视为宋明性理之学的开山。

2. 伊川朱子：义理的歧出

程颢卒后，程颐（即伊川）继承其兄的话头，授徒讲学，并有更多的著述传世。一般认为，二程的思想是一致而没有差别的，历史上各家也笼统地以"二程思想"来论说他们的学说与主张。但是，20世纪以来出现了一些主张二程的思想有所不同的看法。其中冯友兰就区别了二程的思想，认为他们的主张不同，程颢是陆王心学的先驱，而程颐是理学的先驱；但由于他们所讨论的问题大致相同，因而冯友兰也是把二程学说放在一起叙述、比较。[①] 这一观点后来得到了许多学者的认可。就二程思想有所不同而言，牟宗三与冯友兰持论相同，不过，他们对二程何以不同的论据和最终结论却有不同。他进一步指出，程颐其实只是在语词名言上与程颢一致，但对这些语词名言的具体意义的体会，则有不同。因为他的头脑与心态比较平实而有实在论的色彩，并不能与先秦儒家的"道德的形上学"之"道统"以及其兄之"一本"相应。而只是借用其中现成的语词名言，表达另外一种全然不同的思理。这主要表现在两个方面：其一是把作为本体的"道

[①] 参见冯友兰《中国哲学史》（下），第238—253页。需要注意的是，冯友兰对于二程分别为心学与理学的先驱的观点，其理由主要在二者对于"理"的不同理解：明道以理为具体事物的自然趋势，非离事物而言者；伊川则以理为能脱离具体事物而独立存在的普遍形式，所谓"得于天而具于心者"。以此而对于其他诸问题，如形而上下、性、道、修养工夫等，有不同的论说。牟宗三亦以为二程有不同，但是，其理据与冯友兰颇不相同。

体"（或太极）了解为"理"，但这个"理"不是"动态地说的於穆不已"之体，而只是静态地说的"普遍理则"，亦即"只存有不活动"的"但理"。例如对"仁"的理解，依牟宗三的观点，程颢是将其理解为主观的心觉兼通客观的道体，"仁者以天地万物为一体"，"仁以感通为性"，是生化原则，它与客观的宇宙生化原则一体，同时亦是人心的怵惕恻隐与不安不忍之"觉情"；而程颐虽然也说过许多类似于程颢的漂亮话，但他根本反对"以觉训仁"，原因是"觉是知之事，不是仁之事"，亦即不认为"觉"是"不麻木"的觉情，而是认识论的知觉，因而不能用以说仁。在他看来，仁是"性"，是爱之理。他说："爱自是情，仁自是性，岂可专以爱为仁。"① 此外，还有另一说法："仁之道，要之只消道一公字。公只是仁之理，不可将公便唤作仁。公而以人体之，故为仁"，"仁之道难名，惟公近之。非以公便为仁"②，亦即以"公"（不偏不党）来说明仁，但不能说"公"就是"仁"③。程颐在此旗帜鲜明地将"仁"与活动性的"心觉"之义相区别，使"仁"无力负担那自主自律自立原则自定方向的"性能"义，从而"仁自是性"的性，便只为"普遍理则"，本身并无性体的"创造性本身"的意味。其二是关于修养的工夫。前文已有说明，程颢的"工夫论"只在"识得此（仁）理"并以诚敬存养之；而程颐则强调"涵养须用敬，进学则在致知"④。对于这点，我们可以从两方面看，一方面程颐接受了其兄在《识仁篇》中提出的"以诚敬存之"的工夫，另一方面又进一步提出"（格物）致知"以进学的方法。这与程颢强调"识仁"之后以诚敬存之"不须检防，不须穷索"的工夫论有一些差别：首先，程颢强调以"诚敬

---

① 《二程集》，第 182 页。
② 《二程集》，第 153、63 页。
③ 牟宗三对于此点有所辨析。他说，仁是实体字，是本体；公是属性字。故以"公"来说明"仁"则可，以为公即"仁"则不可。
④ 《二程集》，第 188 页。

存之"要以"识仁"为基础,而程颐没有突出这一点,由此引起了后来朱熹与张栻"先涵养后察识"还是"先察识后涵养"的论辩。不仅如此,程颐在某种意义上较为重视以"敬"为根基的"涵养",故而有"涵养须用敬"的说法。其次,程颢并不突出"格物致知"的进学环节,而程颐则以为"致知"甚为必要,故曰"进学则在致知"。

由程颐给宋明儒学带来的这种偏向,在此后的朱熹那里得到了充分的发展与彰显。朱熹以对《中庸》"中和"之说的辨析为契机,逐渐认识到自己与伊川(即程颐)头脑与心态的相类,并进而形成了他以为仁即性,爱为情,"心性情三分"、"理气二分"的理论格局①。在此理论格局中,天地之间分为"理"与"气",理是不能活动的"普遍理则",气是能够被推动的质料,理气的结合是横摄的对列的结合,而非纵贯的立体的结合。在人的"心性情三分"的格局中,心是气性的、心理学的"心",而不是那超越的能"自主自律自定方向"的本心;性即理,是超越(而外在)的普遍的理则;情则是经验性的形而下的情感。最终,"心性情三分"最终也可归结为"理气二分",因为心、情都是形而下的"气",只有"性"才是形而上的"理"。至于朱熹所常言的"心统性情",则是说心综合地包含性与情。与此相应的工夫论,是所谓的"先涵养后察识"、"居敬穷理",亦即通过"格物穷理"的"道问学"的顺取之路,"使学者即凡天下之物,莫不因其已知之理而益穷之,以求至乎其极。至于用力之久,而一旦豁然贯通焉,则众物之表里精粗无不到,而吾心之全体大用无不明矣"②。由此可知,伊川朱子对儒家之"道"(或本体)的领会已经与先秦儒家及濂溪、横渠和明道有不同,由之而有的践履工

---

① 关于此一理论格局,亦可参见刘述先《朱子哲学思想的发展与完成》(吉林出版集团有限责任公司,2015)。在此书中,刘述先把哲学的解释和思想史的解释相结合,根据牟宗三对朱熹哲学思想的定位,对朱熹的哲学思想做了生动且深入的阐发,给人以深刻的印象。
② 朱熹:《大学章句集注》,《四书五经》(上卷),第7页。

夫亦走顺取之路而不能曰"易简"。牟宗三断之曰"歧出"、曰"别子为宗",正是以此为依据。

3. 五峰蕺山：宋明儒学的正宗

在牟宗三看来,程颐给儒学带来的转向,并没能影响到程门高弟谢良佐和杨时。其中尤其是谢良佐甚至明确提出了"以觉训仁"的观点。此二人后来分别影响了胡宏和李侗,把"道"或本体理解为"即存有即活动"的创造性本身,而与北宋濂溪、横渠和明道相合；在工夫论上,胡宏和李侗略有不同,前者直从"识仁"、"求放心"入而主"内在的逆觉体证",后者则从"致中和"而观未发气象之路入,默坐澄心,以"超越的逆觉体证"契接创造性本身；然其为"逆觉体证"则一。牟宗三指出,李侗没有著作传世；而朱熹（作为其学生）又受教时日未久,非但未能获知其学之蕴,反在日后的强思力索中愈远其师而益近伊川。故李侗的学术思想不可得而闻。唯胡宏有《知言》传世,故可从中了解其思想。牟宗三在《心体与性体》（中）第三部"胡五峰之'知言'"章中讨论了胡宏思想中关于"道"、"天理"、"性"、"心"等概念的涵义与其间关系,以及"逆觉之工夫"。他认为,在胡宏那里,道"充乎身,塞乎天地"、"存乎饮食男女之事",是"道德律令、道德法则、道德性的实理天理"[①]；道之体曰性,即以性来表示、充实道的内容,"性立天下之有"、"性天下之大本"、"性也者天地所以立也"、"性也者天地鬼神之奥也",在"未发之时",众人之性与圣人并无不同,亦即作为理性的存在者,其没有任何差别；它们都作为"人的自性",是即活动即存有、於穆不已、渊然有定向之奥体；道之用曰心,即以心表示道体之活动义,"性之流行,心为之主","心也者,知天地宰万物以成性者也",以心的"自觉"、"自主自律自发"、"寂然不动感而遂通"之神用义,步步彰显而形著"性",或表现、实现"性",

---

[①] 牟宗三：《心体与性体》（中）,第358页。

故有"尽心以成性"之说①。"尽心以成性"即是通过"尽心",体现仁道于天下;"仁者人所以肖天地之机要也",强调通过"仁",在"践仁以知天""尽心知性知天"的过程中实现或体现於穆不已的天命之体(道体)。"尽心以成性"在"逆觉体证"中当下呈现本心仁体,使人能自觉地做道德实践的正因工夫。要之,胡宏思想的独特之处即在"心性分说"、"尽心以成性"、"以心著性",强调"心"作为一"形著原则"②。他的这些思想本是承北宋濂溪、横渠、明道、上蔡而来的正宗,惜乎其后其子侄与学生,或年寿不永,或学力稍欠,而令他们在与朱熹的反复辩难中落于下风,而渐失其传。直至明末刘宗周才重新正式而真切地讲"形著原则"③。

牟宗三认为,"形著原则"是使刘宗周的思想系统完整的关键,是足以决定其系统之独特之本质的标识。若非此"形著义",则其言诚意慎独、分别心宗与性宗、言於穆不已之性体,皆失其独特意义。他总结刘宗周的思想说:

> 蕺山之学大体是由严分意与念,摄良知于意根(知藏

---

① "成性"虽源自《易传》"继之者善也,成之者性也",但"成性"之义却与"成之者性也"有不同。后者是以"性"为终极原则,性使道与气结合而使万物有其自性;前者则是张载首出的观念,而为胡宏所继承,意即彰著、表现"性"。另,胡宏继张载而有的"尽心以成性",显明地表示其"心"、"性"意同而分说的表达方式,与孟子"本心即性"、"心性是一"的立场略有不同。

② "形著",来源于《中庸》之"其次致曲。曲能有诚,诚则形,形则著,著则明,明则动,动则变,变则化。唯天下至诚为能化"。依牟宗三的观点,"形著"之意为使本体(此处即性体)具体化、真实化,而可以被人察识。"心"之所以能使"性体"具体化、真实化,是因为"心"是"即活动即存有"的实体。换言之,心、性在内容意义上是同一,且同属于本体界的形上实体,并非性体是属于本体界的实体,而心体是现象界的现象。

③ 牟宗三在此也明确提出,刘宗周与胡宏是"不谋而合,刘蕺山从未一提胡五峰"[见牟宗三《心体与性体》(中),第425页]。但这并不妨碍他们因思想的相类而归为一系,如果他们的思想确实相似的话。因而,刘述先对"三系论"的质疑,理由并不充分。刘述先之说,请参阅前文。

于意),而言心体,由於穆不已而言性体;以心著性,性不离心而见;融心于性,心有定体有定向而不漫荡,不但良知可不流于"虚玄而荡",即"意根最微"亦得以成其为"渊然有定向"之独体;摄性于心,性体成其为具体而真实的性体,不只是本体宇宙论地言之、客观地言之之形式意义的性体,而性体可存,即在眼前:如是,则心宗性宗合而为一,而性体不失其超越性与奥秘性,而心体向里紧收,向上浸透,见其甚深复甚深之根源,亦总不失其形著之用。①

其意思是说,刘宗周严格区分由本心所发之"意"与一般的思虑,而用良知来充实此"意根",此即"心体";同时把於穆不已的天命、天道之具于个体,视为性体。心与性互融互摄、相即不离:以心来充实性,性得以收敛、凝聚心的创造性活动,使心"有定体有定向而不漫荡"、使良知避免"虚玄而荡"的弊病,并让由良知所充实的意根成为"渊然有定向"的独体;以性综合于心,心得以赋"性"以形并使之彰著(即形著之),从而性不只是客观地、抽象地说的形式的宇宙生化之理,并且也具有具体而真实的意义,能为人所察识。因此,性体得有其超越的存有性与内在的活动性,心体同时亦能透过自己去发现规范之源,彰著、实现性体。

与此相应,蕺山所倡导的实践工夫,则是慎其独时汰滤思虑之杂,使本心之发动纯一不已,断绝妄根,清澈性体(即规范之源)。这就是牟宗三所说的,宋明儒的正宗:从客观面肯定性体为创造性之在其自己,从主观面肯定心体是创造性之对其自己,在此是"心"、"性"分说,而以其内容意义为一;在工夫论上,

---

① 牟宗三:《心体与性体》(中),第425—426页。

主张"逆觉体证"（无论超越的或内在的），通过"尽心化气以成性"，了解那作为"创造性自身"的本体在人身上分别体现为人之为人的存在（实现）之理和知是知非、好善恶恶的先验的能力①，而这两者严格说，是同一对象的不同表达。

4. 象山阳明：孟子学的发展

在牟宗三看来，陆九渊、王守仁的思想学说"纯是孟子学"的。他说："此系不顺'由《中庸》、《易传》回归于《论》、《孟》'之路走，而是以《论》、《孟》摄《易》、《庸》而以《论》、《孟》为主者。此系只是一心之朗现，一心之伸展，一心之遍润；于工夫，亦是以'逆觉体证'为主者。"② 这是从对待经典的不同态度来区分的。牟宗三以《象山语录》中陆九渊答詹阜民之"因读《孟子》而自得之"一语为据，反对黄宗羲在《宋元学案》中把陆九渊视为程颢后学的做法。他说："象山对于北宋诸家未曾多下功夫，亦不是承明道而开出，尤其不喜伊川。"③ 他指出，象山是"直由孟子入"，"以孟子学为宗旨"。他把陆九渊的学说举以六端：

（Ⅰ）辨志：此则本于孔孟义利之辨以及孟子之言"士尚志"；

（Ⅱ）先立其大：此则本于孟子大体小体之辨；

---

① 所谓"存在之理"、"实现之理"、"先验能力"等，当然是现代哲学的术语，宋明儒自不会有这样的表述。但是牟宗三以现代的术语表达那些古人未曾明言的东西，而使之系统化、清晰化，确实功不可没。正如卢雪昆先生所说，牟宗三乃是力图把这些以"格言式说明"的"原创性思想"的儒家哲学，通过严格的辨析和批判分解的方式，转换成"清晰的思想"，并达致"整个系统的清晰性"（参见卢雪昆未刊稿《康德哲学与儒家哲学会通之问题》）。这种会通的努力不可置疑地推动哲学，当然包括伦理学的发展。
② 牟宗三：《心体与性体》（上），第42页。
③ 牟宗三：《心体与性体》（上），第40页。

（Ⅲ）明"本心"：此则本于孟子之言四端之心；

（Ⅳ）"心即理"：此则本于孟子之言"仁义内在"以及"心之所同然"乃至"理义悦心"等；

（Ⅴ）简易：此则《易传》虽有明文，而精神实本于孟子之言良知良能、"道在迩而求诸远，事在易而求诸难"，以及"学问之道无他，求其放心而已矣"、"尧舜之道孝弟而已矣"等语；

（Ⅵ）存养：此则本于孟子之"操则存，舍则亡"、"存其心，养其性"，以及"苟得其养，无物不长"等语。①

此六端并无新说，皆本孟子而来。但其言说的方式有别于孟子。陆九渊曾说："夫子以仁发明斯道，其言浑无罅缝。孟子十字打开，更无隐遁。"② 言下之意，即是孔子以"仁"所创发的学说，圆融无碍，无所不通；孟子更是以其分解的表示，将此圆融无碍的学说撑开，令其中精蕴全部显现而无所隐遁。既然孟子之言说已经如此，陆九渊便以此为预设和基底，"指点启发以说"，而毋须"就各概念重新分解以建立之"③，亦即他对孟子的继承乃是"非分解地以启发、指点、训诫、遮拨之方式来继承之，此则更警策而有力，足以豁醒人"④。在此，他所辨的"志"，并非一般所说的"动机"、"目的"，而毋宁说是"由本心仁体经由其不安不忍而达之于能安、能忍"的"义所当为"；其所立的"大体"、所明的"本心"，均指心，却非一般的思维器官或气性之心，而是"心即理"之心，能起道德创造、使道德行为纯亦不已的心，收摄仁义于己的心。此心便"即是宇宙"，却不

---

① 牟宗三：《从陆象山到刘蕺山》，上海古籍出版社，1999，第 2 页。
② 《陆九渊集》，第 398 页。
③ 牟宗三：《从陆象山到刘蕺山》，第 2—3 页。
④ 牟宗三：《从陆象山到刘蕺山》，第 3 页。

是说此心能包容宇宙,而是突出此心在"创造"方面与宇宙生化的创造力量的相类。牟宗三指出,陆九渊虽然对于客观面的天道、性体无甚兴趣,然其言"才自警策,便与天地相似"、言"满心而发,充塞宇宙,无非此理",即可显示其"心"所具有的"创造性实体"的涵义。至于他的践履工夫,同样是承孟子"尽心知性知天"、"万物皆备于我"的规模而来。他批评朱熹的"支离"、"闲议论"、"去逐外,著一事,印一说,方有精神",而提倡"易简工夫":以"尊德性"立其大,直下承当天心仁体以为道德之践履,亦即直从根源处,识得天心仁体的"心能"(良能),并顺之而"当恻隐处自恻隐,当羞恶,当辞逊,是非在前自能辨之;当宽裕温柔自宽裕温柔,当发强刚毅自发强刚毅,所谓溥博渊泉而时出之"①。以现代的术语来说,自是从"自律"、自给法则以说简易工夫。

王守仁与之略有不同。他原本深受朱熹的影响,尝格竹七日,积劳成疾,后渐悟朱子之不足,于是有所谓"凡三变,而始入于悟"②之说。且阳明的悟道,亦不可说是直承象山之学,他们之归为一系,同样因学说主张的相近。于本体,阳明将"天心仁体"开示为《大学》"心、意、知、物"四面:心不仅仅是思维器官,而且是由知痛痒、知是非而生的一种创造性的客观力量,它不仅主宰人生理上的视、听、言、动,和关乎道德的行为,而且能主宰万物,是天地万物之主,从而是无善无恶潜隐自存之体,它纯粹至善,是那作为整体而充分实现的本源的原始的绝对;意是心之所发,就其根源而言,本应也是无善无恶的,但当其实际发出后,因可能会沾染上现象的、感性的因素,从而

---

① 牟宗三:《从陆象山到刘蕺山》,第4页。此处引文,与原文稍有出入。原文作:"苟此心之存,则此理自明,当恻隐处自恻隐,当羞恶,当辞逊,当不在前自能辨之。又云:当宽裕温柔,自宽裕温柔,当发强刚毅,自发强刚毅,所谓'溥博渊泉,而时出之'。"见《陆九渊集》,第396页。
② 此是王畿述阳明的学思历程,而后有黄宗羲认同。所谓"三变",即学辞章、学佛老、龙场悟道。

"意"（心之所发）为有善有恶者①；知是不虑而知的良知，它先验地即能知善知恶、好善恶恶，并进而能为善去恶，而使事与物皆得其理、皆得其正。于工夫，阳明倡言"致良知"，亦即推致主体个人的、同时也是普遍地存在于所有理性存在者中的自主自律、自定方向、自给法则的能力②于事事物物，从而使事事物物皆得其理、得其正。这才有"知行合一"之说：所谓"知"便是以自己知是知非、自定方向、自给法则的能力去判断，并做出决断，这也就是"行"了。

总之，正是由于象山阳明在本体与工夫上的一致——纯是孟子学——立场，牟宗三忽略了他们在表达方式上的不同（象山是非分解的，阳明是分解的），而将他们视为一系。

至此，我们简略地介绍了牟宗三的"三系论"。通过这个介绍，我们可以了解到，牟宗三"三系论"本身即其"道德的形上学"的一个部分，它是在阐述儒家文化中作为"创造性自身"的"道统"之道的传承。其中，五峰蕺山系和象山阳明系坚持了把本体理解为创造原则与终成原则的合一（或"即活动即存有"），

---

① 牟宗三认为，刘宗周正是担心此处的混淆而严分意、念，视"意"为王畿"四无"句中无善无恶、纯然至善的意，而将"念"当作一般的有善有恶的思虑。这在某种意义上类似于康德对"意志"（Will）与"意愿"（Volition）的区分。参见 Immanuel Kant, *Groundwork of the Metaphysics of Morals*, trans. by Mary J. Gregor, Cambridge University Press, 1996, p. 72。

② 在牟宗三看来，"良知"不是任何一种知识，不是感性的或理性的知识，也不是先验知识，而是一种纯粹自动的能力。因为此处的"知"，不是认知活动之知（无论是认知活动、认知的条件或知识），而是"乾知大始、坤作成物"之知，是"知县"、"知州"之知，是"主宰"、"主管"的意思。牟宗三以为"主管有两个作用：兴与革。兴就是创造，从没有存在使它存在；革就是把它去掉，它存在，我叫它不存在。这个知有创造意义，它有这个力量，该革的革，该兴的兴，这个就是创造性"（见牟宗三《周易哲学讲演录》，第 44 页）。良知之"知"就是如此。张学智在《王阳明的实践良知学与牟宗三的良知坎陷》中把"良知"分为天赋道德意识的自然呈现、道德判断能力及执行此判断的意志、创生万物的本原等三层含义。这是很有道理的。不过，依牟宗三的观点，阳明的"良知"，更强调后面两层含义。张学智：《王阳明的实践良知学与牟宗三的良知坎陷》，中国孔子基金会编《儒学与廿一世纪：纪念孔子诞辰 2545 周年暨国际儒学讨论会会议文集》，华夏出版社，1996，第 1297—1313 页。

而认为像道德、知识、政体（法律）等文化的构成都是"本体"立体直贯地创生出来的；而伊川朱子系则把本体理解为只是"理"、"只存有不活动"，是普遍理则，而不是创造原则与终成原则的合一，因而，是把道德与知识、政治等混在一起，横列地说。因此，"三系论"并不以"道德的形上学"为形上根据①，而是本身即是道德的形上学的构成部分，因为牟宗三"道德的形上学"就是在梳理儒家"道统"的传承过程中，解释具有道德性的"创生实体"如何能渗透至宇宙本源（用牟宗三的话来说，即"本体论的陈述"如何与"宇宙论的陈述"合一），以及德性之诸概念如何是先验的。"三系论"即这一"梳理"的环节之一。另外，三系论并不以"形著论"和"自律论"为判分的标准，而以本体是否具有"创生性"以及工夫论上"尽心以成性"与直认本心的不同为标准②，其理论贡献也不仅在于提出了所谓"形著说"和"自律说"以矫正心学的流弊与理学的内在缺陷③，更在

---

① 这一观点，参见赵卫东《道德的形上学——牟宗三宋明理学三系说的形上根据》，《烟台大学学报》（哲学社会科学版）2005年第2期。
② 以本体是否具有"创生性"，把宋明儒分为立体直贯型和横列横摄型，前者是宋明儒的大宗，后者是作为别宗的伊川朱子系；以工夫论的"尽心以成性"和直认本心的不同，又进一步把立体直贯型分为五峰蕺山系和象山阳明系。
③ 参见杨泽波《"三系"的疑惑》、《牟宗三三系论的理论意义》和《牟宗三三系论的理论贡献及其方法终结》等文章，分别载《贵州师范大学学报》（社会科学版）2006年第4期、《中华文化论坛》2006年第1期、《中国哲学史》2006年第2期。杨在《"三系"的疑惑》中这样说："三系论最重要的理论意义，在我看来，主要表现在两个方面，一是提出了如何保证良心本心客观性的问题，保证心学不陷于重重流弊，二是揭示了如何保证道德理性具有活动性的问题，保证理性自身就是实践的。"前者即通过"形著说"，后者是通过"自律说"来实现的。杨泽波教授的努力十分可贵，但略有不足。他非常有洞见地指出"形著"与"自律"在牟宗三道德的形上学中的地位，却未能真正理解牟宗三划分"三系"的苦心孤诣；未能认识到牟宗三"三系论"的贡献，更在于强调其中对"道体"的"即活动即存有"（或者创造性与限制性合一）的涵义的说明，因为只有"道体"、性体是创造性与限制性的合一，才能既保证"心"的客观性又保证道德的自律性，至于"形著"，不过是工夫论，是道德实践可能的主观根据，而"自律"亦不过是由性体的创造性所带给道德的一种属性而已。牟宗三之判朱熹"别子为宗"，正是因朱熹的"理"不具有创造性的能力。

于其凸显了心体、性体的创造性一面,使心体、性体成为能收敛、凝聚而有所成的"创生之真几"。正是这一即存有即活动(或创造性与限制性合一)的"创生之真几",才保证了牟宗三许多命题成为有意义的命题。

第三节 创生之源与"道德的形上学"

前面以"历史的观点"探讨了儒家"道德的形上学"之"道"的不同发展阶段:

最初是体现于《诗》、《书》中的"帝"、"天(天命、天道)"等范畴的"创生"与"仪型"功能,为"性体"作为创生之真几(创造性之在其自己)提供理论准备。

继而,孔子以"仁"的由不安不忍之觉情而反思到能安能忍的"义所当为"的能力,树立人的真正主体性,同时兼含此创生与仪型功能;孟子则将"仁"与"心"、"性"联结,提倡"尽心知性知天",完成了把本心仁体定为"创造性之对其自己"的任务。

随后,《中庸》、《易传》从客观面把"天命"、"天道"界定为"易体神用",下贯而为"性体"、"诚体",完成了以"性体"为"创造性之在其自己"的任务。

宋明儒之大宗对道体、本体的体悟,继承了先秦儒家的这一传统,而以之为"即活动即存有"者,或创造性与限制性的合一,在工夫论上,则主张"尽心化气以成性"、"先识仁体,再以诚敬存之"、"以心著性"等,在他们身上完成了"创造性之在且对其自己"的任务。

至于伊川朱子,则忽略道体、本体的创造性的一面,以之为"只存有不活动"的"理",工夫论上则主张"居敬穷理"之久而"察识仁体",从而另开一系,成为真正的新儒家。

本节的主要任务是，以"哲学的观点"①，概略总结天道与心性在何种意义上是创生之源，这一创生之源如何统合道德界与存在界而成为一"道德的形上学"，并通过阐述"创生之源"的创生方式来证成"道德的形上学"。

一 天道、心性与创生之源

牟宗三认为，天命、天道来源于古典时期《诗》、《书》中的"帝"、"天"等超越的主宰者，这些超越的主宰者有"创生万物下民"、"为圣王提供仪型"等功能。牟宗三正是以此而赋予它们"创造性自身"的意义，同时认为它们能担当道德实践的超越根据的职责，这就是所谓"维天之命，於穆不已。於乎不显，文王之德之纯"、"天生烝民，有物有则。民之秉彝，好是懿德"。在牟宗三看来，天道、天命本身虽然还有很多其他涵义，例如降命降运、降灾示祥、命丰命歉，乃至人格神等，但经圣人（孔子）的理性化作用，逐渐化除其超越性与人格神的意味，归结为一种创造性的客观力量。这种创造性的客观力量并不是盲目的、"不上轨道的火车头"，而是能收敛、凝聚而有所成的。它在收敛、凝聚的过程中，将自己实现出来，成为世界上的万事万物，包括人。此即"天作高山，太王荒之"、"天何言哉？四时行焉，百物生焉。天何言哉"。作为普遍性的"天"（天命、天道）创生万物下民，同时也实现自己，并将自己赋予万物下民之个体，而使

---

① 本书对"历史的观点"和"哲学的观点"的区分，受到登特列夫在《自然法——法律哲学导论》（李日章、梁捷、王利译，新星出版社，2008）中探讨"自然法"的两条路径——历史的路径和哲学的路径——的影响。他认为，一方面可以把自然法学说看作历史的产物，通过回顾它的发展，强调它在塑造西方命运一事上的重要性；另一方面也可以把自然法看作一个哲学学说、看作"一个理想或骗局，它自命有一种价值，这价值不仅存在于某一特定历史时空中，而且是具有普遍性的"（见该书第 2 页）。类似的，牟宗三"道德的形上学"也同时兼具"历史的维度"和"哲学的维度"。"历史的维度"强调的是"道统"；"哲学的维度"则旨在论证心体、性体作为"创生之真几"是如何可能的。

万物下民之个体得为普遍性与个体性的合一，此即"成之者性也"；其创生活动之所成，即天道之实现自己而或为各具自性的"物"个体，或为能起道德创造、有纯亦不已之德行的个人。天道之具于个体，即天道在个体身上的实现，就是性体①；同时也是个体得以实现、呈现的根据。天道实现自己于个体"物"和实现于个人（即性体）的意义是不同的：对于前者而言，是使个体"物"有其自性，对于后者而言，是使人能体现天道的创造性。不过这"创造"不再是上帝般"无而能有"的创造，而是创造道德存有，赋予道德价值——一方面给出德性法则，使人的德行纯亦不已；另一方面使人的即使是最普通的行为，都具有纯粹的道德价值，如"抬头举目浑全只是知体著见，启口容声纤悉尽是知体发挥"②等是。因而，"性体"是天道的实现，它实现于"人"（个体的人），使人同样地成为创造性与限制性的合一。

性体是"创造性之在其自己"，亦即它还只是内在地自存潜存之"体"，其具体而真实的内涵尚不为人所知。为了能使"性体"具体而真实的内涵为人所知，它必须能够有具体而确定的途径表现出来。牟宗三认为，能具体地表现、实现性体（以及诚体）的，当是"心"、"心体"，此即"以心著性"、"尽心以成性"，或心体形著性体。

"形著"一词，来源于《中庸》之"其次致曲。曲能有诚，诚则形，形则著，著则明，明则动，动则变，变则化。唯天下至诚为能化"。其意思是说，仅次于圣人之"至诚"的，是能"致曲"（推致其一曲之诚）的贤者。其所固有的一曲之诚于内

---

① 严格说来，天道之在个体身上的实现，并非都是"性体"；而是只有当天道在单个的"人"身上实现出来并成为该人之自性时，才能叫作"性体"。而天道在"单个物"之上实现自己时，虽然它也构成了该"物"的本质或理，但由于"物"只能"按照法则发挥作用"（参见康德《道德形而上学的奠基》，李秋零译，中国人民大学出版社，2013，第30页。此处译为"法则"，不如杨云飞译为"规律"恰当），缺乏人能动性，所以不能叫作"性体"，而只能叫作"但理"、"形构之理"（principle of formation）。

② 《罗汝芳集》（上），凤凰出版社，2007，第203页。

（心），就自然会表现出来（形），若更进一步修养，这一表现就会显著（著），直至别人也能够看到（明），从而自己自动地去行动（动），久之自能变化其气质，于潜移默化中纯化其德行。由此可知，"形著"就是去表现、实现诚体、性体。"心"、"心体"乃是以其不安不忍之觉情，促使人反思自己，而获悉对自己而言，何者为能安、能忍之"义所当为"，以此来表现、实现"性体"。就"不安不忍"及其所引致的反思，言其"创造性"；就"能安、能忍"之"义所当为"，言其"限制性"，从而，"心体"也是即活动即存有、创造性与限制性的合一。它从主观面确证了性体，确证了人在道德行动方面能自主、自律、自定方向、自给法则的根据。天道与性体、性体"一指"的关系，还可以通过对性体、心体的具体意义的揭示得到说明。

性体、心体的意义是经过长期的发展才确定下来的。众所周知，心、性二字原本都具有很多的涵义。例如，"性"字最初即与"生"字混用，作"生命（寿命）"，"生命生活中自然有的常态"，"自然的欲望"，"自然如此本然如此之性向、性能、性好、质性或质地"[①]，等等；而"心"字也被用来表示"心脏"、"思维器官"、"思维活动"、"思虑谋划或内在动机"、"意志能力"等。但是，在后来的发展演变中，由孔子开始，经孟子、《中庸》、《易传》，直至宋明儒，逐渐淡化其中的一些层面，凸显了"性"、"心"中主动的、创造性的能力，以及由这些能力而有的"义理

[①] 这是牟宗三解释《尚书·商书·太甲上》之"伊尹曰：兹乃不义，习与性成"时所说。他认为：这是性字的通义，不过因其适用层面不同而有不同所指。他区别了三个层面：（1）生物本能、生理欲望、心理情绪等属于自然生命之自然特征所构成的性；（2）气质之清浊、厚薄、刚柔、偏正、纯驳、智愚、贤不肖所构成之性；（3）超越的义理当然之性，属于道德生命精神生命的绝对普遍之性。牟宗三认为，第一层的性，最为低级，是自然生命的"生之所以然"，作为描述性的"形构之理"（Principle of Formation）；第二层的性，是较为高级的气性才性或气质之性；第三层的性，是最高级的作为"创造性本身"的天地之性、义理之性。参见牟宗三《心体与性体》（上），第169—170页。

当然之性"的意义，最终确定了"性体"与"心体"的意义，即活动即存有、创造性与限制性的合一。因此，我们需要对性体与心体的涵义做更进一步的详细的梳理。

首先来看"性体"。

牟宗三认为，"性体"是儒家"道德的形上学"的关键，其地位最为特出，是决定儒家之为"道德的形上学"的根本。① 因为在牟宗三看来，儒家的"性体"观念实质上就是"创造性之在其自己"。它以其创造性和终成性，而成为能收敛、凝聚而有所成的"创造性力量"。此种创造性力量之在人，尚处于自存、潜存的状态，但是，其即使处于自存、潜存的状态，也并不妨碍其为创造性的力量。也正因性体作为"创造性"的力量，它一方面赋予人作为"人"的根据，故它是人的存有或"存在之理"；另一方面又以其创造性使人能动地依照道德律令从事道德活动，从而使道德与形而上学真正合成一体，使性体与由它而来的有（道德）价值的行动、或道德界与存在界综合为一个整体。质言之，儒家哲学乃因"性体"是一种具有具体的真实性的"如如呈现"，能保证性体与有价值的行动、道德界与存在界的合一，或宇宙秩序与道德秩序的合一。② 这就是"性体"观念之于"道德的形上

---

① 当然，有许多人认为"智的直觉"才是牟宗三哲学（同时也是"道德的形上学"）的关键。这似乎与本书的说法不同。但是，如果我们承认牟宗三的思想是有体系而内在一致的，那么，这里的不同也许就只是表面的、字面上的。而事实上，牟宗三也确实是一个有体系而内在一致的思想家。因为"智的直觉"与"性体"实际上是两个异名同谓的词语。只不过"性体"是"创造性之在其自己"，强调其客观性、实现能力，以及其难以认知（却非不可认知）的一面；"智的直觉"则是"存有论的创造的实现原则"，强调诚明的"心知"形著或证实（具体而真实化）天道（道体）创生之德的"不御"的一面。故而，"性体"，包括天道、心体，与牟宗三后期作品中所强调的"智的直觉"、"自由无限心"、良知等概念，是意指相同的。

② 牟宗三的"道德的形上学"旨在证明性体与有（道德）价值的行动、道德界与存在界的合而为一，这一思想来源于他对康德所未完成的"道德的形上学"的理解和认识。在他看来，康德所未完成的"道德的形上学"的内容是意志自由与物自身、道德界与存在界的合而为一。不过，由于康德没有"性体"的观念，其意志自由只是一"设准"而缺乏客观的妥实性，（转下页注）

学"的关键性所在。反观西方之所以"道德与宗教不能一""道德与形上学不能一",正是因为缺乏"性体"观念。①

> (接上页注②)所以,自由意志与物自身、道德界与存在界的合一就无法得到证明,因而说康德的"道德的形上学"是"未完成的"。牟宗三的"道德的形上学"则是努力在康德的基础上证明"性体与有(道德)价值的行为、道德界与存在界合而为一"。在此,有两点需要说明:一是两组概念的关系及其所反映的牟宗三与康德的异同;二是两组问题的关联。前者说的是性体与自由意志、物自身与有(道德)价值的行为的关系。在牟宗三看来,性体既是自由意志又不限于自由意志,它借"智的直觉"的契机,突破了康德自由意志的封限而具有了黑格尔绝对精神的能力(详见后文);而物自身则被牟宗三当作"有价值意味"的概念,被视为"有(道德)价值的行为",恰如前文所引罗汝芳(近溪先生)"抬头举目浑全只是知体著见,启口容声纤悉尽是知体发挥",从而也与康德的观点有所不同。后者所关注的是性体与有(道德)价值的行为之间、道德界与存在界之间究竟存在着什么样的逻辑关联。我们主张,性体与有(道德)价值的行为之间存在着"因果关系",特别是"有(道德)价值的行为"更是构成了所谓"自由之后果";而道德界与存在界之间的关系则是相容关系,而同时道德界会要求对存在界有所调整和轨约。道德界与存在界之间的这种既相容又有一定隶属意味的关系,构成了牟宗三"良知坎陷说"的根据。关于"良知坎陷说",后文再做详细探讨。

① 参见牟宗三《心体与性体》(上),第 32 页。牟宗三在此也承认,西方亦有许多大哲学家讲"实体"("性体"也是实体,Reality),如布拉得赖(F. H. Bradley)的《现象与实体》(*Appearance and Reality*)、怀特海(N. A. Whitehead)的《历程与实体》(*Process and Reality*)、柏格森(H. Bergson)的《创化论》、海德格尔(M. Heidegger)的《时间与存有》(*Time and Being*),以及亚里士多德、罗素、胡塞尔、斯宾诺莎等,都对"实体"有极为丰富、极为可观(可欣赏)的理解。只不过,他们都不是从道德的视角来理解"实体",而是从其他的如知识论、宇宙论、本体(存有)论、生物学、实用论,以及独断的分析的形上学等视角来理解。从而不能使此"实体"与那能使人成为一道德的存在的道德实践发生关系。因而,他们总是道德与宗教、道德与形上学分离。唯一例外的是康德,他从道德的视角理解本体,建立"道德的神学",颇类似于儒家的"道德的形上学"。然而,康德也没有"性体"的观念,由之而把"意志自由"视为设准(或悬设,Postulate),致令其真实性、实在性大打折扣(或如牟宗三所言"几使意志自由成为挂空者,几使实践理性自身成为不能落实者")。故而其所规划的"道德的形上学"(其内容是意志自由与物自身、道德界与自然界合而为一)只若隐若现,而不能具体而真实地全幅呈现、充分作成。牟宗三还高度赞扬黑格尔的精神哲学。但是,他却只是借用其方法,而并不认为精神哲学的内容与儒家的成德之教相同。原因也同样是黑格尔只笼统地讲精神的发展,并无"性体"的观念使其全部哲学落实。而儒家的成德之教的主要内容,就是一方面实现康德所(转下页注)

然则，"性体"何谓？为什么它能使得"道德的形上学"（亦即性体、有价值的行动、道德界、存在界的合一，或宇宙秩序与道德秩序的合一）能够作成？

牟宗三说：

>……性具五义：
>
>一、性体义：体万物而谓之性，性即是体。
>
>二、性能义：性体能起宇宙之生化、道德之创造（即道德行为之纯亦不已），故曰性能。性即是能。
>
>三、性理义：性体自具普遍法则，性即是理。
>
>四、性分义：普遍法则之所命所定皆是必然之本分。自宇宙论方面言，凡性体之所能生化，皆天命之不容已。自道德创造言，凡道德行为皆是吾人之本分，亦当然而不容已，必然而不可移。宇宙分内事即是己分内事。反之亦然，性所定之大分即是性分。
>
>五、性觉义：太虚寂感之神之虚明照鉴即是心。依此而言性觉义，性之全体即是灵知明觉。
>
>凡此五义，任一义皆尽性之全体：性全体是体，全体是能，全体是理，全体是分，全体是觉。任一义亦皆通其他诸义：性之为体，通能、理、分、觉而为体；性之为能，通体、理、分、觉而为能；性之为理，通体、能、分、觉而为

（接上页注①）规划的"道德的形上学"，另一方面收摄融化黑格尔的精神哲学。因而，我们可以说，牟宗三的道德哲学，在其体系的具体细节，例如，道德的形上学、道德底形上学、道德的"超越应用"等，类似于康德；至于其道德哲学作为一个整体、体系，则应该说，更类似于黑格尔。在《生命的学问·论黑格尔的辩证法》中，牟宗三指出："辩证的综合系统"（在有机发展中建立者）必以"超越的分解系统"为根据。牟宗三认为，其道德哲学就是以"超越的分解"为根据的"辩证的综合系统"。以上分别参见牟宗三《心体与性体》（上），第32—34页；《生命的学问》，广西师范大学出版社，2005，第176—186页。

理；性之为分，通体、能、理、觉而为分；性之为觉，通体、能、理、分而为觉。故任一义皆是具体的普遍，非抽象的普遍。①

以上关于"性具五义"的论述，是牟宗三对"性体"的涵义所做的最为集中的论述，联系他在别的地方的阐述，我们可以做出如下总结：

性体作为"创造性之在其自己"，一方面来自天道（道体，一种创造性的客观力量）之实现于或具于个体人，而成为一种创造性的能力，使个体人获得堪当其"自性"的创造性能力，同时也成为个体人之所以为"人"的根据，此即自宇宙论言的、宇宙生化的"体万物而为体"的性能、性体；另一方面，这种创造性的力量实现于个人时，能够使人有"灵知明觉"（这也是一种创造性的能力、主动的能力），而能起道德创造之用，自具普遍原则，使道德行为纯亦不已，明确自己的"当然而不容已"、"必然而不可移"的本分，这就是所谓"义务"的本质涵义。这里的"创造性力量（或能力）"当然不是盲目的、没有方向的、漫无目的的"冲动"，而是有其方向的、能轨约或限制的、能够有所成就的"创造"。因而，我们可以说，性体可类比西方哲学中所说的普遍性和个体性、自由与规范相互缠绕的"理性"概念，类似于康德的纯粹实践理性和黑格尔笔下的绝对精神。② 它是联结道

---

① 牟宗三：《心体与性体》（上），第483页。
② 牟宗三不大愿意把"性体"说成是"理性"，因为，他也有忌讳。他担心一旦讲"理性"就会变成"只存有不活动"的"死理"。他也没有说"性体"类似于康德的纯粹实践理性、类似于黑格尔的"绝对精神"。但是通过比较，我们可以发现其中的类似性。已有研究者指出，康德的"理性"概念意指并不严格，甚至有些混乱，在最广泛的意义上，泛指人心依据先天原理进行判断的能力，包括人心的全部能力（认识、情感与欲求）的先天原理，因而说它"就是一套固定的先天结构"；在通常意义上，理性或纯粹理性仅限于认识领域、思辨领域中的认识能力，在此，理性又有三种情况，即它或是以先天原理为依据的一切认识能力，或是人心中最高层的思维能力，（转下页注）

德界与存在界的桥梁，通过其"创造性能力"沟通"两界"，保证两界（或两个秩序）的合一。

再来看"心体"。

"性体"是"创造性之在其自己"（Creativeness in Itself），而"心体"则是"创造性之对其自己"（Creativeness for Itself）。"在其自己"、"对其自己"是牟宗三借用黑格尔讲基督教三位一体（Trinity）的表达，说明性体与心体的关系：心体是表现性体的实体或原则。心要能表现性体或使性体真实化，则其涵义必与"性体"相同。

且看牟宗三如何说"心体"：

> 自心能尽性，主观地、实践而亦是实际地言之，则超越的、形而上的普遍的本心（天心）亦具此五义：
> 一、心体义：心体物而不遗，心即是体。
> 二、心能义：心以动用为性（动而无动之动），心之灵

（接上页②）或是人的与感性的接受性相对的思维的先验而自发的能动性（参见杨祖陶、邓晓芒《康德〈纯粹理性批判〉指要》，人民出版社，2001，第29—30页），是人的自我意识的能动的综合能力；这种先验而自发的能动性或综合能力应用于认识或思辨时（相当于知性），它必须综合感性的因素才能形成知识，而当它企图去形成关于经验现象之外的对象的知识时，就产生了"先验幻象"；由此提示人们，人的先验而自发的能动性要么是把感性表象置于规则之下并使之结合而为知识，要么是作为纯粹的自发性，严格区分感性世界与知性世界，并"根据原则作判断和（在实践的考虑中）采取行动"（康德：《实用人类学》，邓晓芒译，上海人民出版社，2005，第95页）。而牟宗三的"性体"在某种意义上，正相当于康德的作为纯粹自动性的理性，亦即纯粹实践理性，是人的"根据原则作判断并在实践的考虑中采取行动"的能力。至于黑格尔的"绝对精神"，其作为"创造性活动"、"主体与实体的统一"、"规范性与能动性的统一"（参见刘永富《黑格尔哲学解读》，中国社会科学出版社，2002，第15—16页）等特征已经是学界的常识，而牟宗三的性体，也同样是"创造性之在其自己"、是创造性实体与人的灵知明觉、是即存有即活动的实体。因而，其类似性是毋庸置疑的。基于上述理由，我们倾向于把牟宗三的"性体"当作结合了康德的纯粹实践理性的"绝对精神"。

妙能起宇宙之创造，或道德之创造。心即是能。

三、心理义：心之悦理义即起理义，即活动即存有，心即是理。此是心之自律义。

四、心宰义：心之自律即主宰而贞定吾人之行为，凡道德行为皆是心律之所命，当然而不容已，必然而不可移，此即吾人之大分。此由心之主宰而成，非由外以限之也。依成语习惯，无心分之语，故不曰心分，而曰心宰。心宰即性分也。

五、心存有义：心亦动亦有，即动即有。心即是存有（实有），即是存在之存在性，存在原则：使一道德行为存在者，即是使天地万物存在者。心即存有，心而性矣。

凡此五义，任一义皆尽心体之全体：心全体是体，全体是能，全体是理，全体是主宰，全体是存有。任一义亦皆通其他诸义：心之为体，通能、理、宰、有而为体；心之为能，通体、理、宰、有而为能；心之为理，通体、能、宰、有而为理；心之为宰，通体、能、理、有而为宰；心之为有，通体、能、理、宰而为有。故任一义皆是具体的普遍，而非抽象的普遍。①

类似的，我们也可以总结"心体"的涵义：

心体或道德本心、仁体，是一种由不安不忍之觉情，导致的反思能力，及其达致能安能忍的"义所当为"之本分。这种"不安不忍之觉情"能"体万物而不遗"，并因其"动用"而有类似于宇宙生化的创造性力量，兼有能发起道德创造的能力，主宰并贞定人的道德行为，确定人的"当然而不容已，必然而不可移"的本分，使人成为一道德的存在。从而，心体不但是"使一道德

---

① 牟宗三：《心体与性体》（上），第484页。

行为存在"的根据，也是"使天地万物存在"的力量。① 我们可以由此看出，正是心体与性体在内容意义上的一致，使得性体成为作为道德的存在的个人（其核心是心体）的自性，而心体则成为那个使性体的内容能够得以具体而真实化，并被人认识的形著原则。

"心体"能够使"性体"形著、实现或具体而真实化，皆因其与性体一样，是"即存有即活动"的创造性实体，是能创造宇宙万物和道德行为的"创生之真几"，是作为绝对精神的绝对。

总之，天理、天道是本体与现象、体与用（即牟宗三所说的"寂感"）通而为一的"自然之动序"；当此"自然之动序"渊然有定地赋予、命于个体（包括物与人）时，便为个体之"性"，尤其当其命于个人、实现于个人时，即为"性体"；而性体则通过同样是即活动即存有、创造性与限制性合一的"心体"而得以具体地表现。这就是天道与性体、心体之间的关系。

---

① "心体"使一道德行为存在，这不难理解；但说它也是"使天地万物存在者"，这就不大好理解了。"心体"在什么意义上可理解为使天地万物存在的东西呢？这要从它作为一种客观的创造性的能力来理解。在牟宗三看来，这种创造性能力是与宇宙生化的创造性力量一致的，它们都同样是创造性与限制性的合一，因而能够成为"使道德行为及天地万物存在"的力量。此外，由于心体还具有经过反思而认识并履行"能安能忍"的本分的能力，亦即根据对规律的的表象而行动的能力——意志，所以，单独它自己就能把自己的对象实现出来。牟宗三明确把"心体"、性体、良知、意根等视为康德的自由意志的不同表达。但是，应该注意的是，心体、性体等与自由意志还是有所不同：首先，康德并没有明确把自由意志视为"本体"，虽然有学者说"人的本体是自由意志"（见邓晓芒《康德哲学讲演录》，广西师范大学出版社，2005，第 170 页），但是，这里的"本体"实际上并不是"作为是的是"的 ousia（即希腊文"在者"ουσια 的拉丁写法），而只是人的本质的天性，相反，牟宗三则把"本心性体"视为绝对的存有。牟宗三说："'本心'有三性：主观性、客观性、绝对性。本心知是知非，这个'知'就是本心的主观性；'心即理'就是本心的客观性；心是乾坤万有之基，则是本心的绝对性。"（见牟宗三《宋明儒学的问题与发展》，第 111 页）其次，康德并没有把自由意志看作宇宙生化的根源，而牟宗三则把本心性体视为乾坤万有之基，是创造性自身；它不仅成就作为道德的存在的人，也成就历史中的精神生命和现实社会中的政治法律。

二 "道德的形上学"

道德的形上学,作为一个从道德的进路证成的或包含有道德属性的本体宇宙论陈述,潜含着性体、有(道德)价值的行动、道德界、存在界①合一的内涵。这在实质上是要努力把自然的世界和人文的价值世界统一为一个整体。

关于道德的形上学的涵义,学界有颇多的解说。人们一般是从牟宗三在《现象与物自身》中区分的"两层存有论"和知体明觉之"自我坎陷"来讲,认为所谓道德的形上学就是阐明对物自身(包括天道性命等创造性的本体或实体,以及有道德价值的意志之因果性)而言的本体界的存有论或无执的存有论,如何经过"自我坎陷",开出对现象(包括有道德价值的行动、道德界、存在界等)而言的现象界的存有论或执的存有论。这种说法,大略是不错的,但未能抓住"道德的形上学"之关键。道德的形上学实际上是从道德的进路证成的或包含有道德属性的本体宇宙论陈述,一种本体宇宙论的陈述具有道德的属性或其证成的进路是道德的,其根据就在于须把作为人所具有的"真实主体性"与"内在道德性"的心性本源,规定为宇宙生化的本源。因此,严格说来,道德的形上学当该只是其中的本体界的存有论或无执的存有论的部分。不过,牟宗三根据其对于康德哲学的消化与论衡,认为康德哲学的使命在于使本体与现象、实践与理论通而为一,但是,由于康德的自由意志只是"悬设"、人不能有智的直觉,所以,其现象与物自身的超越区分不能做成,从而,其沟通本体与现象、实践与理论的的根据,便落在了其"道德的神学"——从道德的进路证成的神学——之上。也正因此,牟宗三说,康德只

---

① 此处须注意"存在"与"存有"的区别。尽管牟宗三对"存有"和"存在"在少数情况下不做区分,但在总体上强调其间的区别:存有只是有理论上、逻辑上的意义,而不指涉具体的实在,存在则不仅具有理论的、逻辑的意义,而且指涉具体的实在。

有道德的神学而无道德的形上学（但是有道德底形上学，不过，这是对道德做形上学的阐述或解析，以凸显道德本身的纯粹性与严整性）。据此，牟宗三亦将"道德的形上学"的涵义予以拓展，延伸为包含"两层存有论"和"自我坎陷论"于其中的整体学说。

"两层存有论"即"本体界的存有论"和"现象界的存有论"。本章前两节讨论了本体界的存有论的问题，对天道性命、本心仁体、诚明知觉等创生性实体的意义给予了充分的揭示，着重对这些作为创生与终成合一的本体或实体的涵义与相互关系予以界说，充分展示了本体界的存有论的义理规模。至于现象界的存有论，由于现象本身的复杂性和多层次性，本书的主要论题其实就该归属于此。具体而言，现象界的存有论是牟宗三哲学中"用"的部分或显现、表现的部分。相对于不同的本体或实体，它有不同的层次和内容。概略言之，相对于"经体"（即知体明觉，包括本心仁体、性体心体、道体、独体、智的直觉等）而言，一方面有"经用"，此即"有价值意味的物自身"，是如其自身地呈现的本真的行动或有道德意义的行动；另一方面有"权体"，此即"识心"（包括逻辑认识我、政治主体、心理学意义的我等），它是由知体明觉"坎陷"、执着其自己在某一具体领域时的暂时而不稳的主体，是知体明觉、存在的生命个体确证自己、成就和实现自己的必要途径。而作为"权体"的"识心"亦有其"用"，这便是所谓的"存在界"。"识心"之"用"若是受理性之轨约而如如呈现，则为"有价值意味的物自身"，若只是任性的抉意（willkür）的后果，则属于非理性乃至反理性的存在界。前者亦就是前面所说的"经用"，后者便是"权用"。①

从"现象界的存有论"的角度来看，它理应把日常实践中的

---

① 此处因"经-权"、"体-用"关系而阐明道德的形上学的构成，仍是异常简略的。其中，把日常实践中的道德、政治行动、科学探索融摄于"用"之中，它们或为"经用"，或为"权用"，端看其是否如其所应是那样发生。

道德也当作需要检视的内容加以论衡。于是，现象界的存有论便不再仅仅包括政治活动（包括政治学与政治哲学）、科学探索的活动及其成果，也包括尚待审视的情欲生命的活动。前者将接受是否真能成为主体自我认同、自我实现之方式与途径的检验，后者将接受根源性的、创造的理性依据自身给出的法则或命令来检验。归根结底，它们都需要接受是否把自己和其他理性存在者都当作目的、而不只是手段的标准来检验。

总之，"道德的形上学"虽严格说只应包括"本体界的存有论"，但归根结底，其目的又的确是使性体、有（道德）价值的行动、道德界、存在界合而为一。其中，"性体"（包括心体、乾元、道体、诚体、神体、易体、良知等）作为"创生之真几"，是架接道德界与存在界的枢纽与桥梁，通过它，可以证成或实现道德界与存在界的通而为一。

三 "道德的形上学"之证成

道德的形上学之证成，关键在于证成道德界与存在界的合一。而道德界与存在界的合一，需要确保"创生之真几"的具体真实性，以及"创生之真几"的创生性。然则，"创生之真几"之能创生且具有具体真实性，为何能确保此两界合一呢？这是因为此"创生之真几"一方面是绝对的实体，是"乾坤万有之基"，能创生万物之存在，并对其存在性做出说明；另一方面，它又是道德的实体（即性体、心体），能自动地给出道德法则，并作为人的按照此道德法则而行动的动力，从而能创生道德界。万物之存在（即存在界）与道德界为同一实体所创生，它们在性质、结构与终极目的等方面存在这样的一种关系：

首先，道德界与存在界是两个性质不同、但具体构成有交叉的界域。道德界是一个"应然"的价值世界，"性体"（包括心体、乾元、道体、诚体、神体、易体、良知等作为"创生之源"）和由它所产生的"有（道德）价值的行为"（作为"自由之后果")都包含于其中。这类似于康德在《道德形而上学奠基》中所构想的"目的王国","性体"等是王国的元首,有(道德)价值的行为则是王国的成员。而存在界则是一个现实的或实存的世界,其中同时包含了作为"自由之后果"的物自身(经用)和作为"意念之后果"的现象(权用),而作为"意念之后果"的现象(权用)则同时包含能与"物自身"对应者和不能与之对应者,不能与"物自身"对应的即是"应该发生而实际未发生者"。这些区分显示了"存在"与"存有"(作为道德界的一部分)之间"交叉-相容"的关系。

其次,道德界与存在界之间的结构也不尽相同。道德界的结构,可借助康德的"目的王国的构成"做出说明。康德说,"……王国,是指不同的理性存在者通过共同的法则形成的系统结合",其中,"不同的理性存在者"包括王国的元首和成员:王国的元首是不须服从其他理性存在者的意志的王国的立法者;王国的成员固然是普遍的立法者,同时他自己也须服从这些法则。[①]类似的,作为"创生之源"的"性体"等是道德界的创造实体或立法者(体),而有(道德)价值的行为(物自身)则是"性体"所生的现相(用,无相之相),理性的法则是它们之间的连结者。存在界的结构包括有(道德)价值的行为(即物自身,包括合乎理性法则的道德行为、本真意义上的科学与民主等,亦曰"经用")、由识心执持此"经用"而产生的"现象"。它们之间存在着一种"交叉-相容"的关系,同时,识心要依据"经用"对"权用"进行调整与轨约。

最后,道德界与存在界以各自的方式,服务于人类理性的终极目的。在牟宗三看来,人类理性的终极目的在"良知的呈现"或说是"实现牟宗三所提出的'圆善'意义的最高善"。[②] 依此,道德界的职分是规定"方向",在终极目的实现的过程中起调整

[①] 康德:《道德形而上学的奠基》,李秋零译,第54—55页。
[②] 王兴国:《大家精要·牟宗三》,云南教育出版社,2011,第92页。

和轨约功能，以"虚以控实"的方式发挥作用。存在界则是实现终极目的的具体环节，构成此终极目的的质料，受道德界的调整和轨约，它们围绕良知的真实"呈现"而展开为相容的统一整体。关于存在界与道德界统一的问题，本书后文还有具体说明。

这是从"创生之真几"的"创生"方面对道德界与存在界统一所做的说明。下面再来看"创生之真几"的具体真实性。

所谓"创生之真几"的具体真实性，亦即牟宗三所说的性体（或良知）的真实呈现。性体或良知，以现代化的语言来说，就是"道德理性"，其"真实呈现"就在于它能在"当下"实实在在地发挥作用，发挥其提出"道德律令"、发起道德行动的作用。此种"真实呈现"，可部分地用康德所谓的"道德律是自由的 ratio congnoscendi（认识理由）"来解释。① 在牟宗三看来，"道德理性"在宋明儒那里包括三层意思：（1）以圣人的生命或人格所达至的"具体清澈精诚恻怛之圆而神之境"，而点醒的道德性的严整而纯粹的意义，或"截断众流义"；（2）由上一层意思与"天道"、"天命"相结合，使其能够"充其极"而具有形而上的意义，或"涵盖乾坤义"；（3）上两层意思的道德理性在"践仁知天"的工夫中具体表现，做出具有存在性的、历史性的、独一无二异地而皆然的道德决断，此即"随波逐浪义"。这三层意思中，第一层意思的使命是清澈、纯净道德动机及行为，使道德法

---

① "道德律是自由的认识理由"，意思是说，关于人的意志是否是"自由"的，在理论上是无法证立的，但是，鉴于意志自由对于实践哲学的关键意义，它必须有能够证成其现实性或实在性的理由或根据，但是，证成意志自由具有现实性或实在性，并无存在论方面的根据，而只有认识上的理由或根据，此即作为道德的至上法则的定言命令或道德律。它只能"部分地"解释"性体"的真实呈现。因为，所谓"性体的真实呈现"实质上是指"性体"现实地、实在地实现其自主自律、自定方向、自给法则、决定道德行动作用，它需要真实的、存在的理由来予以证成，而不能只是认识的根据或理由。当然，"认识的根据或理由"对意志自由或性体呈现的证立来说，也不是完全没有意义的。也就是说，道德律或定言命令对于意志自由或性体呈现的现实性或实在性的证成，虽不充分，但也有助益。故而，此处说它只能"部分地"解释了性体的真实呈现。

则远离感性因素和理性中基于圆满观念的因素，从而成为真正的自律的道德。牟宗三以为，仅此即可涵摄康德《道德形而上学奠基》中所说的一切①，而其他两层含义则超过了康德。牟宗三认

---

① 参见牟宗三《心体与性体》（上），第 100 页。在这里，康德的"道德形而上学奠基"作"道德底形上学之基本原理"。需要指出的是，牟宗三在此以为康德《道德形而上学奠基》一书中所说的一切，只是想通过论证道德的先验性与纯粹性，解决道德（或德性）法则的自律性。这当然是一种误解。事实上，康德《道德形而上学奠基》所完成的任务除论证道德的先验性与纯粹性以说明道德法则的自律外，还以"自由"的观念和两个世界的划分为基础，对实践理性进行分析与论衡（即批判）。甚至可以说，《道德形而上学奠基》是康德整个道德哲学的雏形：从唯一的无条件善的意志出发，经由"义务"的概念所凸显出来的"出于义务"的行动，构成了道德性概念自身。并由"出于义务而行动"引出了普通理性的道德知识中的德性命令，即"除非我能够同时愿意我的准则成为一个普遍法则，否则我不应行动"（Immanuel Kant, *Groundwork of the Metaphysics of Morals*, trans. by Mary J. Gregor, p. 57）。这个命令不需要特别的智力，仅普通的人类理性就能够确知，因而，它构成了普通理性的道德知识。但是，在普通理性的道德知识的应用中，德性命令很容易受到诱惑，丧失其纯粹性而产生"自然辩证论"。因而，它需要进一步，从自己的范围走出来，进入实践哲学的领域，以便通过严格地与植根于需要和爱好之中的准则相区别，获得关于其来源与真正使命的明晰的知识。于是，从普通的道德理性知识，便进入到"道德形而上学"的领域。在"道德形而上学"的领域中，德性命令必须是先验的、纯粹的，不能沾染任何经验的成分。因为，"通过经验决不可能确定无误地判定在个别情况下，一种在其他方面合乎责任的行为，其准则是否完全以道德理由为依据，以责任观念为基础"，（同上，p.61）从而，任何规范一旦沾染上经验的成分，哪怕是极小的一部分甚至是一个念头，就将变成一个实用的规则，而不能称之为德性命令。于是，德性命令或真正的最高原理只能以纯粹理性为基础。那些从感性经验中引申出来的、隶属于作为达到另外目的的手段的技术原则或幸福原则，如技艺的规则、机智的规劝等，全都是分析的命令，不能作为道德原则；同样，那些虽然属于理性，却来自完善性的原则，无论它们是以作为我们意志的可能的结果的理性的"完善性"概念为基础，还是以作为我们意志的决定因素的独立存在的完善性概念（即神的意志）为基础，都不能充当道德原则的根据。因为前者不可避免地会暗中把有待说明的道德当作前提，从而陷入循环论证；而后者只构成了那结合着权力与报复等可怕表象的荣誉欲和统治欲的本质属性，由之建立的"德行体系"都必定与道德相反。由此，能够真正构成"道德哲学"的基础的，就只能是来自道德性概念，即"定言命令"概念自身。因为"定言命令"的内涵，仅仅包含法则及符合该法则的准则的必然性，亦即"除了行动准则所应符合的那个一般法则之外"，定言命令再也容纳不下任何东西。如果把这个"涵义"转化为一个命题，这就有了康德定言命令的一般表达式"只能按照你同时也愿意它成为普（转下页注）

为，宋明儒的"道德理性"的"涵盖乾坤"和"随波逐浪"两层意思之所以超过了康德，是因为康德"步步分解建构的方式限制住了他"，他"缺乏原始而通透的具体智慧"，且没有一个具体清澈精诚恻怛的圆而神的圣人生命为矩矱，因而只有"道德的神学"，而无"道德的形上学"。① 这就是说，康德哲学中"自由意志、物自身、道德界、自然界"未能通而为一。而其中的关键性根据就在于康德的"实践理性"只是形式地建立起来，未能"充其极"而具有宇宙创生的意义，同时，康德也没能从工夫上、从实践上"当下呈现"② 其实践理性和意志自由所自律的无上命令。

因而，要使"道德的形上学"真正作成，关键处是"性体"

（接上页注①）遍的法则的那个准则去行动"。以此为基础，推演出德性命令的三种表达，最终归结到"自律公式"，作为三种表达式的综合。意志的"自律"实即康德"自由"的积极概念，以"自律"或自由为（存在）基础，康德展开了对理性存在者的实践理性的批判，并详述了一切实践哲学的界限——自由意志、知性世界以及道德兴趣（或关切）的存在，却无能形成对它们的知识。

① 参见牟宗三《心体与性体》（上），第119页。
② 此亦须有辨。被康德当作"设准"（或悬设）的"自由意志"，是否只是理论上的权宜之计？多数学者，包括牟宗三都持这种观点。因而才有良知的所谓"假设"与"呈现"之辨。不过，康德的"意志自由"的"悬设"到底是什么意义，实际上还是值得怀疑的。笔者在此赞同卢雪昆教授的说法，以为康德否认人可以有"理智的直观（或智性直观）"，并进而坚持我们不能独断地发明一种知性的直观来证实"自由"，正是要揭示出"我们只能经由道德的进路证成超越的自由，只能经由意志自立道德法则亦即在现实行动中依据道德法则而行，我们才能够在道德践履的实事中当即感受到及觉知到意志的自由"。亦即"自由"并不是一个权宜之计，而是可以通过"道德"、通过自律而可以觉知到的，尽管我们不能对它形成知识。因而，康德的"意志自由"是我们意志的真实机能，是呈现原则、创造原则。（参见卢雪昆《康德哲学与儒家哲学会通之问题》，《第七届当代新儒学国际学术会议论文集》，2005）牟宗三不能认识到这一点，他坚持其固有的立场，而认为康德只是把意志自由视为设准、视为权宜之计，故而批评康德不能充分作成"道德的形上学"。而自己则提出"智的直觉"来契接自由，以使"道德的形上学"能充分作成。事实上，虽然牟宗三提出"智的直觉"，是他自己对康德的"智性直观"（Intellektuelle Anschauung）的独特译名。但是，卢雪昆却指出"智的直觉"的涵义与"智性直观"并不相同。

的"当下呈现"如何可能。牟宗三通过详细地解读康德对"一切实践哲学的界限"的限定（通过"纯粹理性如何可能是实践的"、"自由本身如何是可能的"、"人何以能直接感兴趣于道德法则"三个问题来完成这一限定），并对之做出严厉批评，从而说明"性体""当下呈现"如何能得到证成的问题。牟宗三不满意康德的问题、思考方式和结论，认为康德通过对这三个问题的解决，所得出的结论不应该是"实践哲学实践理性的界限"，而应该是"经验知识思辨理性的界限"。实则，实践哲学、实践理性能够冲破这个界限。而要冲破这个界限，就需要对上述三个问题的涵义做出重新解释。首先，关于"纯粹理性如何可能是实践的"这一问题，牟宗三做出了这样的回答："此中所谓'纯粹理性'不是《纯粹理性批判》中所谓纯粹理性，因为那是指纯粹的思辨理性说，而这里却是指纯粹的实践理性说，其'实指'即是自主自律的意志所自给的具有普遍妥实性的道德法则、定然命令，这是没有任何感性的成分在内的，所以是纯粹理性的。这种属于道德的纯粹理性如何其自身就能是实践的？此所谓'实践'就是说能起作用而有实效，能指导着我们人而我们人亦能承受之遵顺之去行动而造成或表现出一种道德的结果。它如何其自身就能这样生效？所谓'其自身'就是说单是它自己而不需有任何属于感性的成分之帮助，亦不需有任何先对之感兴趣的对象之引发，就能生效起用。"① 这种单凭自身就能生效起用的，就是"理性的因果性"，又叫"意志的因果性"，是一种不同于"自然因果性"的特种因果性。此"特种因果性"② 对于康德而言，实际上只是意

---

① 牟宗三:《心体与性体》（上），第138—139页。
② 牟宗三此处对"特种因果性"做了如下解释：虽然在行为上（言行上）所产生的道德结果是落在经验范围内，可以名之曰事件（所谓见诸行事，虽是行事，亦可说事件），但那由意志自律而给的道德法则、定然命令，却不是事件，亦不在经验内，故曰"特种因果性"。对"特种因果性"的这种理解，原则上说并不算错，却并不恰当。我们知道，康德区分了自然的因果性和意志的因果性，前者是在感触界中发生的、按照规律某种别的现象作为结果被那称为原因的现象所规定的属性，而后者则是这样的因果性：有（转下页注）

第二章 天道性命：牟宗三政治哲学的超越之源

志的原因性，因为意志一旦规定并发起了道德的行动，便从"睿智界"跨入到了"感触界"，这即意味着，意志自由和道德行动分属不同的界域，从而意志自由与道德行动的合一便不能是必然的。但是，对于儒家而言，此"特种因果性"实质上却是"体用关系"，这也就意味着"性体"和"有（道德）价值的行为"并非分属两界，而是在同一界域中的实体与表现。故而，"纯粹理性如何其自身就能是实践的"，其确切涵义应该即是"这特种因果性如何能真实地呈现"，而这完全同于"人何以能直接感兴趣于道德法则"。①牟宗三认为，这不是一个无意义的问题，并责备康德"顾左右而言他"，将其转而以经验知识的标准去衡量，说它是超出人类理性能力之外的不可解明、不可理解的问题，从而使它丧失意义。牟宗三的论证到此亦告结束。因为"纯粹理性如何能自身就是实践的"，等同于"人何以能直接感兴趣于道德法则"，或以孟子来说"理义何以能悦我心"，而"理义悦心"又是定然的，本不须问如何可能的。"心"作为康德所说的"道德感"、"道德情感"是可以"上下其讲"的："下"讲即是形而下的"情"；"上"讲则为"超越的本心"。这超越的本心作为主观性原则、实现原则，就是真实化、具体化作为客观性原则、自性原则的道德法则的。因而，在牟宗三看来，康德是在提出了一个有意义的问题之后，却走错了解答的方向——将一个原本是实践的、定然如此而不该问的问题，问成了一个认识的思辨的问题，从

（接上页注②）原因（即自由意志、德性法则、定言命令），却并不一定有那本应有的结果；"不一定有"是因为人同时属于感性世界和知性世界，"本应有"是当把人看作只属于知性世界的存在时必然会发生的。因而，所谓特种因果性，指的是"应然的因果性"，意志的因果性，严格说来，只能是意志的原因性，因为当结果（也就是人的行动）发生时，就已经作为现象存在于感性世界中了。这在某种意义上已经可以说是"误解"了。

① 牟宗三：《心体与性体》（上），第139页。

而导致了他的"道德的形上学"不能证成。①

至于儒家,则不存在这个问题,因为基于其"一本"的立场,作为客观性原则、自性原则的"性体"与作为主观性原则、实现原则的"心体"是同一的,因而,性体、有(道德)价值的行动的合一是一种因果关系,是自然而然发生的,"创生之真几"通过道德(情)感、通过心体而得以真实地呈现。

此外,还应该再回答一个问题:"创生之真几"如何创生。前面已经说过,牟宗三所说的"心体"与"性体"(以及乾元、道体、易体、诚体、神体、天命等)都是"创生之真几"或创造的实体。这种创造性的实体具有"本体宇宙论的意义",亦即它是"即存有即活动"的实体。这里的问题是:这种"创生之真几"的"创生性"如何体现或实现?牟宗三对此似乎语焉不详。我们总不能直接把他所说的创生之真几的"活动性"、心体的"形著原则(实现原则)"视为此"创生性"的体现。我们固然可以而且应该从这里来理解,但是,只此还不够。然则,要如何理解牟宗三所说的创造或创生呢?这似乎是个不易回答的问题。即使我们承认牟宗三所说的"创生之真几"就是黑格尔"实体与主体合一"的绝对精神,此"创生之真几"也不是黑格尔的"存在"(或"是"、"有",即being、sein),缺乏那能"是起来"、"在起来"、"行动起来"的决心;同时,其"能动性"也缺少理性主义、逻辑主义的能力。也就是说,"创生之真几"的能动性与黑格尔逻辑化的能动性还有很大的不

---

① 此外,牟宗三还略述了关于"自由本身作为一意志之因果性如何是可能的"这一问题的确切意义。他认为这一问题的意思是"自由的意志如何能呈现"。而因为"属于自律的道德法则能呈现",所以,自由的意志的呈现是必然的。从而,一个在实践上确然无疑的问题,被康德转为"知识"问题后,成为不可决的问题。这也导致了"道德的形上学"的不能作成。参见牟宗三《心体与性体》(上),第142—145页。

同。① 质言之，牟宗三讲的创造性或能动性，一方面，其规范性不是来自这能动性本身，而是依赖于一个终极的目的、一种外在的规定；另一方面，它还只是把已经现成的东西综合起来的康德式的"自我意识的本源的综合统一"的能动性，尚未成为完全彻底的能动性。

不过，如果我们忽略牟宗三的"创造性"与黑格尔的能动性之间的区别，而把他的"本体宇宙论"的即存有即活动的实体，视为一种创造性的客观力量，则它可与"道（言，logos）成肉身"的上帝（黑格尔的绝对精神）类比。因为黑格尔笔下基督教中"意志"化了的上帝（绝对精神），也不过就是这种创造性的客观力量：上帝决心使自己外化为自然界，决心实现自己，把自然界创造出来，以显示自己的无所不能，他创造这个世界不需要借助于其他外在的因素，如物质，他只需要他的决心，他的言说。其中，上帝把自己外化为自然界的做法对于作为创造性的客观力量本身而言，是一种"自否定"、一种"堕落"；在堕落中，在自我否定中回复到无所不包的大全整体，回复到绝对精神自身。牟宗三则是通过本心性体的"活动义"，一方面创造出一个包含形上实体及其"经用"（其内容为"自发自愿且纯亦不已的德行"，以作为自由之后果，是物之在其自己的存有）的道德界；另一方面又在"自我坎陷"式的堕落、自否定中，作为绝对性的"创生之真几"不断坎陷为"识心"（现象界的"权体"）以及此识心之以一超越的认识结构（范畴）去执持、综合"经用"而形

---

① 虽然牟宗三想把"心体"、"性体"讲成这种"逻辑化的能动性"，其"即存有即活动"就是明证。但是，由于缺少了系动词 be 或 sein（是或存在、存有）这个关键的语词，而只能靠外在的规定，总给人不踏实的印象。关于系动词 be 或 sein（是、存在或存有）代表逻辑化的能动性，这一思想可参见邓晓芒《思辨的张力：黑格尔辩证法新探》（商务印书馆，2008）、《黑格尔辩证法讲演录》（北京大学出版社，2005）和《邓晓芒讲黑格尔》（北京大学出版社，2006）。尤其是前两书，它们追溯黑格尔"理性－精神"的两大来源：逻各斯精神和努斯精神，是对黑格尔"理性－精神"、"创世论"的最具张力的诠释、阐发。

成关于现象的知识,即"存在界"。本心性体综合此"两界"而以道德界为纲领,以此而规定自己、实现自己、呈现自己,并最终完成存在界与道德界的合一。

牟宗三当然也与黑格尔不同,这种不同表现在以下两个方面:其一是在牟宗三能动的辩证法思想中,缺少把这种"能动性"理性化、逻辑化的一面;其二是牟宗三通过"自我坎陷",最终的结果不是回复到"大全整体"、作为哲学的绝对精神,而是道德、良知,而这只是黑格尔精神哲学的中间环节。

尽管如此,黑格尔哲学对牟宗三已经非常关键了。牟宗三所强调的"乾元""坤元""道体""性体""心体"的"创生原则"与"终成原则"合一或即存有即活动的特质,其相互之间的关系可如图2-1所示。①

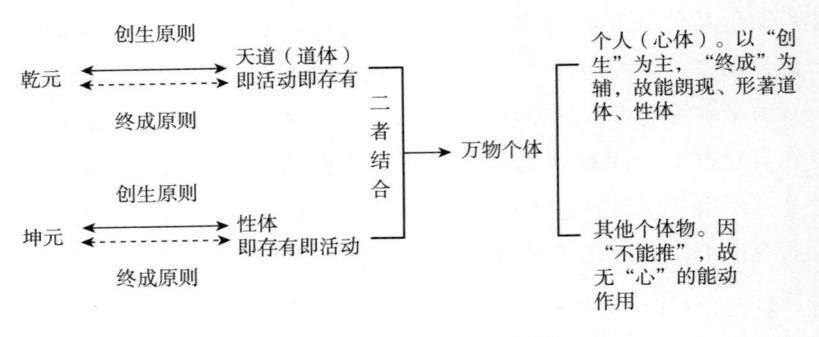

```
              创生原则      天道(道体)                     个人(心体)。以"创
   乾元   ←——————→   即活动即存有                       生"为主,"终成"为
              ‑ ‑ ‑ ‑ ‑ ‑ →                    二者        辅,故能朗现、形著道
              终成原则                           结         体、性体
                                                合    → 万物个体
              创生原则      性体                            其他个体物。因
   坤元   ←——————→   即存有即活动                        "不能推",故
              ‑ ‑ ‑ ‑ ‑ ‑ →                              无"心"的能动
              终成原则                                     作用
```

图 2-1　创生原则与终成原则之关系

注:虚线箭头与实线箭头表示侧重点的不同。

图2-1显示,牟宗三以"创生"和"终成"两原则来概括道体、性体与心体的内涵,这正好与黑格尔"理性"观念中"普

---

① "创生"与"终成"虽然也是作用,不过这是即本体即工夫、体用不二的根本大用,与朗现、形著、实现等表示这些即本体即工夫的概念间的相互关系之"用"根本不同。图2-1同时还表示了"道体"、"性体"、"心体"三个概念之间的细微差别。虽然牟宗三并未明确此种差别,但是,根据其对这些概念的具体指涉的说明,我们可以有根据地说:这些概念在"创生"与"终成"之间有不同的侧重。具体而言,道体与心体相类似,重在"创生"而"终成"稍逊;性体则反是,更强调"终成"、"限制"的一面。

第二章　天道性命：牟宗三政治哲学的超越之源

遍的规范性"与"个体自由的能动性与超越性"的相互缠绕相符。而正是在这个最核心的观念上的类似，我们可以认为，牟宗三的思想或许在其具体的环节上是借用康德来充实儒家哲学，因而带有浓厚的康德色彩，但是在其思想的方法论、整体和体系特色上，则更加接近黑格尔。儒家"道德的形上学"综合了康德和黑格尔的哲学，同时通过基于"哲学原型"的判教，超越了康德和黑格尔哲学。

在《现象与物自身》一书中，牟宗三这样说道："我现在这部书不是从下面说上去，乃是从上面说下来。"① 其实，不仅这部书是"从上面说下来"，而且整个牟宗三学说都可以说是"从上面说下来"。所谓"从下面说上去"，乃是指从"潜藏着精神"的石头②开始，通过不断的综合，最终达到现实的人的思想，乃至有体系的哲学的出现，这方面最具有代表性的是黑格尔。而"从上面说下来"，则是从最高的"道德"、良知等无所不包的整全中一步一步分析出其中所隐含的思想。③ 这其实也是康德道德哲学所用的方法。牟宗三哲学思想的方法，从根本上说，实是兼含了"从上面说下来"和"从下面说上去"两个方面。在《心体与性体》中，牟宗三的一段话为此做出了最好的说明：

> 如果实践理性充其极而达致"道德的形上学"之完成……，则这一个圆融的智慧义理本身是一个圆轮，亦是一个中心点，所谓"道枢"。说它是一个圆轮，是说在这轮子底圆转中，人若不能提得住，得其全，则转到某方面而停滞

---

① 《牟宗三先生全集 21·现象与物自身》，序第 6 页。
② 邓晓芒教授在《黑格尔辩证法讲演录》中讲到"否定与目的性"的时候，主张康德有"自然向人生成"的思想倾向，而黑格尔则强化了这种倾向，说就连僵硬冰冷的石头也会呼喊起来，把自己超升为精神。相关的论述，参见邓晓芒《黑格尔辩证法讲演录》，第 94—95 页。
③ 在这方面，牟宗三又是接近康德而远离黑格尔的。牟宗三和康德一样，把"道德"当作人类社会最高的目的；而黑格尔则不同，他把"哲学"当作精神哲学的最高峰。

了，向外开，亦都是可以的：上下、内外、正负，皆可开合。"道德的形上学"一旦完成，康德的那一层隔打通了，此就上帝说，虽超越而亦内在化了，人若顺内在化的落实，提不住而真落下来了，则多从人的负面性（如罪）与有限性着眼，而再把上帝推远一点，以保持其尊严，这也是可以的，这便是基督教的形态。这是上下的开，但不能凭这开来反对那实践理性充其极的合。复次，那圆轮子本不外于"外"，若转到外面而停滞了，见到外面亦有独立性，就由此而向外开，或开怀特海式的宇宙论，或开海德格尔式的存有论，皆无不可，但若执此而与那圆轮子为对立，则非是。怀特海式的宇宙论终必收摄于这以实践理性为中心的圆轮子内方能站得住。就海德格尔说，当"后天而奉天时"的时候，就是他的"存在伦理"。可是"后天而奉天时"原与"先天而天弗违"连在一起的。良知的当下决断亦就是他的"存在伦理"中之存在的决断，独一无二的决断，任何人不能替你作的决断。可是良知的当下决断原是本良知本体（即性体心体）而来，原是本"先天而天弗违"的道体性体而来，原不与康德所宣称的格言相冲突，乃是本体以成用。若执着"后天而奉天时"一义而与"先天而天弗违"为对立，执着存在的决断而忘其体，那便不对。此是内外的开合。复次，从正面践仁尽性到圆熟之境，一切都平平，一切都落实，人若在此平平落实处，只见到那形而下的器而胶着于事相上，则从负面来观察人生。多从空、无一面入，也是可以的：无却那相对事相的执着、人为造作的不自然，而超显那自然无为的境界，这便是道家；空却那事相缘起流转的自性而当体证空，这便是佛教。因为这负面的生命原也是那圆轮子所要化掉的。若执著于这负面入手之所证而与那圆轮子为对立，便不对。此是正负的开合。最后，在践仁尽性到圆熟平平之境，如罗近溪所谓"抬头举目浑全只是知体著见"（"知体"

即良知本体），人若在此提不住，见不到是"知体著见"，而只见到"抬头举目"之生理活动，如是，只去研究这生理活动本身也可以，这便是所谓科学，但若在此执持只有这生理活动是真实，并无你所说的良知本体，那便成了荒谬的唯物论。……以上是就圆轮说。说它是一个中心点，是说由此收摄一切，由此开发一切。①

---

① 牟宗三：《心体与性体》（上），第160—162页。

第三章　真实的主体：牟宗三政治哲学的人性之基

真实的主体，是牟宗三政治哲学的人性之基。通过探讨人性的整体构成和人的真实主体性，牟宗三为他的政治哲学思想的目的和内容、规模，奠定了坚实的人性基础。牟宗三强调，须把人当作"存在的生命个体"，要尊重此存在的生命个体的生活、价值和幸福。正因为须把人当作"存在的生命个体"和整体来尊重，所以，政治一方面须坚持"以德取天下"的"推荐－普选"的"公天下"理想，另一方面在"德治天下"中须谨守"让开散开，物各付物"的精神和"就个体而顺成"的原则。

牟宗三认为，人性整体由气化层、知性层和道德层三个方面构成。但他的人性论更为著名的则是"两层三我说"。他把人分为"真我"和"假我"两层，其中"假我"包括心理学的我（或人性之气化层）和逻辑的认知我（或人性的知性层），而"真我"就是道德的我（或人性的道德层）。与康德从"我思"之"我"出发把"我"析为"统觉我"、"感应我"、"内感我"，并将其视为同一个"我"的不同面相不同，牟宗三认为，构成人性的这三个要素之间并未形成一种多元对待或互动关系，而是存在着一种上下层级的隶属关系——道德的真我能对人性的其他层次进行调整和轨约。

第一节 人性的构成

通过前文对于作为"创造性与轨约性合一的创生之真几"的性体、心体的涵义的说明，我们对牟宗三政治哲学的超越之源，以及牟宗三对"性体与有价值的行动、道德界与存在界"如何合一做了简要的说明。后者就是他所谓"道德的形上学"。A. 麦金太尔在《追寻美德：道德理论研究》中曾这样说："每一种道德哲学都或隐或显地对行为者与其理由、动机、意向和行为的关系作出至少是部分的概念分析，而这种做法一般又预设这样一种要求：这些概念被具体化或至少能够被具体化在现实的社会世界中。"[1] 这也就意味着，牟宗三的"创生之真几"必在道德界和存在界[2]都有所表现：在道德界，它表现为个人道德实践的自我立法与道德创造[3]；在存在界，它是此"创生之真几"所生的乾坤万有，即那些以朝向道德目的而存在，并以此为其自性的万物，是在"心体之显发明通中"[4] 的存在，一方面表现为无往而不如理合道的物、事、个人行为，另一方面是道德领域中的概念在社会世界中的具体化，表现为对集团实践的作用，不过，这作用并不如对于个人的道德实践那样明显与直接，而是以"理性的

---

[1] 〔美〕A. 麦金太尔：《追寻美德：道德理论研究》，宋继杰译，译林出版社，2003，第 29 页。Alasdair MacIntyre, *After Virtue*, University of Norte Dame Press, 1981; *Western Classics*, *Ethics 7*, China Social Sciences Publishing House, 1999, p. 22。

[2] 此处的"存在界"当然包括自然界在内，但它更是指社会和历史领域。

[3] 于是，对个人道德实践中的自我立法和道德创造及其与行为的关系，做出概念分析，或如牟宗三所说，展示其超越的应用，就构成了道德哲学的部分。与之相应，这些概念在现实世界中的具体化就构成了牟宗三的文化历史哲学。如果以牟宗三的话来描述这些部分，则"道德的形上学"是"太极"，道德的超越应用是"人极"，文化历史领域中"理性的狡计"是"皇极"，此三者构成了牟宗三"实践哲学"的主体，是为"太极、人极、皇极三者并建"。

[4] 牟宗三：《现象与物自身》，第 101 页。

狡计"的方式,迂回曲折地实现的。

为着探讨"创生之真几"对于个人道德实践的立法作用,我们先要从"个人"或"人性"的复杂分际说起。

牟宗三对于"人性"是有其清楚的分际的。他认为,人性可以在不同的分际上说:首先有 Human Nature 和 Humanity 的不同,前者是人的自然本性,是"生之谓性"层面上的形而下意义的气性之性,此可视为"人性的气化层面";后者指的是人之为人者的"性"(性能),但这也有不同的意义,此即"人是知性的动物"和"人是道德的动物"的不同,以此种不同为据,人性又有"知性的层面"和"道德的层面"的不同。这就是牟宗三所区分的"生理/心理主体"、"思想主体"、"道德主体",其中,第一种是感性的经验的"我",是假我;而"思想"和"道德"的主体分别是逻辑的和道德的"我",是真我①。

上述这些说法,即他所谓的"两层三我"说。牟宗三的"两层三我"说,分别见于《智的直觉与中国哲学》《现象与物自身》《中西哲学之会通十四讲》等著作中。它们对"两层三我"说的具体论述虽有不同,思想却相当一致,可以视为的论。

一 人性的气化层

牟宗三关于人性的气化层面的理解,相应于其"两层三我"说中的心理学意义的虚构我、假我,亦可以说是气性(气化)的人性、人的自然(Human Nature)、人的气性才性等形构之理。在中国哲学中,此一层面的人性构成由告子、荀子、董仲舒,以及王充、刘劭等"生之谓性"的传统所反映和代表。其所论为自

---

① 这里的"我",指的是任何一个理性的存在者,而不仅是某个个体。且"逻辑的我"之作为"真我"也并不稳定,它只是相对于感性的、经验的我而为真,而对于"道德的我",它便是暂时的、因"识心之执"而有的"假我"。其具体而详细的分际,便是本节的主要内容。

然生命所绸缪生发的自然征象的"生之所以然"之性,"此种'所以然'是现象学的、描述的所以然,物理的、形而下的所以然,内在于自然自身的同质同层的所以然"①,是关于人的"形构之理",依此理可以形成或构成一自然生命的特征,是"当作自然生命看的个体之性"②。

这种意义的"性"或人性,在《智的直觉与中国哲学》的"'自我'之厘定"中,被表述为是"感触直觉所觉的我(现象的我)而为'本体'一范畴所厘定者,此则只是一个组构的假我"、"真我之经由感触直觉之所觉而为认知我所设立之范畴所控制而厘定的一个心理学意义的我"③,是那作为确定的存在的"我",当其为感触直觉的对象时所呈现的"逐境而迁(康德所谓心之自我感动)"④的心象(心理情态)。由这些"心象"贯穿起来所形成的,是一个构造的我(此与认知主体之为架构的我不同,详后)或组合的我。它不是"真我"自己,而是认知主体所设施的"本体"范畴来决定而成的一个作为知识对象的、现象的我⑤。

在《现象与物自身》中,牟宗三延续了这一思路,明确指出:"如果它可以为感触直觉所知,那只有它为外物所影响而起心象(波浪)时,它始能如此被直觉。但如此直觉的又只是它的心象串系,足以代表它,而不是它之为'认知我'之意义。此足以代表之的串系,如以概念决定之,便即是心理学意义的假我、

---

① 牟宗三:《心体与性体》(上),第77页。
② 牟宗三:《心体与性体》(上),第77页。
③ 牟宗三:《牟宗三先生全集20·智的直觉与中国哲学》,第216页。
④ 牟宗三:《智的直觉与中国哲学》,第233页。
⑤ 牟宗三在此进一步指出,这个"我"显然是佛家心理分析中的末那之执着,是一个虚构的我,其所谓"常"(意即这个"我"有一定的持续性、同一性)只是对于"识之等流"之妄执。参见牟宗三《智的直觉与中国哲学》,第234—235页。

虚构我。"① 亦即，这个意义的"我"其实并不是"真我"，而只是真我在受到外物的刺激或影响时所产生的反应（或心象，如水因风过所生的波浪）系列，被感触直觉所知，并由概念、范畴以确定下来。正是因其为"心象串系"（受外物的刺激而生），故曰"心理学意义的假我、虚构我"。它是康德所说的现象意义、对象意义的我。这个虚构的我，严格说来并无常住性，而总是在变化中的，它的自我同一性是由一串心象之连续不断（所谓"识之等流"）而被虚构出来的。

这种被虚构出来的"心理学意义的我"，包括"帽子底下的脑神经的我"（"生理机体的自我"、王阳明所谓"躯壳起念"的我，或唯识宗的前五识）和狭义的"心理学意义的我"（即佛教所欲破除的一切执着、烦恼之源的虚构的我）。② 它具体指涉由生理学、生物学和心理学研究的人性，如人的各种欲望，此由生理学所研究；人的趋利避害、传宗接代的生物本能，此由生物学研究；人的喜、怒、哀、惧、爱、恶、欲等情感，此由心理学研究。③ 它们构成了牟宗三所论"人性的气化层面"，或曰人的自然、人的"形构之理"。

二 人性的知性层

与"人性的气化层面"属于"两层三我"说中"心理学的""假我"相应，人性的知性层面则相当于"两层三我"说中的"认知我"、逻辑我、架构我，是作为认知主体或思维主体的人。在《智的直觉与中国哲学》中，牟宗三通过检讨康德论笛卡尔"我思故我在"的得失，阐发其关于"认知我（主体）"的思想。牟宗三指出，依康德，"我思"与"我在"是同一的，而不是由"我思"推出"我在"。不过，这里与"我思"同一的"我在"，

---

① 牟宗三：《现象与物自身》，第 161 页。
② 牟宗三：《中西哲学之会通十四讲》，第 104 页。
③ 牟宗三：《四因说讲演录》，上海古籍出版社，1998，第 12 页。

第三章　真实的主体：牟宗三政治哲学的人性之基　　163

只是思想上一个单纯的表象，因而，此所谓"在"既非现象的在，亦非物自身的在，而是一个"不决定的在"①。这个在"我思"或"统觉"处意识到的"不决定（或尚未被规定）"的"我"，康德名之曰"统觉底我"，它有一种特殊的规定（姿态），即形式的我、逻辑的我、架构的我。它尚不是"真我"②。这个"统觉底我"是由思想或统觉之使用概念，并由此概念而撑架成的一个"整一"的我。它作为思维主体，只表示一个单纯的"我在"，是一思想，而不是一直觉，亦即它只是由"纯知性之使用概念而架构成"的一个"纯形式的，逻辑的认知我"③，它不能由内部的感触直觉觉知，亦不能由智的直觉觉知。它认知地驾临而控制经验乃至经验对象，从而具有一种"认知的超越性"④，在预设主客之对立的同时，主动地设施范畴网以及对象化的活动，以显示其为"架构的"⑤。并且，由于这个"架构的我"乃是在"我思"或"统觉"处意识到的"不决定的存在"，因而它是一个"虚结"，而不是实物（无论形而上的或形而下的），既不可视为现象，也不可视为物自身。不过，从另一方面说，这个架构的我亦是由超越的真我所创生，因而也可以说是那真我的"示现"，

---

① 这里的"不决定"，其实际意思应为"不确定"或"未被规定"。下文所说"（不）决定的在（存在）"，其意均为"（不）确定的在（存在）"或"规定了的在（存在）"、"未被规定的在（存在）"。
② "真我"是"我思"之我（或形式的、逻辑的、架构的我）后面的一个底子，一个支持者。它们之间尚有一段距离，一种本质的而又可辩证地通而为一的差异。
③ 牟宗三：《智的直觉与中国哲学》，第 217 页。
④ "认知地超越"与"形而上地（存有论地）超越"有不同。前者是横列的、非创造的，它决定人的成就经验知识的知性的有限性；后者是纵贯的，意许其有创造性与无限性，正是人之所以有无限性者。此种区别，请参见牟宗三《智的直觉与中国哲学》，第 233 页。
⑤ 认知我（主体）之为"架构的"，是指它本身因着使用概念而把自己撑架成一个形式的我，而不是指以下两种涵义：作为一个结构、构造，或具有形构或组构的能力。参见牟宗三《现象与物自身》，第 128—129 页。从而与"心理学意义的我"之为构造的我相区别，后者作为构造的我，是指它乃是由杂多的心象串系组合而成。

示现为一虚结,为真我之一现相,"是真我之通异('异',联系下文,疑为'贯'之误——引者注)呈现或发展中之一现相"①,是一个因认知关系而必然被肯定的具有一定的自我同一性的"虚结",其存在具有不确定性,亦即不具有具体而真实的意义。②

在《智的直觉与中国哲学》中,牟宗三就已经指出,认知主体是由真我的"自我坎陷"(即曲折)而拧成的一个架构的我。到了《现象与物自身》那里,这个架构的我被名之曰"识心"、"认知我","是经由一执而成者;对知体明觉而言,吾人本亦说它是'能知的主体'意义的现象"。③ 只不过这一现象"是一无象可现而却有相的权说或喻说的现象(即前文所说的'现相'——引者注)",与那作为"心象串系"的心理学意义的我之为"现象"不同。我们对此认知我,可以辩证思辨地知之,即把它当作由知体明觉之自我坎陷而执着、停住自己,自持自己,所成的一种无内容、无杂多、无象可现(故为现相)的形式意义的纯一定常,只能由思而知之,不能因觉而知之,无论是感触直觉还是智的直觉。由于这个"形式意义的纯一定常"只能思知,故它只是一"单纯的'我在'",一"不决定(不确定或未被规定)的存在"、单纯的有,或者说,"只能思想地意识到它的有,而不能直觉地知其决定性的存在"。④

综而言之,此认知我本身并无独立性,而只是一个由真我或知体明觉所坎陷、曲折而成的暂时而不确定的"单纯的有",是一由使用概念而架构起的我,一旦放弃概念,不由逻辑而思,则它也不复存在。因而,在这个意义上,它也是一种"假我",逻

---

① 牟宗三:《智的直觉与中国哲学》,第233页。"现相",与感触直觉所觉的现象相区别,而为"不可感"者。
② 与之相对的是"超绝的真我"和"心理学意义的我",它们是"决定的(确定的或规定了的)存在"。
③ 牟宗三:《现象与物自身》,第160页。
④ 牟宗三:《现象与物自身》,第160页。

第三章 真实的主体：牟宗三政治哲学的人性之基

辑的假我①。这种单纯的有或逻辑的假我，既不是作为对象的现象，也不可视为物自身，因而既非感触直觉的对象，亦非智的直觉的对象，因此，我们只能由它的概念思考它，由综和作用而意识到它。牟宗三于此处承认康德就此说的"它只是一种'意识'，而不是'知识'"②。不过，他随之笔锋一转，说："可是如果我们说我思之我是一个认知我，一个'形式的有'，则就此形式的有而言，我们亦可以说原不是一种知识的'意识及'（即前文的'意识到'）之意识亦含有一种直觉的作用来直觉此'形式的有'，因为此'形式的有'毕竟是很清楚地呈现于我们的意识（觉识）中者。此种直觉的作用既不是感触的，亦不是智的；我们可以用'形式的直觉'（formal intuition）以名之。"③ 从而，这个认知我亦成为一种"形式的直觉"的对象，可由此形式的（或纯粹的、先验的）直觉来觉识之，觉识其为一空洞的、"形式的有"意义的形式主体。④

由于认知我是由超越的统觉所表象，故它亦有超越的意义。其超越性由其自发概念与根源的综合统一作用而规定。因为这种规定，且它是由知体明觉的自我坎陷而执着成，并于"我思"和"统觉"处意识到，故而它作为如其自性而不舍其自性的"思的

---

① 这个逻辑的假我，须与心理学意义的假我相区别。后者由心理学意义的自我意识、心理学意义的统觉或内部感觉、经验的统觉所表象；前者则由那"先于一切经验而且使经验自身为可能"的条件，即超越的统觉（主观地说）或范畴（客观地说）所表象。不过，此二者又是同一"识心"之不同面相，"如果自持自己而为逻辑的思，它就是认知我；如果它为外物所影响而拉成一串心象，则它就是心理学意义的虚构我"。参见牟宗三《现象与物自身》，第 166 页。
② 参见牟宗三《现象与物自身》，第 167 页。
③ 牟宗三：《现象与物自身》，第 167 页。
④ 实在说来，这并没有什么意义。因为即使没有此形式的直觉，我们亦能了解到作为认知主体的架构我之为一空洞的、形式的有。牟宗三指出，康德本人有"形式的直觉"一词，它是由纯粹直觉或先验直觉而转出，其功能原系就时空说，而牟却认为可将此词扩大，以为凡"形式的有"，如时空、数目、逻辑形式，皆可以形式的直觉说之。此种做法的合理性姑且不论，其是否有意义却可以存疑。

我"，其本质作用是"思"，是"执的思"，其本质、自性是"执"，所以，它能执持一种后来由罗素所提出的"外延性原则"和"原子性原则"，并自发地、直觉地提供范畴（特殊的、存有论的形式概念），综和现象，以其概念的、辨解（分辨、解析）的思考，成就关于杂多的现象的知识。

三 人性的道德层

人性的道德层面，或曰道德的我，是牟宗三眼中真正的"人性"所在。它是牟宗三"两层三我"说中的"真我"或"知体明觉"、作为本体或物自身视的真我，也是孟子"尽心知性知天"中"心性合一"之性，内在道德性之性，以及程明道的"一本论"中既描述说明亦且创造的实现之理。一句话，是人性中最本质的、决定的一面，是人之所以为人者。

牟宗三在其著作中，对于人性的这个层面着墨太多，甚至可以说，他的整个哲学就是在说明人性的这一层面的涵义与实现：就其涵义而言，为即存有即活动，是创造性与限制性的合一、"无执"与"执"的合一；就其实现而言，它既实现为人的心体性体或自由意志，以及知体明觉、智的直觉，而使人得以成为一道德的存在[①]，又实现为社会文化历史领域中的文化意识、历史

[①] 应该指出的是，虽然牟宗三认为人性是复杂的，且有许多分际，但他认为无论是心理学意义的我还是认知我都是"假我"，只有这个"道德我"才是真我，亦即只有道德的存在才代表了人的本真性。对此，我们即使依牟宗三，把"道德的"理解为"创造的"，也会发现这种观点的不恰当性。因为，牟宗三所理解的"创造"，是"无而能有"的创造，就宇宙论而言，是天（道）或上帝的创生；就人而言，是道德的创造、自由意志的自主自律自给法则，及依此法则而行的德行之纯亦不已。从而，人作为道德的存在，是一种能够进行"无而能有"的创造的存在，他所创造的是道德的法则、道德的存有，亦即作为道德的存在的人，其实际意义是他具有自由意志、能够自给道德法则。但是，这实际上只是"理想型"的人性，而事实上的"人性"却非如此。牟宗三的这一观点来自康德，却又与康德有很大的不同。在康德那里，人作为有限的理性存在者，既具有意志自由也有抉意的自由，既属于知性世界又属于感性世界，既是目的王国的立法者又服从目的王国中的法则。因而，人虽然最终会走向道德的存在，但他在走向道德的存在的（转下页注）

第三章 真实的主体：牟宗三政治哲学的人性之基

精神和客观的民主政体的制度建构。由此可见，这种意义的人性（性体）乃是贯穿其哲学、伦理学思想始终的主题，它淹没了牟宗三对人性气化层面与知性层面的论述①，这种"淹没"造成了牟宗三理论的重大失足。

我们可以从《中国哲学的特质》所论"具体而真实的我"开始②探讨牟宗三"人性的道德层面"。他说："具体而真实的我，是透过实践以完成人格所显现之'道德的自我'。此我是真正的我即我之真正主体。"③他又称之为"人之所以为人的内在主体"、真正主体、创造的真几，是作为道德创造实体之源的性体、心体，能发出智的直觉之光的知体明觉或自由无限心，或是作为

（接上页注①）途中，却要经常地与他的"非社会的"（语见康德《历史理性批判文集》，何兆武译，商务印书馆，1990，第6页）一面做斗争，人正是在与他的"非社会的"一面、与作为感性世界的存在的一面做斗争的过程中，通过"自己思考"、"站在每个旁人的地位上（通过交流）来思考"、"任何时候都和自身一致地思考"（参见康德《实用人类学》，邓晓芒译，上海人民出版社，2002，第130页），完成其为一道德的存在的。在这个意义上，我同意有的学者所持的"康德也是自我实现论者"的观点（参见弗兰克·梯利《伦理学导论》，何意译，广西师范大学出版社，2002，第133—135页）。牟宗三虽然认为他的"道德的形上学"是内圣之学、成德之教，且人的成圣、成德乃是一无限的过程，因而似乎也算是自我实现论的。但实际上，他的自我实现论是不彻底的自我实现论。因为他在一开始就把人预设为道德的存在，能自给道德法则并使其德行"纯亦不已"，而甚少反映人在与其"非社会的"一面做斗争的紧张中实现自己的过程。否则，我们为何看不到牟宗三笔下的"人"的斗争与挣扎？牟宗三本人是经历过这种斗争与挣扎的，但这并未让它们在其学术活动与学术著作中产生影响。此外，人所面临的生活世界的丰富多样性，也使得人仅以"道德的存在"为其"真我"太过单一。人类生活中非道德性的领域、无须做出道德决断的领域的广泛存在，使得我们必须正视作为"心理学意义的我"与"认知我"的人。

① 不过，这并不奇怪，因为人性中的这两个层面，都被他视为"假我"。
② 这里既不是牟宗三论述人性的道德层面的开始，也不是其结束。之所以从这里开始探讨牟宗三的"人性的道德层面"，乃是由于这个讲辞出现的时机很特殊。其时牟宗三已由对"新外王"问题的关注，转向对生发"新外王"的精神价值之源的中国文化的核心——儒家内圣之学成德之教——的关注，而《心体与性体》又尚未写成。故而，此处所论也算是其两个阶段的结合处。
③ 牟宗三：《中国哲学的特质》，第73页。

本体的物自身的自我。依牟宗三，此作为道德创造实体之源的性体、心体，或道德的真我、知体明觉、自由无限心，是即活动即存有者，是创造性与限制性、无执与执、无限与有限的合一，是能收敛、凝聚而有所成的创造性能力。当然，牟宗三也指出，我们对（人）性的深入了解，不能仅满足于"创造性"这个说法，"而应直接认为道德的善就在性中，或者说性就是道德的善本身"①。何以如此？其原因在于人的创造性除了"道德的创造性"（Moral Creativity）外，还有"生物学（上）的或自然生命的创造性"（Biological Creativity），后者的典型就是英雄和艺术天才的创造力，这种创造性根源于原始的自然生命。而这种根源于自然生命的创造性是盲目的且不能持久，因其执持的是"以气尽理"的道路，其中护持此创造性的是偶然性的气，而其"尽理"亦非必然，从而，一旦护持此创造性的原始的自然生命的"气"衰竭，其创造性亦不复存在；相反，道德的创造性，或人的真正自我、真实的人性的创造性，却是来自精神生命的创造性。由于人的精神生命是由理（性）护持的生命，或曰理性化的生命②，因而，由这种理性化的生命而来的创造性，因有理性的调护而获得了客观化，有了普遍必然的性质，能够"自觉地求实现"③，即将本有之心性本体实现于个人的生命上，从根上消化生命中的非理性与反理性的成分，使这种创造性成为真正能收敛、凝聚而普遍必然地有所成的创造性。"具体而真实的我"、道德性的人性，就是这

---

① 牟宗三：《中国哲学的特质》，第 62—63 页。
② 这里虽有原始的自然生命与精神生命的区分，却不能像陈迎年那样，说这两种生命是相互对立、非此即彼，一为能对治者一为所对治者（参见陈迎年《感应与心物——牟宗三哲学批判》，上海三联书店，2005，第 140—141 页），而只能说精神生命是理性化的、由"不容已之真几"所调护护持的自然生命，此即所谓"以理生气"。因而，不能说"自然生命"是邪恶的，而精神生命就高尚，因为牟宗三认为邪恶的不是自然生命本身，而是其陷于物欲、顺躯壳起念。自然生命并不邪恶，而是有其不足；精神生命就是以理性、以活泼生动的怵惕恻隐的仁心护持、安顿、润泽的自然生命。
③ 牟宗三：《中国哲学的特质》，第 75—76 页。

种"真正能收敛、凝聚而普遍必然地有所成的创造性"。

这种"真正能收敛、凝聚而普遍必然地有所成的创造性",即人的能发出智的直觉之光的知体明觉或自由无限心,作为最真实而决定性的人性,使得人"先天而天弗违,后天而奉天时",而"上下与天地同流",亦即由精神生命表现的具有道德的创造性的人性,超越地(transcendental)看或从德的方面看,天也不能违背他[1],因为,天也不过就是能创生与终成的客观力量;内在地或内指地(immanent)看,这个作为创造真几的"道德真我"也是一现实的存在,也要遵守天时,不能违背自然趋势;最终,"尊乾而法坤"(即尊崇那作为客观的创造性力量的"天",取法于那作为限制性、终成性、轨约性原则的"地"),完成儒家的道德的形上学。亦即,此创造性与限制性合一的"道德真我",同时也即天道、乾元等形上学的绝对实体,当其以创造性为主时,一方面成就道德、成就人之德行之"纯亦不已",一方面作为创生原理、生化原理,创生宇宙秩序,开存在界,此两方面结合,而为"本体界的存有论"或"无执的存有论";当其以限制性为主时,此"道德真我"或天道、乾元等形上学的绝对实体"自我坎陷",即自我否定、自我拘执,停住自己,而为"识心之执"(即前文所说的"心理学意义的我"和"认知我"),以其"执的思"的本质作用(或统觉的根源的综合统一作用),自发地、直觉地综合范畴与现象,成就数学、逻辑、科学知识,甚至民主政道的制度建构,服务于道德创造的全体大用,而为"现象界的存有论"或"执的存有论"。综而言之,无论哪种存有论,皆起自那创造性与限制性(无执与执、无限与有限)合一的道德真我或形上学的绝对实体。从而,这一形上学的绝对实体便成了

---

[1] 这正如康德在《道德形而上学奠基》中所说,那些仅其自身而无需依赖于任何外在关系的东西,即构成人的绝对价值、人的本质、人的尊严的东西,构成了无论是谁,甚至是最高的存在(即上帝),据以评判人的根据。参见 Immanuel Kant, *Groundwork of the Metaphysics of Morals*, translated by Mary J. Gregor, p. 88。

牟宗三"道德的形上学"的关键。

　　多数学者认为,"智的直觉"是牟宗三道德的形上学的关键。这是不错的,因为牟宗三认为"智的直觉"是我们"觉识"上述绝对实体的唯一正途。所谓"智的直觉",即"那唯一的本体无限心(即绝对实体——引者注)之自诚起明。此'明'既朗照并朗现物之在其自己,亦反照其自身而朗现其自身"①。依牟宗三,人的各种能力,无论是感触直觉、思维、想象力、统觉,还是判断力,都不能使人"知"此绝对实体,而只有"智的直觉"才能"觉"它。然则"智的直觉"何以能"觉"此绝对实体?依牟宗三,"直觉,就概念的思想说,它是具体化原则(principle of concretion);就事物之存在说,如果它是感触的直觉,则它是认知的呈现原则(principle of cognitive presentation)……如果它是智的直觉,则它是存有论的(创造的)实现原则(principle of ontological or creative actualization)"。② 亦即,"智的直觉"是针对事物(如绝对实体)的存在的创造的实现原则,它之"觉识"此实体,非是通过辨解的、概念的综合统一的方式,形成知识而觉识,而是"自身就能把它的对象的存在给予我们"③,它创造自己、实现自己,而觉识其自己。从而,作为"道德真我"的人,是在创造自己、实现自己的过程中,觉识自己的。换句话说,他以"智的直觉"觉识自己的过程,也就是在一定的范围内创造自己、实现自己的过程。在这个范围内,"你把你自己创造成什么,你就是什么"④。智的直觉是以"创造"此绝对实体的方式觉识此绝对实体。智的直觉正因其创造性而成为道德的形上学的"认识的"、"证成的"关键,而作为"道德真我"的"绝对实体"则是道德的形上学的存有论的关键。

---

① 牟宗三:《现象与物自身》,第47页。
② 牟宗三:《智的直觉与中国哲学》,第273页。
③ 牟宗三:《智的直觉与中国哲学》,第187页。
④ 牟宗三:《四因说讲演录》,第14页。

总之，人性的道德层面是把人的"能收敛、凝聚而普遍必然地有所成的创造性能力"当作人的真正本质。人的本真性即人的道德创造性，表明人是在不断地执持自己、停住自己，又否定自己、超越自己的过程中，成为一道德的存在的。①

上述所言，即牟宗三对于人性的三分。这与他对现象与物自身的区分，以及人的先验能力结构的批判性考察密切相联。总结其"两层三我"之说，"三我"的意义已如前所述，对应的是人性的三分结构；至于"两层"，其所指不明：既是现象与物自身，也是假我与真我、决定（确定）的存在与不决定（不确定）的存在等。这使得"两层"与"三我"的关系颇复杂。"两层"与"三我"的复杂关系如图 3-1 所示：

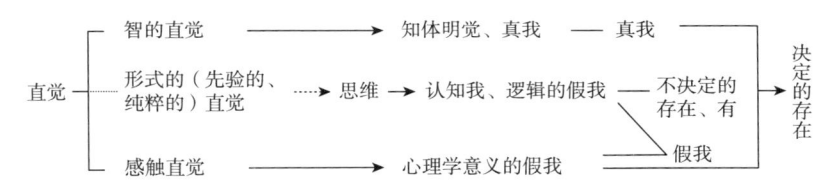

图 3-1 "两层"与"三我"的复杂关系

注：图中虚线表示两个概念之间只有松散的关系。

四 人性的整体构成

人性的气化层、知性层和道德层在人性的整体构成中各自有其恰当的地位，它们在人性以及人的实践、行动等"用"或表现的领域中，有着不同的作用与功能。

首先，人性的气化层或心理学意义的"假我"，是由感触直觉所觉的、由众多"心象"贯串起来的现象的"我"，因而，亦

---

① 遗憾的是，牟宗三对于否定自己、超越自己的方式，揭露不够，而且他的"否定"只是对创造性一面的限制，以执持其自己为"识心之执"，不认为"否定"本身即是创造之源，不认为对"识心之执"的超越也是否定。这是他不及黑格尔之处。

是一构造的或组合的我。根据康德"经验的实在论"的观点（此观点虽由康德提出，但亦为牟宗三所接受），这一经验中的现象的"我"，与一般经验一样，具有实在性。故而，其在政治哲学上，是应该要得到尊重与承认的。这就是"安全"、物质幸福和"心理分析学对心理纠结的解剖"等，在政治哲学中得到承认的原因。

其次，人性的知性层或认知我、统觉我，在实质上也是"假我"，因其是"不决定的存在或有"，在人性的结构中是暂时的、不稳定的构成。它是由"设施范畴以及先验综和而成的一个架构的我"。对它，我既不能视之为现象，亦不能视为物自身，从而，既不能以感触直觉"觉"它，复不能以"智的直觉"呈现它。它虽名曰"认知我"，是认识主体，但在实际上是"真我"根据需要，通过"坎陷""架构"或设定出来的。这个"我"，就是理性之架构表现所设定的中介或架构，由之可以有政治上自觉其独立性的"敌体"。

最后，人性的道德层或道德的真我，是如如呈现的"物自身"之"我"。它无我相，亦无任何相，却能成为"我"的真正的主体和真实的生命、真实的本体。其具体的内容，就是"仁"，就是真正起创造和轨约作用的根源的、创造的理性。

牟宗三认为，这三个层次的"我"是异层的异质物。而且，此三者之间并非多元并列的互动关系，而是一种隶属的关系，其中，道德的真我处于统御的地位，它会根据需要"坎陷"出架构的或构成的"我"，如认知主体、政治主体等，也会依据理性自身的原则对心理学意义的、气性之"我"，进行调整和轨约。牟宗三关于人性的整体构成的这种理解本身，如果可以借用林安梧的说法，那么，它实际上还是包含着某种"专制型"的色彩。我们认为，它远不如"人性的构成要素多元并列、各守其分、平等互动"这样的观点来得合理。

第二节　人性领域内的先验原理

前文所示，牟宗三关于人性的构成与他对人的心灵机能的先验能力结构的区分密切相关。在牟宗三看来，人的先验能力结构也是三分的：从直觉讲，有感触直觉、形式的直觉（也叫纯粹直觉、先验直觉）和智的直觉；从人的认知与活动能力讲，有感性能力、知性能力和知体明觉。① 由这种三分的人的先验能力结构，人可以知道或了解自己的"人性"的三个层面。甚至可以说，三分的人性实际上就分别对应人的三种先验能力。同样，人的三种

---

① 在某种意义上，牟宗三对人的心灵机能的先验能力结构的区分，来源于康德，却与康德有所区别。例如，康德讲"直观"（即牟宗三所说的"直觉"。牟宗三认为，德文 Anschauung 的意思是"直接看到""直接觉察到"，有人主张将其译为"直观"。但是，牟宗三指出，"观"字和"看"字的意思不一样，中国人讲"观"字，意思很多、很玄，很高，如《周易》讲"贞观"，道家讲"观照"，佛教讲"止观"，而德文 Anschauung 却没有这么"玄"的意思，所以他说"译作'直观'就不对了"。当然，邓晓芒认为，牟宗三以"直觉"翻译 Anschauung，是误读。参见邓晓芒《牟宗三对康德的误读举要（二）——关于智性直观》，氏著《康德哲学诸问题》，三联书店，2006，第303页；杨祖陶、邓晓芒《康德〈纯粹理性批判〉指要》，第66页。李明辉对邓晓芒关于牟宗三误读康德的观点有所回应，认为牟宗三的康德研究，是哲学家的而非专家式的研究，其中存在的所谓"误读"，乃是一种创造性的故意误读）是一种与对象处于直接关系中，并以一切思维为手段而作为它们的目的的知识；对象通过刺激作用于人的感官而直接呈现于人的感性的接受性之前，形成直观的知识。在某种意义上，由于康德对于对象是否可以直接由知性来直观未置可否，我们可以把感性与直观等量齐观，亦即康德最先承认的是人的感性（或经验性）直观；此外，也承认有一种纯粹直观（或形式的、先验的直观），作为先天地存在于我们心中以整理感觉的现象的形式方面；但是，康德始终没有承认人有知性直观（亦即牟宗三所说的"智的直觉"）。不仅如此，牟宗三所说的形式的直觉也与"形式的直观"不同。又如，康德把人的心灵机能的认知能力分为感性、知性（包括统觉、想象力、判断力等）和理性；而牟宗三虽然也承认感性和知性，却不大愿意承认"理性"。在他看来，理性没有"心"的活动义，只是虚悬的形式的理性，类似于他所批评、忌讳的"但理"，故而，此处以"知体明觉"说之。实则，牟宗三仍囿于西方前康德的传统，以为"理性"是"自然的推比计较的活动"（见《牟宗三先生全集22·圆善论》，第9页），并非康德的能够给出意志、具有纯粹自动性的"理性"。

先验能力所对应的对象也是三分的：未决定（或不确定、未被规定）的对象、决定（或确定、规定）了的对象（此二者合而为"现象"）以及物自身。因而，其哲学所系统陈述的"人性的全部领域内各种'先验原理'"① 也与此相应，分为理解的先验原理和实践的先验原理。其中，前者是通过人的感触直觉和形式的直觉，以时空及概念、范畴，综合来自感性的"未决定的对象"，使之成为"决定了的对象"，此"综合"的过程，使"理解的先验原理"充分展示；后者则是由人的知体明觉的自我活动（此即"智的直觉"）本身所具有的"逆觉"活动，使人震动而惊醒，从而自主自律、自决一无条件的行动之方向，亦即给出行动的法则，使人因其德行"纯亦不已"，而成为一道德的存在。

下面，克就此两方面分述之。

一　理解的先验原理

牟宗三关于理解的先验原理，是通过消化、理解、改造康德哲学而形成的。这些原理（或原则）的提出，经过了以下一些环节。

---

① 参见《牟宗三先生全集9·历史哲学·自序》，第20页。需要说明的是，牟宗三虽然告诫他的学生说，不要看他50岁前写的书（参见牟宗三《中国哲学十九讲》，上海古籍出版社，1997，第385页），而《历史哲学》正好属于这一系列。但是，我们也不应迷信牟宗三本人对自己的判断。实际上，牟宗三这句话中所谓"50岁前写的书"，严格说应该是"50岁前写的关于中国哲学方面的书"，而并未否定他关于认识心之批判与逻辑、政治、历史方面的理解。而且，在牟宗三看来，作为"常道"的儒家文化，在不同的历史时期，总是能创造性地完成自己的使命。而儒家的新的历史使命，就是"开出新外王"，成就科学与民主政道。因而我们不能只重视其后期的思想，而忽视他的"新外王三书"。实际上，他关于"开新外王"的思想，与他后期的哲学活动是一脉相承、密不可分的；而且也只有依其后期思想，才能彰显它们的真正意义。所谓"先验原理"，依邓晓芒译《纯粹理性批判》的术语，当该是"先天原理"，意思是由范畴与一般感性的关系所展示出来的知性运用的原理，它们不仅包含其他判断的原理于自身，而且在它们之上也没有更高且更普遍的知识为其根据。参见康德《纯粹理性批判》，邓晓芒译，人民出版社，2004，第145页。

1. 一心开二门：感触界与智思界的区分

所谓"一心开二门"，来自佛家《大乘起信论》，说一心可开真如门和生灭门。牟宗三以为："中西哲学都是一心开二门，此为共同的哲学架构（philosophical frame）。"① 他还指出，"真如门"相当于康德所谓"智思界"（noumena），"生灭门"相当于"感触界"（phenomena）。不过，一心开二门虽是共同的哲学架构，但中西哲学对待所开"二门"的态度却畸轻畸重，有所不同。就中国哲学而言，其对待智思界是积极的，亦即它比较看重智思界，并对之有很清楚的意识，且了解得很通透而能充分展示之，其具体方式则有赖"智"和实践；相对的，中国传统对于感触界则不大看重，并未着力或用心地了解它，也未能充分地将其展示出来。

然而，由于牟宗三视哲学为"人性全部领域内各种'先验原理'"的系统陈述，所以，就中国传统看，其为哲学是不完备的。因为中国哲学在对 noumena 积极而对 phenomena 消极②的背景下，所系统地陈述的只是人性中关于实践的先验原理，没能积极地展示关于理解的先验原理。为着完成哲学，就必须积极地正视感触界，充分地展示感触界。

牟宗三依康德，从时间、空间和现象三端开始讲感触界。

先从现象说起。牟宗三所说的"现象"，首先是感觉的质料（与料），它是在遭遇感性主体而为感触直觉所直觉时，才成为"现象"的，故曰："现象是某种东西现于我们的眼前（appear to us），现到我这里来，它就是现象；……现象是为感性所挑起所

---

① 牟宗三：《中西哲学之会通十四讲》，第 85 页。
② 说中国传统对 phenomena 消极，并不是说中国哲人不谈论"生灭门"。牟宗三指出，中国哲人也知道并讨论"生灭门"。不过，他们讨论生灭门、感触界，乃是从道德意识的立场来讨论，而不是从成就知识一面来说。因此，说中国传统对感触界消极，是从其不成就理论科学知识的一面来讲。

皱起的,此可以'吹皱一池春水'来比喻。"① 其次,当感觉的质料与感性主体发生关系而为感性主体所皱起并在时间空间之条件下呈现时,也是现象。其实,严格说来,一物若仅与感性主体发生关系而为感性所皱起,尚不是现象,而必须加上时间、空间这两个条件才成为现象,否则,感性所得只是混乱;加上了时间、空间的条件之后的感觉与料,才真正成了现象。这表示牟宗三最初的"现象是感觉的质料(与料)"的说法是不恰当的;时间、空间作为纯粹的直观形式,是感觉的质料得以成为现象的关键②:一开始,感觉的质料在感性主体中的表象,还是主观的、混乱的,因而还不能构成客观知识的基础;经过时间、空间的"整理",主观的表象有了"初步的客观化",成为"未决定的对象"(undetermined object),亦即此时的现象尚是具体而特殊的形象,其所具有的普遍性的内容,如量、质、关系等方面的内容,均尚未呈现给我们,故而是"未决定的";随后,范畴经由形上的推述(推证)以确定其先验性,又经由超越的推述(推证)以确保其整理初步客观化的现象的合法性之后,去综合、整理那初步客观化的现象,从而使"未决定的对象"成为"决定了的对象"。

总结牟宗三上述说法,我们可以了解到他关于"现象",其

---

① 牟宗三:《中西哲学之会通十四讲》,第103页。
② 康德对于时间、空间之具有先验性,从而成为一条使其他先天综合知识的可能性被人理解的原则,所做的说明,分别被称为"形而上学的阐明"(牟宗三所谓的"形上学解析")和"先验的阐明"。前者旨在说明时空形式的先验性,后者则在于证明时空形式是使其他先天综合知识之可能性被人理解的原则。后文将要说到的范畴的"形而上学演绎"(牟宗三谓之"形上的推述或推证")和"先验演绎"(牟宗三谓之"超越的推述或推证"),仿此。关于"演绎"(或推述、推证),康德指出其来源于法学术语,是法学中关于诉讼的某一主张所涉及权利的一面(另一面是"事实")以及对此权利的证明,"即应阐明权限或合法要求的证明"。参见康德《纯粹理性批判》,邓晓芒译,第79(B116)页。而杨祖陶、邓晓芒等则从哲学上说明"演绎"的涵义:陈述一事物的理论根据并将该事物合理地推导出来。参见杨祖陶、邓晓芒《康德〈纯粹理性批判〉指要》,第128页。

实说了三层意思：(1) 感觉的质料（或与料），是感触直觉的对象，尚未经时间空间的整理，其具体性状并不确定。严格说来，它还不是"现象"。(2) 未决定的对象，是经过时间空间初步客观化了的"感觉的质料"，虽有具体而特殊的形象，然其所具有的普遍性的内容尚未呈现出来。它虽是现象，却还是"未决定"（或不确定）的。(3) 决定了的对象，是"未决定的对象"再进一步接受范畴的综合统一作用后所得到的，其所包括量、质和关系等方面的普遍性内容均已呈现的"决定了的对象"。它才是严格意义上的"现象"，可以被"识心之执"所把握。以此，牟宗三为其提出理解的先验原理提供了对象基础。

至于"智思界"，又曰"本体界"或物自身。牟宗三认为，物自身是一个"价值意味"的概念，而不是事实概念。牟宗三指出，康德并未明确说物自身是一个价值意味的概念，而反说物自身是与事实问题不分的。牟宗三则通过明确地主张"'物之在其自己'之概念是一个有价值意味的概念，不是一个事实之概念；它亦就是物之本来面目，物之实相"，① 而把自己同康德区别开来了。牟宗三的这句话，实质上是他对于康德的创造性的"故意误读"。他认为康德所说的有限理智完全不能认识的"物自身"只是个预设，它是现到我这里来的"现象"背后的支持点，不过，它不是以物自身的身份"现到我这里"，"现到我这里"的只是现象。牟宗三指出，这个现象背后的支持点不是贝克莱的"物质"（matter），因为这个"物质"并不能与任何心觉（无论有限的或无限的）发生关系而为一具体而现实的存在，所以便只是一个抽象物，是可以去掉的。而物自身不是抽象物，它只是不能现到我的感性主体上来而已；物自身也不是指一物之"事实上的原样"，因为若如此，则它就是一个事实概念，从而，我们对它的认识虽然总是歪曲了一点，但总是可以追求接近它。但事实上，我们作

---

① 牟宗三：《现象与物自身》，第8页。

为有限理智,对它的"不能认识"不是程度上的"不能",而是实质上的、超越的"不能"。

既然物自身既不是抽象的"物质",也不是"所知的对象的'事实上的原样'",就只能是事物的"本来面目"(禅家之说),是物之在其自己。这是一个高度价值意味的概念,而不是一个事实概念。

牟宗三上述对"物自身"的界说,仍然很抽象与空洞。如果不具体地说明,恐怕人们还是不能理解这个高度价值意味的概念,到底所指为何。

其实,如果我们对牟宗三的思想做整全的通盘考察,就会发现,理解牟宗三的"物自身"的具体内涵,并不是一件十分困难的事情。事实上,那作为事物的"本来面目",而不是"事实上的原样"的物之在其自己,只是一些应然的事、物、行为,普通人从这些事、物、行为固然只看得到其作为"现象"的意义,但是,具有"无限智心"的人却能从中"直觉"到它们的"本来面目"——以朝向道德的目的为其自性的存在物。所谓"担水砍柴无非妙道"、"抬头举目浑全只是知体著见,启口容声纤悉尽是知体发挥",就是"物自身"或物之在其自己。换句话说,现象(或感触界)与物自身(或智思界)的区分,并不是对不同的对象的客观的区分,而是对同一对象的主观的区分。亦即,同一对象(如物、事、行为),对有限心而言,是现象(感取物);对无限心而言,是物自身(智思物)。这就是感触界与智思界的超越区分。

以这种区分为基础,牟宗三进一步指出,如果要积极地正视感触界、充分地展示感触界,我们应该从知性的逻辑性格与存有论性格开始,揭示形成关于感触界的知识的先验的条件。

2. 知性的逻辑性格与存有论性格

在有关感触界知识的形成中,范畴的形上推述(邓译《纯粹理性批判》作"形而上学演绎")和超越推述(邓译《纯粹理性批判》作"先验演绎")是非常关键的两步。牟宗三正是在此强调了"知性的逻辑性格"(或涉指格,reference-scheme)与"知性的存有论性格"的区别。在《智的直觉与中国哲学》中,牟宗三首先承认,他在《认识心之批判》一书中以经过先验主义解释的近代逻辑学与数学的成就和具有自发性的知性所自具的纯逻辑概念(以指代知性),来取代康德的范畴论的做法,是不当的。他说:"我现在对于康德的范畴论这方面稍为谦虚一点。我承认知性的涉指格可分两层论。一是逻辑的涉指格,此即吾前书(即《认识心之批判》——引者注)之所论;另一是存有论的涉指格,此即康德之所论。"① 所谓"知性的逻辑涉指格",即知性之认知活动所必凭借以成其为认知活动的、只有逻辑意义的虚架子,这个"虚架子"亦可顺"因故格度"而设立范畴,不过,这里的范畴不同于柏拉图、亚里士多德以及康德等人的范畴,因为它不可以列举、没有存有论意义,也不可以通过"超越的决定"明其先验性,而只是在认知活动中有"超越的运用",以成就认知活动;"知性的存有论涉指格"则是康德所谓的范畴,其意即说康德从逻辑判断中发现的范畴有存有论方面的意义,能涉指现象的存在。牟宗三说明这个观点,一方面指责康德关于范畴的"形上的推述"比较(时空的形上学解析)不严谨,并貌似公允地推测这种不严谨的缘由:一方面,客观受当时的逻辑所限,主观是欲将这种阐明通过"超越的推述"详细表出;另一方面,"依据一原则,从主谓判断跳跃地发现了一个存有论意义的形式概念"②,即本体-属性范畴。从而,他可以依据一原则,从逻辑判断表跳跃地发现一个有存有论意义(即能涉指现象的存在)的形式概念(表)与之一一对应。至于这个"原则"是什么,如何"跳跃地

---

① 牟宗三:《智的直觉与中国哲学·序》,第3页。
② 牟宗三:《智的直觉与中国哲学》,第9页。其他范畴仿此。

发现",牟宗三未有交代,我们亦不清楚。[1] 因此,我们只能"跳跃地"猜测,牟宗三并未能真正解决康德关于范畴的形而上学演绎存在的问题,他以"现象的存在"来规定范畴,而非以范畴来规定、整理感性直观,以形成现象(法定象)。从而,所谓范畴的存有论性格,实际上是一种"倒果为因"的做法。因为,在康德那里,范畴其实是对形式逻辑的判断形式和心理学(功能)的综合[2],是通过对形式逻辑的判断形式的反思而见到的人的先验的认识结构;而不是从现象的存在发现范畴。相反,现象的存在倒是要通过范畴,才能成为"决定了的存在"而被人认识。因此,知性(范畴)的存有论涉指格通过现象的存在发现范畴,实际上是说,通过范畴与感性直观的综合发现范畴。这种做法显然是一种"套套逻辑"(tautology)式的同义反复。

牟宗三还在后来的《中西哲学之会通十四讲》中提到了"知性的逻辑性格与存有论性格"。此处的讲法比较简略,只是说"由此等逻辑字,通过一超越的原则,可以引申出知性中的先验概念,康德称之为范畴,也即纯粹概念(pure concept)"。[3] 但是,他对于这个"超越的原则"以及如何引申都没有说清。故而,"知性的存有论性格"始终是一笔糊涂账。

在说明"范畴"是具有存有论意义的纯粹概念或先验概念之后,牟宗三指出,由范畴可以决定或整理感性直观以成"定相",即前文所说的"决定了的对象"、有"普遍性的内容"的

---

[1] 王兴国在其《牟宗三哲学思想研究——从逻辑思辨到哲学架构》(人民出版社,2007)中指出,这一能"从主谓判断跳跃地发现""存有论意义的形式概念"的原则,就是康德的"经验可能的条件同时也是经验对象可能的条件"。虽然以此为"知性的存有论涉指格"的原则有其合理性,不过,王兴国也未给出他如此处理的根据。

[2] 参见李泽厚《批判哲学的批判——康德述评》,人民出版社,1984,第125页。

[3] 牟宗三:《中西哲学之会通十四讲》,第140页。

现象①，而这种关于"现象"的普遍性的内容，就构成了理解的先验原理。

3. 理解的先验原理

牟宗三把关于对象的"普遍性内容"，或"普遍的性相"（universal characteristics），包括"量（quantity）方面，质（quality）方面，关系（relation）方面"的特征，叫作理解的先验原理（或曰纯粹知性的先验原则）。理解的先验原理就是"依概念而来的种种定相"，如广度量、强度量、关系量等，以及其所反映的数学原理和力学原理。范畴必须依这些原理才能应用于经验，从而使知性如何结合、驾驭、处理感性以构成认识的问题得到了具体的表达。

这些先验原理包括作为广度量（即前文所说"量方面"的特征）的直觉底公理、作为强度量（即"质方面"的特征）的知觉底预测、作为关系量的经验底类推和作为程态（亦即模态）范畴规范的"经验思想一般底设准"。具体而言：

1. "直觉底公理"可表述为"一切直觉皆是广度量"。

2. "知觉底预测"可表述为"在一切现象中，那作为感觉之对象的真实者皆有一强度量，即皆有一等级量"。

上述"直觉底公理"和"知觉底预测"构成了量范畴、质范畴对于对象的构造原理。

3. "经验底类推"的表述比较复杂，因为它涉及因果相、共在相和常住相三个方面的特征，所以，它有四个表

---

① 除了通过知性的存有论性格，来讲范畴的形上的推述，即确定范畴的先验性之外，牟宗三还讲到了范畴之能客观有效地应用于现象的"超越的推述"。牟宗三在此通过"统觉的综合统一作用"，包括"直觉的统摄"、"想象力的综合"和"知性的统思"（即所谓"三层综合"），来完成此"推述（证）"。这一说法当然非常重要。但其目的在于以"经验可能性之条件即是经验对象可能性之条件"，来说明"知识如何可能客观化"的问题，与此处所论关系不大，故不赘述。

达——

　　类推底总原则："经验只有通过知觉底自然连系之表象才是可能的。"

　　第一类推：本体底常住性（持久性）之原则："在现象底一切变化中，本体是常住不变者，其在自然中的实量是既不增亦不减。"

　　第二类推：依照因果性法则而来的"时间中相续"之原则："一切变化是依顺原因与结果底连系之法则而发生。"

　　第三类推：依照交互或交感互通之法则而来的"共在之原则"："一切本体物，只要它们能被觉知为在空间中共在，它们即一是皆在通贯一切的交互中。"

这些原则（或原理），依据关系范畴而来，是关系范畴对对象的组构。

经验思想一般底设准，有三个表达：

　　那与经验底形式条件相契合者，即是说，与直觉底条件以及概念之条件相契合者，便是"可能的"。

　　那与经验底材质条件相结缚于一起者，即是说，与感觉相结合于一起者，便是"现实的"。

　　那在其与"现实的"相连系中而依照经验底普遍条件而被决定者，便是"必然的"（即当作必然的而存在）。①

这些原则依据程态（模态）范畴而来，是范畴对对象的调节、范导、轨约。

总之，通过"理解的先验原理"，牟宗三依据康德，明确了知性（主体）先验综和地判断对象、统思对象，以成就逻辑、数

---

① 以上关于理解的先验原理的具体表述，参见牟宗三《现象与物自身》，第287—289页。

学、科学知识所依据的原则。不过，康德所说的这些先验原理虽然与先验综和判断的内容相同，却不是先验综和判断本身，而是先验综和判断据以成为判断的原理，且它是在已有数学与自然科学中的先验综和判断之后，通过概念分析和原理分析来说明其可能性的。这种说明并未增加什么新的内容，而只是一种批判的工作。牟宗三也许认为，虽然康德是在承认已有的自然科学成就的基础上，在总结"数学和科学知识何以可能"的过程中提出这些"先验原理"的，但是，康德这种做法的背后隐含了一个预设，即认知主体与认识对象的分别。① 他因此认为，就中国传统而言，成就逻辑、数学与科学知识，固然得依据这些原则，但是，其关键却在"知性主体"的"开出"。这其中固然有牟宗三自己的理解与感受，也算是一家之言；但是，考虑到中国古代也有自己的科学技术（主要是技术）成就，则牟宗三的说法是值得商榷的。实际上，中国古代的科学技术没能走向近代化，其关键倒不在有无知性主体，而在于它只有定性分析而无定量分析，只是靠斟酌、体验，没有能够进一步达到"量化"。因而，牟宗三通过"知体明觉的自我坎陷"开出知性主体，以解决中国的现代化（的材质条件）的思路，看来是走错了方向。

二 实践的先验原理

牟宗三由"一心开二门"解说中西哲学的共同架构，而以中西传统分别对"二门"（或两界）的态度显示两种传统的不同。其中，牟宗三对中国传统所述较多，认为中国传统对"真如门"（或智思界）态度积极，而以其不从认识论的立场看"生灭门"（或感触界）故未能成就科学知识，说明对"生灭门"的消极。

---

① 在西方传统中，这一预设是毋须明确交待的，因为主客二分是其长久以来的"共识"。但是，对于中国传统而言，却必须旗帜鲜明地区别认识主体与对象。因为，笼统的"天人合一"观念一直是统治中国思想界的预设，这对于中国思想的现代转化是有阻碍的。为了使中国传统有一现代的转化，必须区分在什么情况下必须区分"天"、"人"；在什么层面上，可以有"天人合一"。

关乎后者，前文已有申述。此处则从前者立言，解释其在何种意义上，说中国传统看重智思界（真如门），并对之有明确的意识且着力去了解和充分展示之。

牟宗三极力批评康德，说他未能稳住"现象与物自身（或生灭门与真如门）的超越区分"。牟宗三这一批评是否成立，姑且不论。① 但其努力和所欲达致的目标，却是令人赞赏的。就牟宗三欲借"稳定现象与物自身的超越区分"来达致的目的，笔者以为，他首先是想说明探讨"理解的先验原理"与"实践的先验原理"，以及相应的，了解与展示"感触界"（又曰"生灭门""现象界"）和"智思界"（或曰"真如门""本体界"）的方式，应该有所不同，甚至可以说，应该循着相反的途径来进行。②

我们知道，牟宗三探讨"理解的先验原理"，是从现象、时间、空间入手，"从下面说上去"，以时间、空间整理感觉的质料以作为现象，又以概念、范畴来综和现象，形成先验综和的知识；与此相对，对"实践的先验原理"的探讨，则不能"从下面说上去"，亦即不能"从对象方面"去决定善或是不善，不能以善（good）为首出的概念，而必须先讲决定善恶的标准——道德法则（或道德的原理），再从道德法则分析到意志的自由、自律以及德行。简言之，前者走的是综合的道路，后者则取"分析"的方法。

从表面看，牟宗三的这一方法与康德对"道德"的探讨十分

---

① 卢雪崑教授作为牟门高弟，曾撰写长文，指出牟先生对康德的这一批评是不成立的。她在2005年9月提交给武汉大学"第七届当代新儒学国际学术会议"的《康德哲学与儒家哲学会通之问题》一文中指出，牟先生因其以"随文评说"的会通中西哲学的研究方式，而非遵循批判哲学的思路去通贯整全地看康德哲学的体系，故而产生了许多的不相应。牟宗三对康德的这一批评成立与否，此文可备一说。参见载于未公开出版的《第七届当代新儒学国际学术会议论文集》的卢先生文章。

② 当然，"现象与物自身的超越区分"的目的并不止这点。此处之所以这样说，确实是为了引出下文探讨"实践的先验原理"的方式。至于"现象与物自身的超越区分"的其他目的，本文将在后面分别谈到，此处不再赘述。

类似，实际上，他们所走的道路却有着极大的不同。康德其实是从彻底、纯粹善良的意志，以及这意志所在的"义务"概念出发，通过剔除"义务"概念中包含的"某些主观的限制和障碍"，形成了一个对法则的表象——行动的普遍的合法则性，或主观准则合乎客观法则——以作为普通理性的道德知识。康德指出，这种"普通理性的道德知识"是即使最普通的、没有任何超人的机敏的凡人，都能具备的。只不过它容易在其未经批判的运用中，产生"自然辩证论"，亦即人们的愿望、爱好等偏好，会与义务的严格法则相抵抗，而导致人们对法则的有效性的质疑，并取消道德的尊严。为了克服这种"自然辩证论"，产生了对道德形而上学的需要。在道德形而上学（依牟宗三，为"道德之形而上的解析"）中，康德区分了物与人、人与神①：物没有意志，人与神才有意志，因而才能按照对规律（或法则）的表象（此即原则）去行动；不过，对神而言，其原则本身即是与法则同一，其主观必然的行动，同时也即是客观必然的；对人而言，其原则或能合乎法则，或不能合乎法则，亦即其主观必然的行动未必就是客观必然的，因而，才有"强制"或"命令"的必要。康德正是从此开始探讨"定言命令"并引出道德法则的。需要指出的是，康德在此所做的物与人、人与神的区分，一方面固然是为了凸显道德的纯粹性、先验性与严格性，为了把道德与感性的幸福、道德情感以及理性的完善性、上帝的意志等区别开来（此即牟宗三所说的"截断众流"），但是，另一方面更是为了使其道德学说能够有一种"真正的大众化"——经过道德形而上学和实践理性批判之

---

① 其中，人与神的区分是隐蔽的或隐晦的。康德在此只是区分了意志通过其与实践理性的不同关系而来的客观必然性和主观必然性。但是，我们实际上可以把这种区分看作人与神的区分。由此，人的意志的准则才有是否完全合乎理性规定的问题，因而才有"主观的必然性"和"客观的必然性"的问题，亦即"强制"或"命令"等问题。而在"神"那里，理性单凭自己就能规定意志，因而，其主观的必然性，也就是客观的必然性。正是在这个意义上，我们可以认为康德在此也讲了人与神的区别。

后的大众化①,这是一种区别于一开始就想满足大众的大众化。因而,康德只是为了理论的需要,才权且做了这种区分②,而并不是要把这种"区分"当作贯穿始终的"预设"。质言之,在某种意义上,康德并没有否认人在某方面可能是无限的。

牟宗三则不同,他从一开始就预设了"人虽有限而可无限","人可以有智的直觉","人能够有自发自愿且'纯亦不已'的德行,而勿需义务、命令式、强制","人的意志自由不是设准而是呈现",以及"知体(明觉、或良知)是绝对实体、可同时开道德界和存在界",等等立场。以此建立其道德的(或实践的)形上学,说明其"无执的存有论"。

1. 人虽有限而可无限

"人虽有限而可无限"是牟宗三一个很著名的论断。这一论断一方面是与基督教"有限是有限,无限是无限"的截然对立,而更直接的则是针对海德格尔在《康德与形上学底问题》(即所谓《康德书》)中,以康德的"我能够知道什么"、"我应做什么"和"我可希望什么"等问题所凸显的"人的有限性",而提出来的。康德或海德格尔提出此三个问题以凸显人的有限性,是否就意味着他们不承认人可以有"无限"的一面,这其实是一个不确定的问题。他们对于"人是否有无限的一面"持的是存疑的态度,因为,在他们看来,这个问题本身对于我们人的本性而言,是无法知道的。牟宗三却明确地或独断地指出,他们持"有限是有限,无限是无限"的立场,亦即只承认人的有限性而否认人有无限性一面的可能。以这种"独断"的立场为理解背景,牟宗三批评了他认为的海德格尔(同时还有康德)"人是决定的有限"的观点。并从"若吾人能展露智的直觉"的前提(预设)

---

① 事实上,任何一位道德哲学家都不希望自己的学说仅停留于书斋而无任何实践的价值,康德亦不例外。他实际上还是希望其道德哲学有其实践的可能性的,亦即希望其中的道德法则能够指导人们的行动。

② 此即前文所说的"物与人、人与神"的区分,某种意义上,也是现象与物自身的区分。

出发，指出"人可知本体与物自身"；从"若吾人能展露一超越的本心，一自由的无限心"出发，指出人既有限又无限，"有限不碍无限，有限即融化于无限中；无限不碍有限，无限即通彻于有限中"；从"依一自由心之顿现而圆顿地朗现"或"圆教"，而说人虽有限而亦可希望绝对，希望圆善（即德性与幸福之圆满的和谐一致，甚至，人"即是一无限的存在"）。① 牟宗三进而说，人虽有限而可无限，甚至"即是一无限的存在"，亦即，作为"一无限的存在"甚至"是人之最内在的本质"。②

要之，牟宗三提出"人虽有限而可无限"的论断，须以"人能展露智的直觉"、"人能展露一超越的本心，一自由无限心"，以及所谓"圆教"等预设为前提③，并以此前提进一步（忘记或忽视"人的有限性"一面而）直接地把人视为"一无限的存在"，这是需要注意的。

2. 人可以有智的直觉

前面论述"人虽有限而可无限"时，就已经提到了牟宗三把"人能展露智的直觉"当成了一个预设。为了证明"人虽有限而可无限"，牟宗三需要证明"人可以有智的直觉"。

本书已经多次提到牟宗三对"智的直觉"的诸多说法。通过回顾这些说法，我们可以了解到，牟宗三"智的直觉"虽然来自康德的智性直观之说，但两者的具体涵意却甚为不同。依卢雪昆教授，智性直观在康德的体系中，系指"感性与知性两种能力合一不分，因而也再没有现实性与可能性之分。若人的直观是理智的，那就意味（着）不必以时空之形式而能接受外在客体，即人

---

① 参见牟宗三《现象与物自身》，第27—29页。牟宗三正是在此出现了一大步跳跃，从"可以""可希望"，跳到了"即是"。这大概是牟宗三喜言"辩证"、"诡谲相即"的原因。实则"辩证"不当作如此用。因为，辩证的过程，并不是一个神秘的、不可思议、不可言说的过程，而是一个相反相成的、可以思议、可以言说的过程。

② 牟宗三：《现象与物自身》，第29页。

③ 牟宗三并未打算检讨此前提，因为他直接就视之为一事实，一"呈现"。

能凭理智的直观就可以认识上帝、灵魂不灭以及积极地考量之自由，乃至其他超感触的东西；批判之考量成为不必要，并且也无从提出转至实践领域去以自由意志为拱心石而建立关于超感触界之认识"。① 亦即智性直观是一种不需借助时空形式和范畴即能对本体（或物自身、智思物、超感触的东西等）形成表象和知识的能力，依此能力，客体的存在不再有现实性与可能性的分别，凡是能思的，都会被直观而成为现实的。若人的直观是理智的，也就不会再有现象与物自身、理解与实践的区分的必要，并使"批判哲学"为不可能。因而，康德之否定"人可以有智性直观"，正是批判哲学的重要贡献，是康德稳定现象与物自身的区分、批判旧有形而上学中唯理论者种种虚幻的制造之关键。而牟宗三的"智的直觉"，其意谓或是对治道家的"有为"、佛家的"识执"以超脱感性欲念与自然因果的束缚、破除感性与知性的限制而显的一种非推理的直接的纯思活动；或是由儒家的良知明觉而来的本心的道德创造活动的自动性、自发性和创造性，尤其是就道德创造而言的具体性、直接性与创造性。两者的涵意是不同的。

卢雪昆教授的上述理解，非常启人深思。但是，有几点需要指出：其一，在康德那里，不承认人有智性直观，固然是康德区分现象与物自身的关键，但从根本上讲，现象与物自身的区分在康德那里并不具有终极的、决定性的意义，而只是某种权宜。人虽然既是感性世界的存在，又是知性世界的存有，但根据康德所谓"经验的实在性"，人首先还是感性世界的存在，而"知性世界"毕竟只是理性为着把自己置于现象之外且思考其为实践（自由）的，而采取的一个立场，我们并不能对之形成对象化的知识。其二，卢教授对于"智性直观"之涵意的解说也有些含混不清。比较而言，倪梁康教授的解释就更清楚些。在其《康德"智性直观"概念的基本含义》一文中，倪梁康分析得出了"智性直

---

① 卢雪昆：《康德哲学与儒家哲学会通之问题》，《第七届当代新儒学国际学术会议论文集》。

观"的三个基本因素,即在外直观方面的对诸如"世界"、"物自身"等非对象的客体本体的"形而上的直观",在内直观方面的对诸如"自我"、"自由意志"等非对象的主体本体的"心而上的直观",以及在本原直观意义上的创造性直观或创造性的想象力(可简要地诠释为"创造的直观")。① 倪梁康教授还指出,牟宗三所说的"智的直觉"其实相当于上述"本原直观"或"创造的直观",不过不是创造性的想象力。其三,她对于牟宗三"智的直觉"的解释过于追求全面,以致重点并不突出。实际上,牟宗三"智的直觉"固然是因对治道家的"有为"、佛家的"识执"而显的"无为"或"如来藏自性清净心"的、超脱感性欲念与自然因果之束缚的非推理的直接思维,但更是儒家由其本心性体、良知明觉的自觉活动而来的一种"寂然不动,感而遂通"的感应或创造活动。牟宗三对于"智的直觉"有过以下四种界定:一是说它自身就能把它的对象的存在给予我们,亦即能实现它、创造它;二是说它是一存有论的(创造的)实现原则;三是说它是"那唯一的本体无限心之自诚起明。此'明'既朗照并朗现物之在其自己,亦反照自身而朗现其自身"②;四是说它是知体明觉"觉情之自我活动所放射之光"。③ 关于这四种说法,第一种乃是对康德的"智性直观"而发,姑且不论;后三种都是依中国传统而有。第二种说法,即出现在牟宗三以张载的"大其心"论述"太虚神体"的无限心知的创造性时提出来的。张载《正蒙·大心篇第七》有云:"天之不御莫大于太虚,故心知廓之,莫究其极也。"④ 牟宗三以为,这里的"心知"就是智的直觉,而

---

① 参见倪梁康《康德"智性直观"概念的基本含义》,《哲学研究》2001 年第 10 期。
② 牟宗三:《现象与物自身》,第 47 页。
③ 牟宗三:《现象与物自身》,第 81 页。
④ 张载撰、王夫之注《张子正蒙》,上海古籍出版社,2000,第 145 页。其中,"心知廓之",在《张载集》(中华书局,1978,第 25 页)中作"必知廓之",误。

"心知"之"知"太虚之不御,或天道之创生不已,就是去实现它、呈现它、创造它;所谓"唯一的本体无限心"、"知体明觉",即牟宗三所说的"自由无限心",是"唯一的'本体界的实体'(noumenal reality),即无限心","此唯一的本体,以儒家为准,有种种名:心体、性体、仁体、诚体、神体、道体、知体(即阳明的'良知'作为本体——引者注)、意体、独体:此皆是超越的、形而上的实体"①;它的"自诚起明",即是借用《中庸》的"自诚明,谓之性""诚则明矣"等说明此智的直觉是性体的由诚而明,或由其真实无妄而来的呈现、表现、实现等活动。依牟宗三所界定的"性体"、"心体"的五种涵义,结合前述关于"智的直觉"的四种涵义,我们可以得出如下结论:"智的直觉"即是"性体"、"心体"的"性能"、"性觉"、"活动"等义项,甚至可以说它即是"性体"、"心体"本身,其区别只在于"智的直觉"强调其朗现、实现物之在其自己,以及返照知体明觉自己。

细考牟宗三的思路,他之所以要从中国传统儒、释、道思想中的"本心性体"、"无为"、"如来藏自性清净心"来证成其"人可以有智的直觉"的基本预设,一方面固然有其内在地"不能安于"无此预设的局面——"中国哲学必完全倒塌,以往几千年的心血必完全白费"②;另一方面,牟宗三也是力图以此为前提,支撑其关于"实践的先验原理"系统。

事实上,牟宗三不仅是从理论上借传统儒、释、道思想中的核心观念来直接肯定"人可以有智的直觉",此即他在《智的直

---

① 牟宗三:《现象与物自身》,第46—47页。
② 牟宗三:《现象与物自身·序》,第5页。邓晓芒教授即因此种"不安",而将牟宗三定性为"退回到非批判的、独断论的陷阱"(参见氏著《康德哲学诸问题》,第298页),正好与康德之对"人是否有智性直观"持存疑态度的批判哲学相对照。因为,康德正是通过批判的审查和自我审查而存疑、否定的,而牟宗三则从"情感上的不安",未经理性的审查即肯定人可以有智的直觉。不过,邓教授在此并不理解牟宗三所说的"不安"。这不是情感上的不安,而是一种因敬重法则却忧心未能履行法则而来的不安。

觉与中国哲学》中所论证的"智的直觉"何以在理论上必肯定，在实践上必呈现①；而且还从实践中、从我们的实际生活中存在的现象证明自由，实际上也包括智的直觉，必须被肯定。这些实际生活中的情况有："（1）理性的存有能正当地说他可以不作非法的行为；（2）良心底判决；（3）后悔之可能；（4）即使是生而坏的人亦要受谴责，亦自知此谴责为应当。"②亦即他是直接从人的现实行动（现象）中看到有纯粹的德行，或非法行为之可谴责性，反思到人必有与其作为"现象界"的存在不同的一面，并进而肯定"道德界"的存在。③而这一论证之所以能成立，所依赖的就是"现象与物自身的超越区分"：同一物（事、行为），对无限心来说，是物自身；对有限心来说，是不真实的、暂时的现象。但事实上，是否任何物、事、行为，都是如此，颇可怀疑。

总之，牟宗三虽然承认"人性三分"的格局，但他自己却时常把人的"气性之性"和知性层面抛开、弃而不顾，只把人的道德层面，或人的（只是"可以有"的）"智的直觉"，当作人性的真正含义，更进一步，为唯一含义。这是牟宗三道德哲学的诸多失足的根源。

3. 义务（或命令式）与自愿、自发且纯亦不已的德行之对比

康德根据物与人、人与神的区分，确定人之因其有意志、能按照原则（即对规律、法则的表象）行动而具备了接受命令与义务的可能性，亦因其原则有合乎法则与否的问题，而有受命令与义务强制的必要性；于是有：人同时是感性世界与知性世界的存在，故而有接受命令与义务强制的必要和可能。在这里，人并不是"对无限心来说，是物自身；对有限心来说，是现象"，而是当人在思考其

---

① 关于这个论证，笔者无意在此重复它。欲详细了解这一论证，请参见全集本牟宗三《智的直觉与中国哲学》，第237—259页。
② 牟宗三：《现象与物自身》，第119页。
③ 当然，这一点或许只是他的思想中所隐含有的一层意思。因为牟宗三将其方法限定为"从上面说下来"的分析方法，而此处却带有"从下面说上去"的综合方法的意谓，为他所不取。故曰"隐含有"。

行动时，其意志的因果性表现为意志的原因性，而结果只是命令式的"应该"；一旦人实际采取行动，他的行动即是现象，必须接受自然的因果性，即自然规律的支配。康德道德哲学的深刻之处，正在于他揭示了人的这种"悖论式"的生存，他必须在与自己的"非社会的"一面斗争的过程中砥砺自己的道德；而人的道德性也正体现为他与自己"（可能会）不道德"的一面的斗争之中。这也就是康德在《道德形而上学奠基》中所说的"道德的价值体现于并且只体现于出于义务而行动"这一原理的深意所在。

牟宗三未能体察康德的这一深刻思想，而只是紧紧抓住康德对自由领域与自然领域的划分，将其普遍化，而提出所谓现象与物自身的超越区分，亦即同一物、事、行为，当人不自我执着、自我拘限，而成为"无执的无限心"时，便是物自身，是道德的、价值的存在；而当人自我执着、自我拘限，而为"执着的有限心"时，则作为现象而存在。这其实是把道德视为现成的、先验地与现象的存在相区别的东西，而不是需要在与"不道德的"东西做斗争中砥砺出来的。牟宗三的这种想法，其实只是康德笔下的"天真状态"，却反而成为批评康德的利器，以反证自己并不是"道德狂热"。

在《实践理性批判·要素论》的"分析论"卷第三章，康德曾批评那些"自以为具有了意志意向的某种完全的纯洁性时的神圣性"的人为道德上的狂热和自大的膨胀，他们不以义务、不以对法则的敬重为行动的规定根据，反倒是"用他们内心的某种自愿的忠顺（牟宗三译为'心之自发的善性'，见《现象与物自身》，第93页）"来谄媚自己，以规定自己的行动。① 牟宗三对此做了一番辩驳。他说："如果所设定的纯粹意志真是自由自律的，则纵使是一设定，在分析上，他亦即是神圣的。"② 因为"自由自律的纯粹意志"，其格言竟会与道德法则相冲突而致令其并不神圣、并非自由自律的意志！这是荒谬的自相矛盾。就此论证而

---

① 参见康德《实践理性批判》，邓晓芒译，人民出版社，2003，第116（V99）页。
② 牟宗三：《现象与物自身》，第87页。

言，它在表面上看是有说服力的。但实际上却并不相应。其关键之处在牟宗三对"格言"的错误理解。牟宗三在此把格言，即康德所谓"准则"（maxim），当作由"纯粹意志"所发，因而，当他看到康德说"准则"可能会与道德法则相冲突的时候，就难免大惊小怪了。他完全不了解"格言"或准则虽由人所发，却并非完全由人的纯粹意志所发，而完全有可能出自人的"病理学"的一面，而与道德法则相冲突。牟宗三故意忽略这一点①，却反过来以他的"儒家的性体"即"自由自律的纯粹意志"为人之所以为人的本性，完全不考虑人有其"病理学的"、"现象的"一面的可能，批评康德"所说的人性是感性的性好之性、自然倾向之性、脾性之性，亦即儒者所谓气性之性"。② 牟宗三这一批评，当然是一种误解。因为，在康德看来，道德性虽然是人的第二品质（或使命、天职），却是人的最高品质（或使命、天职），是神圣的"个人中的人性"。③ 康德并未以"气性之性"为人性，他只是在谈论道德的时候，没有忘记人的"病理学的"一面而已。

牟宗三以上述对康德的批评为基础，进而批评康德只说"敬重法则"、"义务的强制性"，而"总不愿说喜爱法则是出于较高本性的自愿，而一说喜爱、自愿，便视之为落于感性的本性上者，从未说喜爱、自愿，可以上提而至较高的本性说"，④ 他甚至连康德的"第二品质"（即他所谓的"第二本性"）也不满意，而认为"很可以是一种道德的习性（moral disposition，亦随文译为道德的意向）"，而尚不是儒者所说的定然之性。其原因只在它

---

① 牟宗三的立场在后来似乎发生了某种细微的变化。在《现象与物自身》一书中，牟宗三还对"格言"或准则竟会与法则相违背而大惊小怪；而到了《圆善论》那里，就直接有不合乎德性法则的"恶格言"之说了。牟宗三关于"恶格言"的说法，参见牟宗三《圆善论》，第305页。
② 牟宗三：《现象与物自身》，第84、87页。
③ 康德：《实践理性批判》，邓晓芒译，第119（V 102）页。按：此处"个人中的人性"，杨云飞在《道德形而上学奠基》中译为"人格中的人性"。参见康德《道德形而上学奠基》，杨云飞译，人民出版社，2013，第64页。
④ 牟宗三：《现象与物自身》，第91页。

由敬重法则而慢慢养成,是习久成自然,为"虚而不实"者。牟宗三由此发自"义理的本心(性体)"的理性的"喜爱、自愿",进一步想祛除康德的"义务"的强制性,而使义务成为"此心之不容已之所决定","对吾人而言是强制,对此本心自己而言是自愿"①,以凸显道德的主动性、创造性,并消除自愿与义务的矛盾。② 然而,事实上,对康德来说,"人出于较高的本性的自愿"而"喜爱法则",不是"愿不愿说"的问题,而是"能不能说"的问题。人若是能够自愿地喜爱法则,康德有什么理由不愿这样说? 只是因为康德通过理性的反思和批判,意识到人总是有其"病理学的"一面,且不能忽视这一面;而人一旦有实际行动,就必然受自然因果性的支配,因而才不能"自愿地喜爱法则",而只能不情愿地敬重法则。

牟宗三通过由发自义理的本心性体的理性的喜爱、自愿,以祛除"义务"的强制性,消除义务与自愿的矛盾,而把道德视为主动的、创造的。这种努力是令人钦佩的,只不过其方法并不能成功。牟宗三的方法,在理论上有其自洽性,但其理论的自洽性依赖于三个预设:人虽有限而可无限(甚至是必定能"无限");人可以有由"绝对实体"所发的智的直觉(甚至,人的本性就是智的直觉);进一步,人的主体性可以由"现象与物自身的超越区分"而忽略其现象的、病理学的一面,成为纯粹的、绝对的知体明觉、智的直觉。这三个预设只要有一个不成立,牟宗三的方法就不能奏效。反思这些预设,即使前两个成立,第三个也与现实不符。"现象与物自身的超越区分"有无积极的意义,可否因此而置人的现象性的存在于不顾,等等,都是值得质疑的。

4. 知体作为绝对实体,同时开道德界与存在界

以前述三个预设为基础,同时把"知体"作为绝对的创造实

---

① 牟宗三:《现象与物自身》,第 92 页。
② 牟宗三还指出,"发自'义理的本心'的那种自愿不碍自律,亦不碍义务,并不碍命令,反之亦然。此乃性体之不容已,沛然莫之能御;此是义理承当,与彼不同"。参见牟宗三《现象与物自身》,第 95 页。

体，牟宗三构建起了他的"道德的形上学"：一方面，绝对实体作为道德实体创造真实的道德界；另一方面，又作为存有论的形上实体，创造和说明万物之存在（即"开存在界"）。

在此，我们须对牟宗三"道德界"和"存在界"的意谓做出说明。

所谓"真实的道德界"，首先是指从自由无限心、无执的无限心出发来看待事、物、行为而产生的一个并不与现象世界隔绝的世界，是牟宗三由"现象与物自身的超越区分"带来的世界。它们是因"自由的无限心"（亦即儒家的心体、性体、诚体、神体、道体、知体、独体等）而来的有价值意味的事、物、行为。亦即，这"道德界"其实是由形而上的道德实体和被意志自由赋予了价值意义的事、物、行为所共同构成①，其中，形上实体与有价值意义的事、物、行为之间存在的是一种"体用关系"。由于此中"物、事、行为"的价值意义是由意志自由赋予的，所以，此道德界的存在必须依赖于"自由"的积极意义的充分呈现。牟宗三说，知体就是自由无限心，就是意志所发的道德律令（法则，此即是理）和作为道德的主观根据的良心（此即是活动、感受义务的感受性；不过，虽然它有心的活动性，却并非"本心"，因其非"自动的感受性"）。简言之，知体是客观的理、法则和主观的"心"的合一，这同时即构成了自由的积极涵义②——"实体性的觉情之

---

① 不过，这意思也并不十分明显。因为这些事、物、行为到底是应该发生而且已经发生的，还是应该发生而尚未发生的，抑或应该发生而实际上没有发生甚至永远也不会发生，我们并不知悉。这些不同的情况，表明了这个"道德界"的真实性的程度。

② 牟宗三以此批评康德，说他把良心、道德的情感完全视为感性的、被动的接受性，只是道德的主观根据，而不像王阳明的"觉情"；至于"理性"则又只是道德法则意义，是虚悬的形式意义的理性，不能具体地呈现道德，从而把道德的主观根据与客观根据完全隔绝。牟宗三以此判康德为介于朱子与阳明之间的形态。这实际上是对康德的误解，是把康德的"理性"只理解为推理、计算的能力，而不知其"纯粹自动性、自发性"所导致的误解。

自发与自律,独立不依于任何外在的对象而即可给吾人决定一方向"。① 在此意义上,自由意志"就是道德觉情底本质作用,就是心"、"自我立法,它就是理"、"主动地、甘愿地以其所立之法来决定自己,此即孟子所说的理义悦心、心悦理义"等,能使人的出于义务的行动成为自发、自愿且纯亦不已的德行。②

牟宗三不承认这个"自发、自愿且纯亦不已的德行"是一个不可企及、不可得有的理想基型,就此而言,此"道德界"是真实的。但是,对于一般人而言,此"道德界"毕竟是一个综合的无限进程,故而这种"真实"其实是一种虚假的"真实性"。而且,即使对于那些已经"大而化之"的圣人而言,他亦可能因一时之不审,而有损其圣名,又何况芸芸大众。也许正是如此,牟宗三才强调了客观化的"礼"或政治制度建构的必要性。

关于"知体作为绝对的形上实体,开存在界"的问题,牟宗三指出,知体明觉作为存有论的实体,是"万物底创生原理或实现原理,是乾坤万有之基"。③ 知体之所以有这种创生的能力,实因此知体即前文所说的创造性与终成性合一的"即活动即存有"的本体,它具有主观性、客观性和绝对性三种性质,是心、是理、是创生之真几。而由这"创生之真几"所开的存在界、所创

---

① 牟宗三:《现象与物自身》,第 74 页。
② 依牟宗三,自由意志的涵义,除此之外还有 5 层意思,分别解说法则"决定自己"的含义、意志的格言即准则不可能与法则冲突、意念(相当于康德所谓"意愿",volition)与意志的区别、法则分别与意念意志的关系、意志是颁布命令决定义务者等。在行文中,笔者不自觉地,亦分不清这"自发、自愿且纯亦不已的德行"是现实中正在发生的,还是只存在于理想之中。对牟宗三,这似乎也是一个困扰他的关键问题。他虽然不承认这"自发、自愿且纯亦不已的德行"是一个在无限进程中"不可企及、不可得有的理想基型",但是他也说,"一般人感性的缠绕重,故于此说无限进程亦可",只是强调这无限进程的最后是"朗现其性体"。(参见牟宗三《现象与物自身》,第 96 页)不过,"无限进程"的存在,无疑是其困扰的显现。
③ 牟宗三:《现象与物自身》,第 96 页。

造的"乾坤万有",并不是现象的存在,而是有价值意味的物自身(或物之在其自己)之存有。① 这种"物之在其自己"的存有,已经被剔除了其"事实意味"的形构之理的面相,而只是物之自在相、如相,是物之"自尔独化"、"自得"、"实相一相",所谓"抬头举目浑全只是知体著见,启口容声纤悉尽是知体发挥"。它们都只朝向一个目的,这目的是知体之著见、发挥与实现,是为朝向道德而存有的。在其中,知体明觉与"抬头举目"、"启口容声"的知体流行,构成了"本体界(无执)的存有论"中的"体用关系"。而这种体用关系,即构成了牟宗三关于"实践的先验原理"。②

三 实践、理解与感性

在理解和实践之间,存在着实践对理解的融摄关系。牟宗三对这种关系的揭示,来源于他对康德道德哲学的消化与吸纳。理解和实践之间的关系问题,在康德那里表现为"纯粹实践理性在其与思辨理性结合时的优先地位",黑格尔则通过意志对思维的关系来探讨,而牟宗三与他们都不相同。

在康德看来,理性是我们内心的表象原则的能力,规定着一切内心能力的兴趣(或关切),亦即规定着一切内心能力得以实施和促进的条件,但是,它自己的兴趣(或关切),亦即它的给

---

① 在牟宗三的话语系统中,"存有"与"存在"是有着重大差别的。在少数情况下,牟宗三对此不做区分。不过在大多数情况下,"存有"与"存在"是有区别的:存有只是有理论上、逻辑上的意义,而不指涉具体的实在;存在则不仅具有理论的、逻辑的意义,而且指涉具体的实在。因而,从内涵上讲,存在比存有丰富;从外延上讲,存有比存在更广泛。
② 牟宗三关于"实践的先验原理",虽然从康德那里汲取了丰厚养分,不过,两者也有不同。简要说来,牟宗三的这一原理体系是建立在一些预设基础上的道德实体和道德存有的体用关系;而康德则是通过"原理分析",亦即对一些命题的演绎、分析、解释,来构筑他的关于实践的先验原理系统。

出原则并促进原则施行的能力①,则是自我规定的。理性的这种自我规定其兴趣（或关切）的情况,同时表现在其思辨的运用和实践的运用中,前者在于认识客体,直至那些最高的先天原则（即牟宗三所谓"先验原理"）；后者在于"就最后的完整的目的而言规定意志"。② 理性的这两种运用的兴趣（或关切）虽然不同,却并不矛盾,理性的思辨运用到最后就在于限制思辨的违禁,而其实践的运用则在于规定意志及其客体——至善的目的。当这两种兴趣（或关切）结合成一种知识时,其关系不是"何种兴趣必须退出",而是"何种兴趣（或关切）将是至上的兴趣（或关切）"。③ 康德认为,理性的实践运用的兴趣（或关切）领有优先地位。因为,假如不是实践理性优先于思辨理性,就可能会出现两种情况,一是"两者相互并列",一是思辨理性优先于实践理性。就前者而言,会产生思辨理性欲图封锁其边界,不从实践理性那里接受任何东西,而实践理性却要把自己的边界扩展到一切之上,甚至把思辨理性包括进自己的领域中来,从而产生冲突；就后者而言,会出现实践理性除了单单由思辨理性的见地出发所呈现给它的东西之外,不能再假定任何东西并把它思考为给予的,但是,如此一来,实践理性就不可能自身即拥有本源的先天原则,以及与这些原则不可分割地结合着的某些理论的肯定,由之将导致"他律的道德",并与对实践理性的批判性考察所得的结果相违背。因而,就只有一种情况是可能的,即实践理

---

① 理性的兴趣（或关切）,不仅仅是与自身相一致,而是其扩展,并且只有"扩展"才担得上"理性的兴趣（或关切）"之名。不过,需要指出的是,理性的扩展,实际上只是在实践意图上的扩展,亦即"一个作为（意志之）客体的目的被先天地给予出来,这个客体必须独立于一切理论的原理,并且通过一个直接规定意志的（定言的）命令,而被表象为实践上必要的；而这在这里就是至善"（参见康德《实践理性批判》,邓晓芒译,第183—184页）,而同时并不扩展思辨理性的知识,从而,真正能够配得上理性的兴趣（或关切）的,只是实践的兴趣（或关切）。
② 康德：《实践理性批判》,邓晓芒译,第164页。
③ 康德：《实践理性批判》,邓晓芒译,第165页。

性优先于理论理性。事实上,"一切兴趣最后都是实践的,而且甚至思辨理性的兴趣也只是有条件的,唯有在实践的运用中才是完整的"。①

康德实际上是就最后的综合的结果而言实践对理解的优先性的。这与牟宗三把现象与物自身(或理解与实践)严格划分,分析地说的实践对理解的融摄不同。

黑格尔在《法哲学原理·导论》中,也通过思维与意志的关系,探讨过实践与理解(或理论)的关系。黑格尔指出,精神一般说来就是思维,但同时也是自由意志。这并不是说,人一方面是思维,另一方面是意志,或者说他一个口袋里装着思维,另一个口袋里装着意志;而只是表明,它们是同一个精神的两种态度:思维和意志的区别无非就是理论的态度和实践的态度的区别,"意志不过是特殊的思维方式,即把自己转变为定在的思维,作为达到定在的冲动的那种思维"。② 黑格尔说,思维与意志是既对立又统一的:首先,思维与意志是相互对立的。思维,或理论的态度,是说当我思考对象时,我祛除其感性的东西而把它变成思想并在本质上和直接地是我的东西。这是一种通过普遍化,消除对象的异于我的因素,扬弃对立,使之成为我的一部分的态度。简言之,这是一种"普遍化"和使对象同化于我的态度。与此相反,意志,或实践的态度则是从思维即从我自身开始,它自始就表示一种分离,而与思想对立。黑格尔说:"在我是实践的或能动的时候,……我就规定着我自己。而规定自己就等于设定差别。"③ 不过,尽管我把这些规定和差别释放在外,它们照旧还是我的。亦即实践的态度就是通过设定差别以规定自己,从而使自己成为"定在"的态度,这正好与"理论的态度"相对立。其次,思维与意志又是紧密联系的。黑格尔说,理论的东西本质上

---

① 康德:《实践理性批判》,邓晓芒译,第167页。
② 黑格尔:《法哲学原理》,范扬等译,商务印书馆,1961,第12页。
③ 黑格尔:《法哲学原理》,范扬等译,第13页。

包含于实践的东西之中,我们没有理智就不可能有意志;换句话说,意志在自身中包含着理论的东西。意志规定自己,这种规定最初就是一种内在的东西,也即是一种思维的活动。人不可能没有意志而进行理论的活动或思维,因为在思维时他就在活动。因而,思维与意志是密不可分的,无论在任何活动中,都可以找到思维与意志这两个环节。

黑格尔在思维与意志的关系问题上,跟康德是一致的。他认为思维和意志都是一个东西——理性(精神)。在其中,思维的理论态度通过使客体普遍化而成为"为我的东西",意志的实践态度则通过其实践活动,设定差别以规定自己,让自己成为定在,这是把自己以及对象推出去又纳进来的过程。思维与意志之间的密不可分的关系,也就是意志把思维包含于自身的关系。① 在此,如果撇开他们之间在细节上的出入,只就实践与理解(理论)的关系看,康德、黑格尔和牟宗三都持有相似的观点。

康德是就最后的结果,以理性的思辨运用和实践运用结合成一种知识为背景,来说纯粹实践理性居于优先地位。黑格尔则是就精神中思维、意志分别与自我的关系,来说明意志对思维的融摄——意志欲图规定自我,规定自我却是经设定差别,即由思考"我不是什么"而来;这同时也伴随着使对象普遍化为"为我的东西"的过程(因为只有如此,我才能知道我与对象有别);最终完成对自我的规定。以此,实践把理解包含于自身。这是在同一(或任一)活动中都包含的两个环节。至于牟宗三的思路,则异乎此。他自始即设定"现象与物自身的超越区分",将实践与

---

① 当然,康德与黑格尔之间也有不同的地方。譬如,康德其实还是把理论与实践"分成了两个领域,理论是理论,实践是实践,理论是科学知识,实践是道德和信仰"。(见邓晓芒《邓晓芒讲黑格尔》,第 157 页)他讲两者的关联时,其着眼点还是"实践"。而黑格尔则把两方面统一起来,主张两者密不可分,理论或思维活动本身也是一种实践,而实践则必须包含思维、理论,否则,就不是真正的实践。此外,实践在康德那里还是严格的道德意义的实践,在黑格尔这里却泛化为"规定自己"的活动。

理解截然分开为针对不同对象①的性质不同的两种活动：实践是自由无限心的活动，它所指向的是作为物自身的存有；理解是自由无限心自我执持后的"识心"（包括认知我和心理学意义的我）的活动，所指向的是作为现象的存在。从而，牟宗三所说的实践对理解的融摄，并不是这两种活动在结合的过程中的包含关系，而是分属不同领域的两种活动之间的派生与所派生、服务与受服务的关系。

1. "人所首先最关心的是自己的德行、自己的人品"

牟宗三的这个论断时常遭人误解与诟病，认为他没有对此做任何证明，更谈不上问一个"何以可能"的问题；他所做的只是举一些例子、一些古人的话，而撇开无数相反的例子和古人的另一些话，独断地抱持这种不恰当的观点；相反，人们可以从常识中抽绎出相反的论断，反驳牟宗三。② 但是，如果我们愿意抛开牟宗三这个论断的不恰当的表达，深入理解他这句话的实际内涵与意图，我们就会发现，事情远不是这样简单。

牟宗三的上述论断，首先是就知识与行动的关系来说的。他承认，人生而在"存在的行动"中，虽不免有"见闻之知"，但此"见闻之知"却要包摄于更有笼罩性与综纲性的行动之中；因而，行动是先于知识并包摄知识的。其次，在人的行动中，存在两种不同的得当与否：实用上的和道德上的。人们对于实用上的处治失当，会感到难过和觉得自己无能的羞耻，而在道德上的处治失当，则会有因无德、罪恶而起的羞耻。后者是最尖锐、最突出而最易于为人所意识到的。这就是牟宗三之说"人所首先最关心的是自己的德行、自己的人品"的原因。尽管如此，牟宗三的这个表达确有不恰当处，也难怪会遭到误解和批评。细细想来，牟宗三在此想要表达的意思是，在人的德行、人品，以及实用的

---

① 所谓"不同对象"，指的是作为现象与作为物自身的不同，而究其实质，这"不同对象"应是从不同视角看的同一对象。
② 参见邓晓芒《康德哲学诸问题》，第313页。

技艺和认知等活动中,最能触动他而使他有所意识的,是他的德行与人品。所以,他说,"人首先所意识及的是德行;对于德行加以反省以求如何成德而使心安,这亦是首要问题"。① 即使是求知,也首先求这种知,此即宋明儒所谓"德性之知"。至于对见闻之知做反省以求如何获得并加以改进,这乃是一个把行动中的附属品单提出来加以注意的"后起之事",而不是最首要的和最有综纲性的问题。

这是牟宗三对实践与理解的关系的常识性表达。

2. 由知体明觉开知性

在牟宗三看来,知体明觉是创造性与终成性合一、无执与执合一、无限与有限合一的即活动即存有的绝对实体,不仅能创造道德界、道德存有,也能"开存在界",创造并说明万物之在其自己的存有。当其创造时,乃是就其"无执性"、"无限性"、活动性而说的。依牟宗三(以及他笔下的儒家正宗),知体明觉是"动而无动,静而无静"的本体;能够在"无执"、活动、创造的同时,执持、停住自己,限制自己,反之亦然。

牟宗三认为,若知体明觉只停留在其明觉的感应中,就不能成为"动而无动,静而无静"的本体或绝对实体;此时的人亦非"人而圣,圣而人"的完全人格,于"人义有缺"。为了成全自己,同时也成就他人(物),实现真正的"合外内之道",② 知体明觉必须自觉地自我否定(亦曰"自我坎陷"),把自己停住、执持住,而暂时成为"动而无静,静而无动"的"知性",亦即转而为"识心之执"(包括认知我和心理学意义的我),与物为对,使之由物之在其自己转而成为对象,并究知其"曲折之相",以为知体明觉充分地实现自己服务。知体明觉虽是创造的绝对实

---

① 牟宗三:《现象与物自身》,第21页。
② 《中庸》有云:"诚者,非自成己而已也,所以成物也。成己,仁也;成物,知也。性之德也,合外内之道也,故时措之宜也。"此处所说的"诚""性",即是牟宗三所说的"诚体""性体",是不仅要成全自己,也要成就他人(物)的。需要说明的是,此处的"仁",却并非"仁体",而只是一"德目"。

体,却并非全能的绝对实体。它只有成就"物",使物不仅是物之在其自己,亦是现象性的对象,并了解其"曲折之相",亦即使物自身、由物自身而来的现象性对象以及其曲折之相,都成为"为我之物",才能最终成就自己,"其道德的心愿亦始能畅达无阻"。牟宗三在此引述《易传·系辞下》曰:"夫乾天下之至健也,德行恒易以知险。夫坤天下之至顺也,德行恒简以知阻。"并指出,"良知良能至简至易,然而它未始不知险阻。知有险阻而欲克服之,它必须转而为知性","故其自我坎陷以成认知主体",是必要的,却也是其道德心愿自觉要求的。[①] 这就是"知性之辩证开显",其含义实为知体明觉通过自我坎陷而为知性主体,以最终成就其自己;其具体途径则是知体明觉在自我坎陷为知性主体后,把物之在其自己、现象以及现象的曲折之相经过理解,而为"为我之物",最终为知体明觉之成就自己、规定自己(或曰道德心愿之畅达无阻)服务。

实践就是这样融摄理解的:知体明觉作为实践的主体,在自我坎陷中派生出知性主体及其理解活动,以为知体明觉之成全自己服务。这个过程固然与黑格尔所说的实践态度对理论态度的融摄相类,不过,也有不小差别,此即在黑格尔那里,实践着的意志与主导理解的思维都属于同一个精神,它们在不同的阶段各自都能居于主导地位;而牟宗三的实践和理解虽都是主体的活动,却分属不同的层面与分际——知性主体毕竟是知体明觉所"自我坎陷"而来,而始终处于附属地位的。

牟宗三的"自我坎陷"也是一个颇为遭人误解与诟病的说法。它常常被指责为"良知的傲慢"或"专制型、咒术型的转出"。但实际上,这些批评首先未能明确"是什么在'自我坎陷'"的问题,而即使有明确说"道德良知的自我坎陷"者,也未能理解牟宗三所说的"良知"所具有的"兴革"作用和"绝

---

① 牟宗三:《现象与物自身》,第 126—127 页。

对性"的意义,而仅仅把它理解为"道德的良心"①,取消了"良知"(或性体、心体、创造真几、道体、知体明觉等)所具有的"创造性与终成性合一"、"无执与执合一"的"绝对性"意义,这才出现了所谓"傲慢"、"专制与咒术"、"良知只可呈现而不可坎陷"等说法。其实,不仅批评者没能理解牟宗三,即使是维护者也没能明确指出"良知"的绝对性特质,而只是从所谓的"超越的根据"等方面来维护,从而也不能说服人。②

在此,我们实可以借助于黑格尔的"辩证否定"说来置换牟宗三的"坎陷说",使其能够有一种清晰的表达:最原始(初)的"知体明觉"(良知,有)是"寂然不动"(无)的一实体,

---

① 实际上,我们可以对"良知"与"道德的良心"做一区分。尽管在一般的用法中,"良知"与"良心"是不做区分地使用的,甚至在一些学术著作与论文中,如何怀宏的《良心论》(上海三联书店,1994)、《良心与正义的探求》(黑龙江人民出版社,2004)和倪梁康的《良知:在"自知"与"共知"之间——欧洲哲学中"良知"概念的结构内涵与历史发展》(刘东主编《中国学术》第1辑,商务印书馆,2000,第12—37页),也是如此。牟宗三对于这两个词的态度是矛盾的,一方面,在《圆善论》中,当他解释《孟子·告子上》的"牛山之木"章时,他即把"良心"等同于"良知"。他说:"此处亦言'良心',而此良心决不是康德所言的'良心',乃是能自立法、自定方向之实体性的'本心'也(下文即名之曰'本心')。此实体性的本心即是吾人之实性——义理之性。由此实体性的本心所发之知(知道德上应当不应当之知),即名曰'良知'(此非成功知识之认知机能)。"(参见牟宗三《圆善论》,第34页)牟宗三这里所说的"良心",即本书前文所说的形上的道德实体,是能收敛、凝聚而有所成的有目的的创造性能力,同时也是人的"由不安不忍之觉情而达致于能安能忍之义所当为"的能力。牟宗三虽然在此处说"良知"是知道德上应当不应当之知,或知是知非的能力,但是,就牟宗三的整个思想体系而言,良知其实也是超越的形上的道德实体。因此,在这里"良心"与"良知"是一致的。另一方面,牟宗三又经常提及"康德所言的'良心'",这透露了他隐约约地想要区分作为绝对的道德实体的"良知"与作为一种道德意识的"良心"的心态。而且,通过区分"良知"与"良心"还有一个好处,就是避免了人们对牟宗三"自我坎陷"说的"泛道德主义"的指责。因为在此,良知已经不仅仅是"道德性"的,而且是超越道德、带有绝对性色彩的创造性的实体,至于那作为道德意识的"良心",只具有与科学、民主等价值并列的地位与意义,并不能凌驾于其上。所以也就不会存在所谓"泛道德主义"的问题。关于"良知"与"良心"的区分,牟宗三本人并未明确,但是这并不妨碍研究者做此努力。

② 关于良知"自我坎陷"的更详尽的探讨,请参见本书第四章及附录。

不过，它却是"静而无静"（变）的，于是当它有一个"成全自己"（立己，有自身的独立性和人格）的决心（决定）时，它就自我否定（坎陷，这是取其活动性、创造性、无执性），然后又执持自己、定住自己（这是取其存有性、限制性、执）而为知性主体；当知性主体完成其理解活动，把各种客体的曲折之相变成"为我之物"后，它亦不满足于自己的"执定"之相，又进一步否定自己，成为"静而无静，动而无动"的知体明觉，并能使其道德心愿畅达无阻。至于在这"自我坎陷"的进程中，依何种现实的条件，此知性主体才能成就科学知识与民主政治，那不是必然的。但是，若没有知体明觉的这一步"自我坎陷"，以形成架构性的知性主体，及其架构的或对列的思维格局，就不会有真正的科学和民主。当然，依牟宗三，有了"坎陷"也未必即有科学与民主政治。但这一行程达到最后，要使知体明觉的道德心愿畅达无阻，需要有这一步"坎陷"、否定、拘执，则是毫无疑问的。

3. 作为"物自身"的"自由之后果"

牟宗三在从纯粹理性的二律背反向"'无执的存有论'过转"的过程中指出，康德由于不能在"自由"处正视无限心，不能肯认智的直觉，从而有一个"认定自由之后果即是现象"① 的笼统说法。而他则依"人可以有智的直觉"和"现象与物自身的超越区分"两个预设，说"如果我们能于人身上转出'智主体'之无限心义，则肯认吾人可有智的直觉，这乃是必然的。因此，智主体底智的直觉之创造性只直接对物自身负责，不直接对现象负责。……现象直接隶属于识心（识主体），是智心之自我坎陷而转为识心，即由此识心而挑起给起并执成的。识心凭依智心而起，则虚即于物自身而挑起的现象亦间接地统摄于智心。如果识心有其必要，则识心与现象都是智心之'权用'"。② 与此相对，智心之"经用"即自由的后果，是物自身，是由自由无限心的智

---

① 牟宗三：《现象与物自身》，第328页。
② 牟宗三：《现象与物自身》，第328页。

的直觉经朗照而来的物自身,而非识心挑起皱起的现象。

把"自由之后果"视为物自身,抑或现象,是牟宗三与康德一个很重大的区别。康德在说自由的因果性(或自由的原因性)的时候,主张那因自由而来的、应该发生而实际并未发生的行动,并不是自由的后果,因为他只以实际发生与否界说后果,所以,凡是还停留在"思维"的世界中并未在现实中发生的行动,都不能称为后果。于是,所有的"结果",即实际发生了的行动,不管它是否应该,只要它能为人所认识,就都只是现象,自由之后果亦在此列。与此不同,牟宗三认为那因自由而来的人的行动,都必然是应该的即实际发生的,这种自由的后果,即是"抬头举目浑全只是知体著见,启口容声纤悉尽是知体发挥",它们都只是物自身;反之,如果那实际发生的是不应该发生的,那么,它并不是自由的后果,而是为感性所影响的"意念"的后果,是"识心之执"的结果。只有它才是现象。康德或许是依其"经验实在论"的立场,并不认为"抬头举目浑全只是知体著见"是现实的,亦即他并不认为道德是现成的,相反,却主张道德必是人有意识地克服其不善良的一面才有的,道德是人在与其"非社会的"、"病理学的"一面的斗争中磨砺出来的。人一旦实际去行动,就必然会受到自然因果性的支配,其行动自然就成为现象。牟宗三却认为有现成的道德,有现成的纯粹善良的、无任何杂质沾染的意志,从而有"自由之后果即是物自身"而意念的后果才是现象的区别。

也许,这一点正是康德比牟宗三深刻的地方。不过,牟宗三借现象与物自身的超越区分,并进而把自由的后果和意念的后果,分别与物自身和现象对应起来,也自有其深意。牟宗三在此借用中国传统中的"经(实)"、"权"、"体"、"用"等范畴,来解说知体明觉、识心、物自身、现象等的关系,是为其关于文化历史哲学中对客观化的"礼"或"制度建构"的强调准备理论基础的(见图 3-2)。在这一"解说"中,尤其可以注意两点:其一即上文的"自由之后果"与"意念的后果"的分别,而牟宗三似乎也意识到"自由之后果"的概率大大小于"意念的后果";其二是他强调"作为'权用'的识心与现象是间接地统摄于智心。因此,反过来,智心是间接地为现象之根据"。[①] 这即是说,智心并不直接决定现象,而必须借助于一定的间架、架构,才能对现象起作用;而这个间架、架构,即是客观化的制度建构,是"立于礼"的"礼";通过制度,使人能意识到自己是有其独立人格的权利义务统一的主体,并最终以此实际地客观地"规定自己",而不仅是无任何客观意义、无任何担当的纯被动的潜伏体。

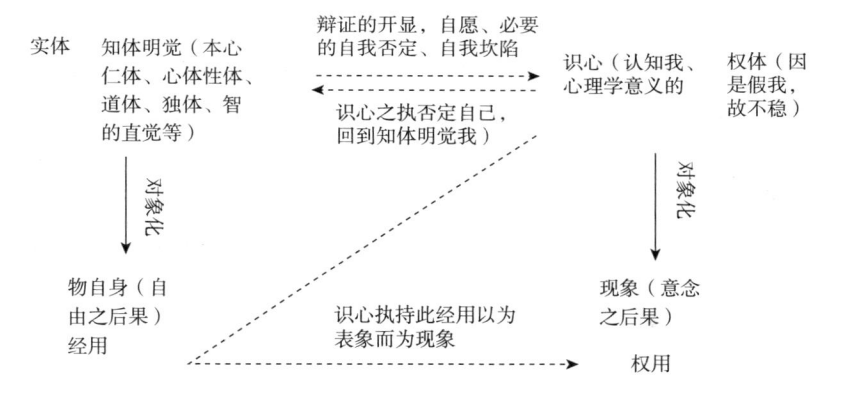

```
实体    知体明觉（本心      辩证的开显、自愿、必要      识心（认知我、    权体（因
        仁体、心体性体、    的自我否定、自我坎陷        心理学意义的     是假我、
        道体、独体、智     ←--------------------        ）               故不稳）
        的直觉等）
                           识心之执否定自己,
           │               回到知体明觉我）                │
        对 │                                             对│
        象 ↓                                             象↓
        化                                               化
        物自身（自
        由之后果）
        经用                识心执持此经用以为          现象（意念
                            表象而为现象 ------→        之后果）
                                                        权用
```

图 3－2 以经（实）、权,体、用关系解说"道德的形上学"

注:(1)"知体明觉"和"物自身"之间是本体界中的体用关系;相应的,"识心"与现象也就是现象界内的体用关系。此两者构成了所谓"道德的形上学"的规模。

(2)"知体明觉"与"识心"之间的联系并不是直接而真实的,因为"识心"毕竟只是暂时的"假我",是知体明觉规定自己的必要环节,识心之执最终还是要否定自己,回到知体明觉。

(3)作为"自由之后果"的物自身与"现象"之间,有一定的关联,但不能一一对应。一方面,现象是识心执持此"物自身"以为对象所表象而成,此时,现象与物自身有"对应"关系;另一方面,现象作为"意念"的后果,即为假象,并无相应的物自身。

---

① 牟宗三:《现象与物自身》,第329页。

第三节　真实主体性的实现

通过对牟宗三"人性三分"的格局和他关于"人性中全部领域的先验原理"的探讨，我们已经很逼近牟宗三所谓"真实主体性"的真相了。虽然我们已经多次提到牟宗三关于真实主体或真正主体的说法，并且也知道他实际上是把"性体"视为"人的真正主体"，但是，这些说法并非不可商榷。我们知道，牟宗三在说"性体"或自由意志作为人的真正主体的同时，也承认人作为知性主体与自然的生理存在的现实性，只不过在他看来，人无论是作为知性主体，还是作为自然的生理心理存在，都是暂时的、虚假的，不在其"人性"的范围之内罢了。这样，被他视为"真实主体"的，就只是这由"性体"所代表的道德主体了。但是，性体在什么意义上，能代表人的真正主体性，完成指导道德实践的任务呢？

一　人的"真实主体性"

牟宗三多次提到，他所谓的"性体"实际上还有其他种种名称，如乾元、道体、神体、诚体、心体、仁体、知体、独体等，而它之所以叫作"性体"，乃因它是由天道、乾元赋命于"个体"而来。在这个意义上，包括人在内的万事万物都有"性体"，只不过"物不能推"，亦即它不能主动地表现、实现"性体"，而只有人因其有"觉"与"健"的"仁"（一种主动性的力量），能表现、实现其"性体"，亦即能通过其自主自律、自给法则、自定行动方向的活动，而表现、实现此性体，使人真正成为他自身，规定他自己。

与此同时，牟宗三亦主张，"仁"是"本体界的实体"，故可名为"仁体"。它亦即是本心、心体，能四无依傍地依其自身的力量，在自主自律、自给法则、自定行动方向的过程中，表现性体、实现性体,并进而规定他自己,从而,其本身就是一种意志的活动;它所规定的"它自己"就是"性体"。因而本心、心体、仁体,以及性体,所代表的就是人的意志(或意志的活动)。只不过这意志并不是盲目的自然生命力的冲动、盲动,而是来自由理性护持的精神生命的有目的的创造性冲动。以牟宗三的话来说,它就是"心理合一""以理生气"的创生能力,是即活动即存有的创造性能力。

牟宗三说:"阳明的良知,后来刘蕺山的意,乃至康德的自由、意志之因果性,都是这性体、心体的异名,各从一面说而已。"① 性体、心体(或良知、自由意志)不只是在实践的体证中呈现,也不只是在此体证中而可被理解,而且它自身就在体证的呈现与被理解中起作用,起革故生新的创造作用。牟宗三认为,只有这种道德的性体、心体的创造作用,而不是"生物学生命的创造"、"宗教信仰上的上帝之创造"、"文学家所歌颂的天才生命的创造",才是真实而真正的创造之意义,才代表着我们真实而真正的创造生命。

从以上所述,我们可以看出,牟宗三把性体、心体、仁体等视为依其自身的力量,在自主自律、自给法则、自定方向的过程中,规定自己,表现、实现自己,成全自己的"意志(及其活动)"。牟宗三认为,这种意志(及其活动)在儒家文化中是通过"不安不忍"的觉情,思及甚至践行"能安能忍"的"义所当为"之事,获得其具体而真实地"呈现"的。但是,在康德那里,"意志自由"却只是一个"设准",其实在性或现实性,依赖于"道德律"这个所谓的"理性的事实"。由这种能具体而真实地"呈现"的"意志"、"自由"、"无限心",就保证了我们可以有"智的直觉"。因为"智的直觉"不过就是"那唯一的本体无限心的"由其真实无妄而直接呈现自己的能力(活动)。又由于

---

① 牟宗三:《心体与性体》(上),第153页。

那"唯一的本体无限心"即是性体,从而,性体也就包含着"智的直觉"于其中。

于是,牟宗三所说的"异名而同谓"的"性体"与"自由意志"(康德)就有了不同。这倒不是说有了什么分歧,而是因为牟宗三把"智的直觉"赋予了性体(或自由意志)之后,他就来到了与康德不同,而更接近于费希特的地方。[①] 费希特自认为继承了康德的哲学,他曾匿名发表过一篇文章,令人们都以为出自康德。不过,康德却拒绝其中的观点。这就使费希特认识到了自己与康德的不同。首先,费希特的"知识学"中的"先验"(transzendental)与康德的"先验"有很明显的不同。他不像康德那样区分"先验"与"超验"(transzendent)[②],并主张先验哲学须以第一原则(即自我设定自我,A = A)为全部体系的出发点和一以贯之的基础。为此,他抛弃了康德的"物自身"的概

---

① 关于牟宗三与费希特在改造康德哲学上相近的观点,请参阅郑家栋《本体与方法》,辽宁大学出版社,1992,第 279—281 页。此外,赖贤宗在《德意志观念论与当代新儒家的道德的形上学》(吴光主编《当代新儒学探索》,上海古籍出版社,2003,第 163—179 页)一文中,也持有相近的观点,他通过比较牟宗三的"道德性的三义"(即道德的严整义、宇宙本体义和存在历史义)、唐君毅"德意志观念论的三环节"(即自律、本原行动和精神辩证)和"宋明理学三环节"(即朱熹的理、阳明的心和船山的"人文化成"),认为牟宗三的道德的形上学在"德意志观念论的三环节"中,只及于前二环节,尚未达到精神辩证的高度,亦即他尚未达到黑格尔与王夫之的高度。其道德的形上学还有进一步会通与拓展的必要。笔者却以为,牟宗三的道德的形上学在哲学的形态上已经达到了黑格尔的高度。详见下文。

② 关于 transzendental 与 transzendent 两词的中译,也是一桩聚讼纷纭的公案。学界对这两个词的意思,虽然在理解上并没有什么出入,都认为 transzendental 是某种先于经验或在经验之外,却使经验成为可能的条件,或在经验之外而不离乎经验的东西,它意味着"超越如何可能";而 transzendent 则是指谓一种超越的状态,亦即一种超越于经验且与经验无关的东西[参阅邓晓芒《康德哲学诸问题》,第 280 页;倪梁康:《Transzendental:含义与中译》,《南京大学学报》(哲学·人文科学·社会科学版)2004 年第 3 期]。但各家对这两个词的翻译却有不同。一般以"先验"、"超验"译之,倪梁康主张以"超越论的"和"超越(状态)的"译之,至于牟宗三,则以"超越的"、"超绝的"分别对应之。

念，而认为它是一种完全无实在性的虚构①；其次，费希特的第一原则，即设定自己的"自我"，是绝对的、普遍的自我，是世界上一切之所趋，它不为任何更高的东西所决定，而绝对地以自身为基础，为自身所决定。因此，费希特的"自我"一开始就是"实践理性"的，他认为人的使命不在于求知，而在于在实际生活中实现自己、丰富自己的活动，亦即道德的活动。人，自我，就是一个实践的、行动的道德的主体。

对于费希特来说，这个道德的主体本身还是通过"智性直观"而被直接把握的，由于它——作为道德主体的能设定自己的"自我"——是费希特哲学的第一原则，故而，智性直观即构成了其哲学体系的基础。需要说明的是，费希特所谓的"智性直观"是不具有任何感性材料的"一种作为对主体-客体的自我的纯粹直观"②，它相当于康德的内直观方向上对非对象的、不显现的先验对象（如自我、自由意志等）的"悟性直观"，③而非作为本源的直观的"创造性直观"。如果我们不考虑费希特与牟宗三对"智性直观"（或智的直觉）的不同理解，那么牟宗三确实与费希特对康德持相近的改造之途。但是，我们知道，牟宗三的"智的直觉"其实是一种本源直观意义上的"创造的直觉"，而且他还赋予"性体"（即自由意志）以"主观性、创造性和绝对性"的意义。这令我们在比较他们的思路时，不得不采取慎重的态度。

赖贤宗教授认为，牟宗三的"智的直觉"即是孔子的仁与孟子的本心，其"真善美合一说"有近于谢林以"智性直观"为艺

---

① 这颇类似于牟宗三把"物自身"概念视为没有实在性的"超绝的观念论"。不过，牟宗三依中国的传统，赋予它"价值意味"的概念的地位，成为"抬头举目浑全只是知体著见"的自由之后果。
② 费希特，*Wissenschaftslehre nova Methodo*，S. 31，转引自倪梁康《"智性直观"在东西方思想中的不同命运（1）》，《社会科学战线》2002 年第 1 期。
③ 参考本书第三章之"实践的先验原理"一节所引倪梁康教授对"智性直观"的疏解。

术直观和绝对的认知。① 但是，我们须知，谢林的"智性直观"主要是指人类的艺术直观，同样与牟宗三强调"智的直觉"作为宇宙生化和道德自律的创造性不同。②

综而言之，"智性直观"的涵义在康德那里最为丰富，但他对其所做的限制也最严格，费希特与谢林则都把"智性直观"当作能认知主体"自我"的认知能力，是一种能直接把握"作为客体的自身"的同一的、独立的、非感性、非对象的知识行为，是一种其所思考的对象与存在的对象的"相即性"、思维与存在的"同一性"。

不过，这种作为"知识行为"的"智性直观"在德意志观念论的发展中，却遭到了黑格尔的质疑和拒绝。黑格尔认为，它是一种"空洞的可能性"、"知识空虚的幼稚表现"，是"一切牛在其中都是黑的那个黑夜"。③ 但是，黑格尔虽然拒绝了费希特和谢林的"智性直观"，却以"绝对的知识"来取代它。其不同只在于这种"绝对的知识"不是那报晓的"晨鸡"，而是傍晚才起飞的"猫头鹰"，亦即，它不是"在绝对中一切同一"这样的空洞命题，不是作为哲学体系的开端的抽象而单一的绝对，而是"本质上是个结果，它只有到达终点才真正成为它之所以为它"的那种丰满的、完美的、充实的知识。④ 而要达到这种知识，则需通过其绝对精神本身所包含的"对立的东西"相互过渡的运动，亦即，对于绝对精神本身而言的一种"自否定"的创造性活动。

---

① 参见赖贤宗《德意志观念论与当代新儒家的道德的形上学》，吴光主编《当代新儒学探索》，第169页。
② 即使这种"艺术的直观"也是创造性的直观，其"创造性"也与牟宗三以"智的直觉"为宇宙生化和道德的创造不同。在牟宗三看来，艺术的创造性实际上是"艺术家的天才生命的发挥"或艺术家之"气"（才情、才气）的表现，并不是真正的创造性，相反，只有道德的创造才是真正的、与宇宙生化相类似的"无而能有"的创造。
③ 黑格尔：《精神现象学》（上），贺麟等译，商务印书馆，1979，第10页。
④ 参见倪梁康《"智性直观"在东西方思想中的不同命运（1）》，《社会科学战线》2002年第1期。

第三章　真实的主体：牟宗三政治哲学的人性之基　　213

　　这样一来，那曾经被黑格尔拒绝了的"智性直观"，又回到了他的哲学之中：他拒绝的其实是那种作为"认知"活动的，"无论怎样说来说去，都不能离开原地前进一步"的知识行为，却承认了一种对"智性直观"作为创造性活动的积极的理解。这就是黑格尔的主体与实体统一、规定性与能动性统一、作为创造性活动的绝对者①的能动的、创造性的冲动，也是他所批判和拒绝的"智性直观"中被他忽略而以另一种方式承认的"创造性的直观"——本源的直观。

　　正是在这里，那个以"性体"为"能收敛、凝聚而有所成的有目的创造性能力"的牟宗三，那个把性体、心体视为自由意志（不仅是自给法则、自定行动方向，而且以此规定自己）的牟宗三，那个把性体视为"主观性、客观性与绝对性"合一、即心即理、心理合一的牟宗三，其实在其哲学的总体建构上，更接近于黑格尔。② 我们还可以找到其他的佐证，例如，他强调黑格尔是个好的历史哲学家；他对辩证法的重视是直至晚年讲《中国哲学十九讲》时也不曾忘记的；他毕生坚持的"自我坎陷"说即来自黑格尔的"自否定"说，以及意志（或精神）的创造性冲动的一

---

① 对黑格尔的"绝对者"的这种理解，请参见刘永富《黑格尔哲学解读》（中国社会科学出版社，2002）一书。在该书中，刘永富把黑格尔的绝对者视为"惟一的生命"，是"创造性活动"、"实体与主体的统一"、"创造性与规范性的统一"，而这一"绝对者"同时即是绝对精神。还可以参考邓晓芒教授《思辨的张力——黑格尔辩证的新探》（湖南教育出版社，1998）一书，在该书中，邓教授把黑格尔的"理性"视为所谓"努斯精神"（代表个体自由的能动性和超越性）与"逻各斯精神"（代表普遍的确定性与规范性）的统一。他们的具体表述不同，实质却无歧异。

② 虽然在其哲学的具体环节上，牟宗三借助康德的"超越的分解"方法对儒家做了系统化的改造，但是，他更进一步把已经超越分解而系统化的儒家进行了黑格尔式的"辩证综合"的加工，从而获得了"哲学原型"的形式，为其后来从事"判教"的工作奠定了基础。当然。牟宗三认为，黑格尔式的"辩证综合系统"须以"超越分解系统"为根据，方得言之无碍。牟宗三强调，辩证须是就着实践而说才行，"辩证根本是实践上的事，并且亦是精神表现上的事"，"根本不能在知性上讲"（参见牟宗三《论黑格尔的辩证法》，氏著《生命的学问》，广西师范大学出版社，2005，第176—186页）。这也正好与其强调"实践的智慧学"作为哲学的原型相一致。

面；他如黑格尔一样地重视普遍性与个体性的合一；他更是经常使用黑格尔的"具体的普遍"、"真实主体性"、"在其自己"、"对其自己"等概念术语。①

以上所述表明，牟宗三的"性体"即自由意志，是一种与理性的思辨运用不同的实践运用（即实践理性）。② 我们知道，理性的这两种"运用"是很不同的，前者其实只是起到"来料加工"的"工匠"的作用，它只是在"改造者"的意义上来为自然立法；后者则是完全的创造性自身，它仅凭自己就为"道德实践"立法，创造了一个伦理道德的价值世界。不过，若"性体"只是创造了这个伦理道德的价值世界（即作为所谓"意义本体"），那么，它就不足以为真正的"创造性实体"。也许，牟宗三本人也未曾意识到，他正是由此、借助"智的直觉"这一契机，迈过了康德而来到了谢林、黑格尔的"理性－精神"的"创世论"。谢林以其"同一哲学"克服了在康德哲学中的知识的确实性和意志的实在性的矛盾，把"理论理性"剔除出其哲学，只留下"一点被动性也没有"的"实践理性"。这种纯粹实践理性，或者自由意志、绝对精神，就构成了谢林、黑格尔哲学的出发点和归宿。当然，在谢林那里，出发点与归宿是"直接同一"的，而黑格尔

---

① 牟宗三虽然严肃地指出，他借用黑格尔的术语以做诠表上的方便，并不意味着他把黑格尔哲学的内容等同于儒家的成德之教。不过，他似乎没有意识到，当他接受一套诠表方式的时候，也同时表示着他对这套诠表方式背后的理论系统，有着相当的认同。我们可以从以下一语看出一些端倪，即牟宗三所说"宋、明儒所发展之儒家成德之教，一所以实现康德所规划之'道德的形上学'，一所以收摄融化黑格尔之精神哲学也"［牟宗三：《心体与性体》（上），第34页］。

② 当然，牟宗三或许不愿意承认"性体"是理性的实践运用。因为，对他来说，理性只是虚悬的形式，只有推理和计算的能力，只可以辅助人的实践而不能指导人的实践。亦即它不像意志那样具有自主自律、自给法则、自定方向的创造能力。关于这一点，我们已经多次申说。但是我们还要强调，若是牟宗三能够理解理性的那种纯粹自发性、自动性因而能够"产生一种自在地本身就是善的意志"的一面，他应当会抛弃那种不必要的忌讳，而以"性体"为纯粹实践理性，"心体"为彻底善良的自由意志。

则将其视为一个"辩证的开显""辩证的综合"的过程。在这个过程中,"理性-精神"从高处类似于"天使'坠入'人间"般"下入"(fallen, fall)现象界,并最终回到自身,成全自己、完善自己。① 而牟宗三也强调"知体明觉"(实即"性体")必须自觉地"自我坎陷",即坠入到现象界,创造现象界,整理现象,最终成全自己,完善自己;这同时是理论的活动,又是意志的活动。通过赋予"性体"以创造性的能力与活动,牟宗三把性体处理成他在《历史哲学》中所说的"超越的绝对实体"或"普遍的道德实体"。

二 道德实践与真实主体性的实现

性体、自由意志、知体明觉,作为"创造性之在其自己",同时也即是超越的绝对实体,不仅创造了伦理道德的价值世界,而且也创造并整理现象界。亦即它作为创造的实体,体现了那作为"绝对的有"的实体的自由。自理论上讲,它会通过各种创造的活动来证明自己、显现(表现)自己、实现自己,从而使这"实体的自由"进展到"主体的自由"。在中国历史上,体现此"实体的自由"的,是圣王的"尽心、尽性,尽伦、尽制",从这一面说,这种"实体的自由"是实的;但从整个社会及个体来说,则此种"实体的自由"仍是虚的。其中的曲折,就在于中国传统上未发展出客观化的、带有个体性原则的"主体的自由"。也就是说,那普遍的精神,没有通过个体的自觉而发展为主体自由,主体精神与绝对精神之间的"对反"未能彰著,而所谓"实体的"、"客观的"自由仍是含藏在意志中未曾发展出来的抽象的自由。这就使得由"圣王"所代表的"统一"不能有机地和谐起

---

① 以上关于牟宗三的"创造性自身"与谢林、黑格尔的"精神""创世论"的比较,深受叶秀山先生《哲学作为创造性的智慧》(江苏人民出版社,2003)一书的影响。

来，即不能通过各个体之独立性而重新组织起来。①

当然，这里所谓的"未发展出'主体的自由'"并非绝对的，亦即这并不妨碍中国传统中存在着一些能够有其独立主见和意志的个人，有其主体性。牟宗三就明确指出中国历史上存在着"道德的主体自由"和"艺术性的主体自由"：中华民族中的个体在其"尽情尽理，尽才尽性"且能容纳任何人尽量地"尽"的过程中，由各个体产生反省的自觉，便表现了主体的自由而成就其为"独体"；主体的自由表现了一个"对反"：一方面是"精神主体"澄清而上露，另一方面是"自然（客体）"（如自身的物质的成分）的被刺出而下沦，"自然"之被刺出，精神主体即能遥契那道德实体、绝对精神而获得证实；而且，因这遥契与证实乃经由"自觉地"与"自然"对反连带而成，故自然成立，主体精神成立，绝对精神亦成立。依此三者之成立，主体精神或得以成为肯定的、必然的"不容已之真几"、一切理想价值之源，而以其不安之不容已以尊生，并尽性尽伦，肯定个体，表现精神与价

---

① 牟宗三的这一系列的思想，显然受黑格尔《历史哲学》的影响甚深。黑格尔把民族国家视为"普遍的精神生命"。他在《历史哲学》中比较中国和印度的政治生活时指出，中国除皇帝外，一切居民均处于皇帝之下、没有独立的主体自由的平等地位。不过，"这种'统一'进展到第二阶段，便是'区分'。一个有机的生命第一需要'一个灵魂'，第二才须分化区别，而且各在它的特殊性里发展为一个完整的系统；但是它们的活动使它们再组成上述的一个灵魂"（参见黑格尔《历史哲学》，王造时译，上海书店出版社，2006，第133—134页）。牟宗三在此所谓"实体的自由"，即来自那统一的"一个灵魂"，而"主体的自由"则来自分化区别后的个体特殊性的活动，来自有其主见和意志的人格设定差别的活动；"实体的自由"只是抽象的自由，因为其中缺乏个人的洞见及意志，而在此之下的命令、"法律"皆被认为是某种固定的、抽象的东西，万民个体对之处于绝对服从的境地。这些命令、法律不需要契合于个体的愿望，而个体也只是"不自觉的赤子"，他们对于圣王及其命令、法律的顺从，亦如没有他们的意志及洞见而顺从他们的父母。他们虽无不自由，却无主体的自由，因为他们没有经过反省自觉而表现其主体性，从而并无其"真实的存在"，亦即不能在统一体中有其真实的权利与义务。至于"主体的自由"，它只能在个体中被表现，并构成个体在其自己之良心的反省，因之通过自己的意志与洞见，表达自己的真实的权利与义务，显示出其与统一体或绝对实体的辩证统一。

值，从而成就"道德的主体自由"；或得以成为"尽情、尽才"的艺术家、诗人以及"尽气"的"打天下的英雄"，此即艺术性的主体自由。这两方面，分别体现了中国文化中的"综合的尽理之精神"和"综合的尽气之精神"。

主体的尽性尽伦，肯定个体，表现精神与价值的能力，即证明自己、显现（表现）自己、实现自己的能力——本心、心体或仁体，作为形著或实现"创造性之在其自己"的"主观性原则"①，虽然不能离乎现象界，却并非现象界的存在；其创造性也不体现为"来料加工"式的"改造"，而是由其"不安不忍"的觉情来创造性地自给行动法则、自定行动方向。但是，道德的主体自由此时还只是主观精神或道德实践的主观根据，尚未获得那不可或缺的客观精神以为其客观根据。然则，客观精神从何而来？在西方，它来自民族国家的有客观意义的、约定好权利义务的政治、法律；中国则由于"不是一个国家单位，而是一个文化单位"②，其政治、法律只在维持道德伦常的教化作用，而不在约定权利义务的客观规定，因此，其"道德的主体自由"的客观精神，只能以个人方式，依尽其在我之意义，在绝对实体中求，即在自身中寻求。这种"寻求"是在道德实体中、在普遍的精神生命中，通过尽性殉道，来逼显那客观的精神。这种做法到最后固然有"亡天下，匹夫匹妇皆有责"，但就日常的状态而言，个人的权利义务关系确实无能确定。

正是由于在中国传统文化中客观精神的阙如，牟宗三才提出

---

① 不过，在这里又显出牟宗三之不同于谢林与黑格尔的地方，尤其是黑格尔。黑格尔强调绝对精神经过"自我否定"，创造自然界，而即使这自然界最终也是朝向"理性－精神"的实现自己而发展，即使"连僵硬冰冷的石头中也会呼喊起来，使自己超升为精神"，但这毕竟是一个现象界。至于牟宗三，性体、自由意志所创造的却不是现象界，而是"担水砍柴无非妙道""抬头举目浑全只是知体著见"的本体界（智思界），现象界则是由识心之执建构成的服务于此创造实体的"权用"。这是值得注意的。

② 《牟宗三先生全集9·历史哲学》，第82页。

"性体"作为天命贯注于个体的"自性原则"①，以奠定道德实践的客观根据、确保道德实践有其客观精神。它既是天命道体在个体（个人）身上的体现，又能收摄主观的本心、心体、仁体的创造冲动，使人的行动真正成为能有所成就的道德创造的行为。因此，性体亦是能自主自律、自给法则、自定方向的主体的能力，此时，主体所给的法则、所定的方向，就不再是"情识而肆"、"虚玄而荡"的光景，而是实有其事、实有其理的实事实理。

此"实事实理"从何而得？当由牟宗三所谓"道德性之三义"而得。此即"截断众流"、"涵盖乾坤"和"随波逐浪"。②

所谓"截断众流"等，原本是云门禅系的修禅心法之一。依提出此三语的德山缘密所颂"堆山积岳来，一一尽尘埃；更拟论玄妙，冰消瓦解摧"，可知"截断众流"的原本意思是：无论参禅者带来多少难题，都将其视为尘埃；而如果学人还要进一步论玄说妙，纠缠于枝蔓葛藤之中，就要立刻将之摧断，亦即针对学禅之人易陷于情识义理、语言文字之迷障，而即刻打断其固定思维方式，使其返本穷源而见道的做法。牟宗三借之以说明其"道德性三义"中的第一义，即康德《道德底形上学之基本原则》（即今译《道德形而上学奠基》）中"将属于他律性的一切道德原则，或是属于经验的，由幸福原则而引出者，或是属于理性的，由圆满原则而引出者，尽皆剔出，而唯自'意志之自律'以观道德法则，这在显露'道德性当身之体'上说（这是关于道德理性的第一义），可谓充其极矣。这也是'截断众流'句也"。③由此可知，"截断众流"在这里的意思是：为保证自身的纯粹性

---

① 在此须注意，作为"自性原则"的性体与作为创造真几或绝对实体的"性体"之间的分际，虽然两者在内容意义上相同，但是，它们却有不同的指涉。严格说来，把后者称作"天命"、"道体"、"神体"更为恰当。
② 牟宗三借用云门禅系的修禅心法来说明道德性的三层涵义，并未拘泥于这三句话的原始顺序。而是把"涵盖乾坤"句与"截断众流"句的顺序做了颠倒，这显示了他不拘一格、为我所用的理论创新的品格。
③ 牟宗三：《心体与性体》（上），第112页。

与超越性，道德理性必须把自己与所有经验性的道德原则，或虽属于理性却由圆满原则所引出的道德原则严格区别开来。这种"区别"就是"截断众流"，道德理性在此"截断"的"众流"，即所有经验性的道德原则和虽属于理性却由圆满原则所引出的道德原则。这其实是让道德首先与质料性的因素严格区分，从而祛除其随意性，以使道德的主体自由获得其客观精神，为主体的道德实践成为真正的道德实践提供自律的形式法则。

所谓"涵盖乾坤"，其原意谓"真如佛性处处存在，包容一切，万事万物无不是真如妙体"，牟宗三以之来凸显其由道德的仁心性体向宇宙创生之本体、绝对实体的渗透，说明个人的自性原则、存在之理、实现之理，是直接来自宇宙的创生之真几。这实际上是为其"内在的道德性"奠定一个坚实的哲学形上学基础。牟宗三指出，康德在《道德形而上学奠基》中只完成了第一义，而不及此"涵盖乾坤"义，并认为这是由于他局限于以"意志自由"为设准，而没有意识到其"道德底形上学"本来即含有一"道德的形上学"，反倒由"自由意志"的设准以说明道德，并反显上帝的存在而叠床架屋地建立"道德的神学"，终而不能使其道德哲学实现其"真正的大众化"。

道德的主体自由要能真正大众化，就不能局限于无内容的自律的形式法则，而必须进到"随波逐浪"。这原是云门宗"随缘适性"的生活方式与"对机接引"的启悟学者的参禅方法。牟宗三借以说明其道德性的第三义，即在"践仁知天"的工夫中具体表现，做出具有存在性的、历史性的、独一无二异地而皆然的道德决断。这道德决断并不同于康德的由定言命令表达的道德判断，亦即它不是抽象的、形式化的命令，而是面对具体情境的具体而又普遍的命令，你要做的事是"任何人在你的立场上都要作的事"或"你所能作的"、"任何人不能替你作的"。[①] 这种"任

[①] 马克斯·谬勒：《存在哲学在当代思想界之意义》，张康译，《现代学人》1962年第4期，转引自牟宗三《心体与性体》（上），第156页。

何人在你的立场上都要作的事"和"你所能作的，任何人不能替你作的事"，就是既生动活泼，又能避免"情识而肆，虚玄而荡"的实理实事。这就是道德的主体自由。不过，牟宗三所顾念在兹的客观精神的问题，仍然没能得到解决。

三 道德实践、政治哲学与公共治理

前文从"性体"即作为创造的绝对实体的自由意志①，凸显"实体的自由"，以明其"于创造的活动中成全自己、规定自己"的意志活动。但是，就个体的道德实践而言，仅有此"实体的自由"还不足以使其行动为真正有意识的行动，亦即道德的行动，因而，"实体的自由"之下，还须个人的自觉反省以有其个人的洞见与意志，豁醒其主体精神，而有"主体的自由"，并进一步，此主体的自由还须是"绝对精神、客观精神与主观精神"的结合。从而，作为道德实践的客观根据，同时规定着道德的主观根据（即本心、心体与仁体）的"性体"，进入了我们的视野。

依牟宗三，"性体"不是也没有包含"善是什么"这样的概念。他认为儒家的（同时也是他的）道德哲学，不是通过"把眼前的不道德的活动加以否定即可显出道德"的方式，而是"直接由道德意识所呈露的道德实体"的方式来讲道德。② 这亦如康德不以"善"为其道德哲学的首出概念，而以区分善恶的标准，即法则，为首出一样。他说："意志之被决定至于行动，大分言之，可有两路：一是以对象为首出，空头地以对象为意欲之决定原则，一是以法则为首出，以法则为行动底决定原则。前者并不真能表明实践理性之对象——真正地道德的善或恶者，只有后者始能之。"③ 牟宗三借康德《实践理性批判·分析论》中讲"对象

---

① 在某种意义上，自由（意志）即创造，而且是"无中生有"的创造性自身，是一种能有所凝聚与成就的创造性冲动。
② 牟宗三：《现象与物自身》，第451页。
③ 《牟宗三先生全集22·圆善论》，第174页。

概念"时区分"善的概念"是以实践法则为基础,抑或是实践法则之基础的不同,指出道德若是自律的道德,则必须以"实践法则"为首出,因为只有"实践法则"才是能决定对象的道德上善或恶的标准;相反,若是以"善的概念"为实践法则的基础,则此"善的概念"或是经验的或是理性的,前者以幸福或感受性的情感为标准,后者以理性的完善性概念或上帝的意志为标准,判断一行动的善恶,去规定行动,导致"他律道德"。牟宗三由此得出结论说,道德实践须以能决定行动在道德上是善或恶的"实践的法则"为首出的概念。

不过,牟宗三并不满意这个结论。在他看来,道德法则(即实践的法则)只是"理",它没有"心"的活动义,不能为道德的行动提供动力,因而,还不能使道德成为真正的自律道德。然则,什么才能真正是道德实践的首出概念呢?依牟宗三,只有能综合康德的道德法则和良心两种含义于一体的"自由(意志)"、"心即理的义理之性",或曰绝对精神、客观精神、主观精神合一的性体心体、良知,才能作为道德实践的首出概念。它们虽然"名称"不同,但实质一样,是直接由道德意识所呈露的道德实体,既包含作为实践法则的"理",也有道德觉情底本质作用的"心",具有作为道德实践的动力的"义理之性"。①

由于这种"自由(意志)"是道德主体的来自那"於穆不已"之天命的性体(故能"涵盖乾坤"),在其"截断众流"的自律、立法活动中,自主地、创造性地作那"任何人在你的立场上都要作的事"。故而,其中的"心之所同然"的理义,不只是那外在的、虚悬的、形式的理,而是一种纯然自动性、自发性的"活理"、"动理"、主动理性(active reason);其中的"心"也不是"虚玄而荡,情识而肆"的念虑妄作,不是杂染有感性的感受性的形而下的感情,而是"超越的义理之心"、"纯理性的心"。

---

① 牟宗三认为,这种"心即理之义理之性是动力"是孟子之教说之最紧切者。参见《牟宗三先生全集 22·圆善论》,第 65 页。

它们各自体现了那绝对实体的创造性冲动与限制性普遍规范，同时又把它们结合为一体。从而，由这种"自由意志"而来的道德实践，即是那自发、自愿且纯亦不已的德行。说它"自发、自愿"，是因为它来自"心之本质作用"的促动；说它"纯亦不已"，乃是由于它接受"理义"的指导。但归根结底，此德行仍是受其主体的意志自身的指导。因为这"理义""非由外铄我"，乃是我固有之的内在的"仁义"，是我的本质力量、我的尊严，以及人之所以为人的人性、德性。这样的行动，乃是以纯然至善、究极的善为其鹄的的行动，以人的尊严为目的的行动，它全然不考虑那作为外在目的的结果。

不过，问题是：这种以究极的至善、以人的尊严为目的而完全不考虑那作为外在目的的结果的善行，到底是不是圆满的至善？这是一个被这种纯粹的道德哲学（暂时）撇在一旁，却与现实密切关联的问题。在此，牟宗三与康德一样，都认为这是人作为"现实的、现象的存在"（而不仅仅是"理性的、智思界的存有"），对德福相配的圆满的善正当而必然的欲求，一个不可否弃的要求。由此，遂有了康德"纯粹实践理性的二律背反"，有了牟宗三"正命"与"气命"、"所性"与"所欲所乐"的分疏。

康德对"实践理性的二律背反"的解决，是诉诸"灵魂不朽"、"上帝存在"的悬设来达成的。所谓"实践理性的二律背反"，即是德性的完善性（最高的、究极的善）与得享幸福的矛盾，亦即在现实中，有德的人未必享有幸福[①]，而享有幸福的人却未必有德性。这表明，德性与幸福的关系，并不是一种分析的关系，亦即德性的概念中并不包含幸福，而幸福的概念中也不包含德性；只有把德性与幸福综合起来，才能构成真正的、圆满意

[①] 所谓幸福，"是现世中一个有理性的存在者的这种状态，对他来说在他的一生中一切都按照愿望和意志在发生，因而是基于自然与他的全部目的、同样也与他的意志的本质性的规定根据相一致之上的"。参见康德《实践理性批判》，邓晓芒译，第 171 页。

义上的至善。为了消除这种矛盾，康德提出了"灵魂不朽"的悬设，以保证至善的最先和最重要的部分，即德性的必然完整性，能在"永恒"中完成；又虚设了"上帝存在"，以提供一个与那完善的德性相配的幸福的可能性。

牟宗三不满意于这种依托于基督教传统的别教的、委诸冥闇的彼岸世界的解决办法，因为这种解决办法把那"理性的"对绝对而无限的智心之体证与确立，转而为一非理性的、人格化的绝对而无限的个体存有（即"神"），有其虚幻性，是理性外的（虽然是依附于理性的超越的）情识作用，而不是理性的决定；从而，他另起一种圆教的、理性的，却是诡谲相即的解决办法。此即牟宗三在《圆善论》中所欲完成的任务。

在该书中，牟宗三先是疏通《孟子·告子上》，以明确其"人之所以为人之性"的人性实性与"生之谓性"的气性自然质性之为人的"虚性"，以及仁义内在与仁内义外之辨，培养操存此仁义礼智之心而不使其放失以从其大体、修其天爵等基本义理。其要在明确"普遍本有的仁义之心"的性善之性作为人性之实性，与"生之谓性"的人之虚性，在"人性的结构"中的不同地位。①

与"仁义之心"的善性作为人性实性，而"生之谓性"的气性作为人之虚性相应，牟宗三区分了"心、性、天"与"命"② 在道德实践上的不同地位。此即《孟子·尽心上》所说"尽其心者，知其性也；知其性则知天矣。存其心，养其性，所以事天也"与"夭寿不贰，修身以俟，所以立命也"的不同。我们在道德实践上对"心、性、天"是持"尽心知性知天、存心养性事天"的积极的有作为的态度；而对于"命"则持"夭寿不贰，修

---

① 在此，我们没有提到知性层面的认知我。这是因为此处所说是道德实践之事，而知性层面的认知我所对应的，是作为理解中的事物的现象，于此应有所分别。

② 注意，此处所说的"命"，不是"天命"之"命"，亦不是"命令"之命。而是"气性"的命运之"命"，人生际遇之"命"。

身以俟"的消极无为的态度。这是由于"心、性、天"是内在于我们的实理实事,我们对它"思则得之,不思则不得"①,"求则得之,不求则不得",从而,我们对它的积极的有所为的"尽、知、存、养、事",就是一种"求"则"有益于得","思"则能实现它、成全它的过程,故有"先天而天弗违,后天而奉天时"之说;反之,"命"则是"实践上的一个虚概念"②,是个体命运与无穷复杂的"气化"之流的相顺违,它并不是理性所能掌握的,而是一个非常渺茫的概念,因而是"修行上气化方面的一个'内处的限制'之虚意式的概念"。③ 人们对之只能"随遇而安,而安之若命"。不过,人们在此虽不能积极地作为,却可以因着"修身以俟"而确立、因着"顺受其正"而正当化,并进而因着"天理流行"之"如"的境界而被越过被超化,以免于"桎梏而死"之非正命。概言之,命虽是"求之有道,得之有命"的"求无益于得"的"求在外者",人们对之不可积极有为,而只能"顺受其正"或"越过超化",但它作为道德实践中的一个限制概念,却不可不被正视,即一方面积极地"尽心以体现仁义礼智之性",另一方面消极地"克服动物性的泛滥以使其从理"。④ 这就是所谓的"性命对扬"。牟宗三认为,西方道德哲学家因只是哲学地分析道德的基本概念,而不曾注意个人存在的实践工夫,故而不曾有"命"的观念,不能切实于道德实践,不能对道德生活有存在的体验,也就不能在"转化自己行动中的主观必然性不即是客观必然性"和训练人的道德性方面有积极的作用。

除了"性命的对扬"外,牟宗三还分疏了"所性"与"所欲所乐"的不同。他承认"所欲所乐"有其存在的积极的理由,

---

① 这里的"思",其实就是心的本质作用。"思则得之"就表示,若我们发挥它的作用,我们就能继续保有它。又由于它是我们人之所以为人者,我们发挥它的作用,即是实践之,即能保有之,从而即是创造它,成全它,实现它。
② 《牟宗三先生全集 22·圆善论》,第 139 页。
③ 《牟宗三先生全集 22·圆善论》,第 141 页。
④ 《牟宗三先生全集 22·圆善论》,第 146 页。

但认为其价值是可以量化并加以比较的,即"其价值之不同是在级度中者"①,具体而言,它们或只是满足人之感性欲望或权力欲望而为"利己之私";或只具有"中天下而立,定四海之民"的利人之公的功德;而即使是"王天下不与存焉"的君子之"三乐"——天伦之乐、无愧怍的修身之乐和文化上的师友之乐,也是可以量化而置换的。因为它们都属于"幸福"的一面。唯"所性"者,其价值不在级度中,为不可量化不可置换的绝对价值。②因为"所性者"乃在"尽性"、"成德",将其本有之善性体之于己身之言行而使自己有尊严。这就是"内圣"之事,亦是"德性"之事。

就这样,牟宗三把康德的"实践理性的二律背反"转化成中国式的"所性"与"所欲所乐"的矛盾,并进而转化为"内圣"与"外王"的关系。他说:"尽性成德是属于内圣之事,这是我之所能掌握者(求则得之,舍则失之)。所欲、所乐,乃至基本三乐乃是'得之有命'者。(无愧怍之乐一般言之,固是我所能掌握者,然究极言之亦是得之有命者,生命驳杂的人并不易得。亦如尽性是我们能掌握者,然尽至何度亦是有限制者,有限制即是有命,虽君子不谓命也。)既是得之有命,故非我所能掌握者,是求之在外者也。虽非我所能掌握,然亦君子所不废,亦即人生之道德施展上所必然要求者。"③ 此处虽未直接说"所欲、所乐"是外王之事,然而,就其与"所性"之"尽性成德"之属于内圣之事对举,且下文又述及内圣、外王之关系,故可将"所欲、所乐"视为外王之事。

牟宗三对"所性"与"所欲、所乐"或内圣与外王关系的分疏,一如其对德福关系的理解。他说:"依儒者之教,内圣必然

---

① 《牟宗三先生全集 22·圆善论》,第 156 页。
② 孟子曰:"君子所性,虽大行不加焉,虽穷居不损焉,分定故也。"(《孟子·尽心上》)"分定"之德行,即具有不可量化、不可置换的绝对价值。
③ 《牟宗三先生全集 22·圆善论》,第 163 页。

函蕴着外王,因无隔绝人世独立高山之顶之内圣。然外王之事必以内圣中之德为条件。(不是说先成了圣人才可以为王。圣人不必是王者,王者亦不必是圣人。内圣与外王的关系是综和关系,不是分析关系。内圣必然函蕴着外王,这是综和的必然,非分析的必然。故只说外王之事必以内圣中之德为条件。)如是,吾人在此必须注意,即,吾人不能因为内圣必然函蕴着外王,就说外王之可乐就是所性,就是说,不能因为外王之事必预设内圣中之德为条件,内圣中之德亦存在于外王之事中,便说外王之事就是所性。我们只能说外王之事是性分之所综和地函蕴者,但不能说就是性分之本身。凡所乐者(基本的三乐亦在内)都是性分之间接地综和地所函者,而不是性分之本身。"[1] 这段文字中有许多复杂难明的表达,需要加以澄清。例如"内圣必然函蕴着外王",按一般的理解,"必然函蕴"当该表示"内圣"是一整全概念,而"外王"是其中一个部分,若无外王,则此内圣必有缺。但牟宗三接着又指出,此种"函蕴"不是"分析"地函,而是综和地函,亦即通过分解"内圣",我们不能在其结果中发现"外王",此即表示内圣与外王之间只有间接的、体现为一种综和的"必然要求"的关联;又如"外王之事必以内圣中之德为条件",然而,内圣中之德到底是外王的什么条件,仍是不明确的。因为,内圣与外王并非处于同一层面,而是两种异质的因素,它们相互结合才能完成"圆善"。[2] 事实上,牟宗三此处的分析的确有其混乱处。他带给我们的只有如下比较确定的结论:内圣是属于"智思界的存有",是人的性分本身,是"所性"之事,人只要努力去

---

[1] 《牟宗三先生全集 22·圆善论》,第 163 页。
[2] 笔者认为,此处所显的"内圣中之德"到底是外王事业的什么条件,需要从牟宗三对"现象与物自身的超越区分"来理解。依牟宗三,同一物、事、行为,从"无限智心"看,是物自身;从"识心"看,是现象。问题中的"外王"亦可作如是观。当其为"现象"时,内圣中之德与它分属异层,故有"圣人不必是王者,王者亦不必是圣人";当其为"物自身"时,说内圣即是外王亦可,说内圣中之德为外王的条件亦可。但人之为"有限者",当属常情,"外王"为现象较常见,故人需要一种"构造"的活动以成全自己。

"思"、"求",就能"尽性成德";外王是属于"现实的存在",人的所欲、所乐之事,只是"性分所间接地综和地函蕴者",我们即使努力于"求",也未必求得到,因它属于"求在外者",依赖于无穷复杂的"气化"之流;内圣与外王虽分属两界,却有着一种关联,不过这种"关联",不是对立并列的关联,而是隶属的关联,即本末之关联,"本末是就人生之价值意义说,不是就时间先后之实然说。价值意义之本末意即幸福必须以道德为条件。不可逆其序而说道德以幸福为条件"。[1]

牟宗三此处就个人在内圣中之德与外王之事业方面的复杂关系的分疏,若剔除其混乱而复杂的表达,其实与康德对"德性"与"幸福"的矛盾关系的分析并没有什么不同。他之所以不厌其烦地进行这样的分疏,无非是想突出他对康德委诸信仰以解决"实践理性的二律背反"的方法所怀有的不满。他认为,依西方的传统,"在德福一致(准确的配称)中,德与福是两个异质的成分,然而却有一种必然的连系,此只有靠'上帝'始可能",

---

[1] 此处所说,乃是就个人的道德实践的施展而言,内圣与外王对于"圆善"必不可少。内圣是属于"智思界的存有",外王属于"现象界的存在",它们虽分属不同领域,却有一种价值意义的本末关联,而只有本末结合才可以有"圆善"。这就表明,要使个人的道德实践的施展"圆满",则除了努力"思"、"求"那自己所能掌握的"尽性成德"之外,还必须努力"求"那"在外"者,亦即有一种"构造"的活动,一方面建立数学、逻辑、科学知识,另一方面订定自己的权利义务关系,并努力履行自己的义务、实现自己的权利。否则,牟宗三的道德哲学有无现实的意义,就很值得怀疑了。因为若非有这种"构造"的活动,则牟宗三所说的"自由"、创造等,就只能是那虚假的、逃入内心城堡、猥琐地作自欺欺人的"自己的主人"的自由。牟宗三对 principles of regulative 和 principles of constitution 的翻译,在某种程度上反映了他的道德哲学的一些特色。这两个词组,一般翻译为"范导原则"和"建构原则",牟宗三则在其哲学的不同时期、不同著作中有不同的译法,或是"纪纲之理"与"实现之理",或是"轨约原则"与"构造原则","纪纲"与"轨约",都带有规范与引导的意思,而以"实现"和"构造"来对应同一词组,则表示他是以"构造"来"实现",亦即要通过"构造"的活动来使个人实现自己、规定自己、成全自己。这一想法的形成,深受王兴国教授《牟宗三哲学思想研究——从逻辑思辨到哲学架构》(人民出版社,2007)"纪纲之理与实现之理"一章的启发。

而依中国传统的"圆教"说,则"德福一致不靠上帝来保证,而此时之德福一致(准确的配称)似乎也不好再说为综和关系,它当然仍旧不是分析关系。然则它是什么一种关系呢?这颇不好说"。①

此处,牟宗三透露了两点,一是"德福一致"要依圆教且只能依圆教来解决,二是在圆教的说统中,原本是综和关系的"德性"与"幸福",变成了"颇不好说"的非综和非分析的关系。于是,圆教是什么,其说法为什么能将德福关系的性质改变,就成了牟宗三"圆善论"必须解决的问题。

要明确"圆教"是什么,首先要知道什么是"教"。依牟宗三,"凡能启发人之理性,使人运用其理性从事于道德的实践,或解脱的实践,或纯净化圣洁化生命之实践,以达致最高的理想之境者为教"②,而那些虽然能启发人的"理性",却使之用于"推理"、"直觉的综和"或"经验的综和",以形成逻辑的系统、数学的纯形式的知识和物理化学等经验综和的知识的系统,皆只是"法"而非"教",只有将人的理性运用于各种"实践"的系统,方才是"教"。"教"有两个部分,其一是"依理性通过实践以纯化一己之生命"③ 的成德部分,这是将某种东西通过实践而实有诸己的"得"的活动,成德的结果若是自己所能掌握的"纯化自己的感性生命",则为必然的有此结果,这是"教"的第一部分;若成德所追求的是自己所不能掌握的"期(望)改善人之实际存在"的结果,则此结果是或然的,"成德而期改善人之实际存在"是一综和命题,这是"教"的第二部分。④"教"的圆实与虚歉,首先就是看能否兼顾这两方面。圆实之教即是如理

---

① 《牟宗三先生全集 22·圆善论》,第 171 页。
② 《牟宗三先生全集 22·圆善论》,第 260 页。
③ 《牟宗三先生全集 22·圆善论》,第 262 页。
④ 牟宗三指出,"教"的第二部分是吾人之实践以成德不能不顾及的。否则,只是"偏枯之教"。因为人的实践若只有成德的一面,而忽略、抹杀存在的一面,就等于"自杀",所以,实践必然函着肯定存在的一面,进而函着改善存在的期望。还须注意,此处的"教"(作为"修道"之教、教化)与西方"宗教"的差异。

而实说之教,凡所说者皆无一毫虚歉处,亦即能使"教"的两个部分都圆实饱满而无虚歉;相对的,虚歉之教乃是其所说只是方便的"权说",即对机而指点地、对治地或偏面而有局限地如此说,非如理之实说。当然,这种指点、对治或偏面而有局限的"权说"也有一定的道理,但它本身不是实理,因而此方便的"权说"便有"不尽"之处,而非"究竟之了义"。

以上是一般而论的"圆教",在牟宗三看来,东方的儒、释、道都是圆教,它们都肯定有"无限智心"[①]的存在,由此"无限智心"以确立圆教,才使德福一致有其真实的可能。

就儒家的"圆教"而言,牟宗三认为,"圣人初始所说大抵皆是当机而说者,很少是纯客观地如理实说或圆说。圆实之境大体皆是后来之发展或后人之引申。而且越重视具体生活而较少玄思者越是如此,此如孔子。但孔子之教亦有其圆实之境,此虽是后人之发展,亦是引申的发展,但其所决定之方向本可含有圆实之境非是外来的增加"[②]。此即是说,儒家之作为圆教,在孔子处尚未定型,虽然其所决定的方向本可含有此圆实之境,但孔子毕竟没有充分地"如理实说",他只是从其道德意识出发,在"践仁以知天"的过程中,以其"不安不忍"之仁心之不容已的"感通"与"遍润","己欲立而立人,己欲达而达人"、"修己以安人"。这还只是一个圆教的雏形,还需要后人的引申与发展,所谓"夫子以仁发明斯道,其言浑无罅缝",尚有待"孟子十字打开,更无隐遁"。孔子之后,儒学经历了荀子经董仲舒到王充的歧出,但更经由孟子、《中庸》、《易传》而先完成一圆环,复由周敦颐、张载、程颢、程颐、胡宏、朱熹、陆九渊、王阳明、王

---

① "无限智心"在儒释道三家各有不同的名称与表现。在儒家,则是仁体、心体、性体、良知(知体);在道家,则是玄智、道心;在佛家,则是般若智、如来藏自性清净心。由此"无限智心"而保证其"成德"与存在之谐和于德(此处的"德"与"存在",各家异指,但都不碍此"谐和"),故足以开德福一致所以可能之机。

② 《牟宗三先生全集 22·圆善论》,第 260 页。

畿等人的发展，才真正完成其"道德的形上学"而成为"圆教"。

关于孔子之后，儒家"道德的形上学"的发展，前文已有申述，此处不再赘述。但仍须对此"发展"做一"判教"① 的工作。牟宗三认为，孟子是孔子之后，首先将孔子的当机指点分解地充分展现、撑开者，故其虽有英气不如圣人圆融，却于此"仁教"居功至伟；其后《中庸》、《易传》从客观面将此"仁体"、"心体"接通"创造之源"而为"形上的实体"，于是有"参天地赞化育"和"乾坤并建，尊乾而法坤"之说，此时，儒家之"圆教"尚在形成中，不言"判教"。至宋、明儒，始有"判教"之说。② 牟宗三对宋、明儒所做的"判教"，即是人们耳熟能详的"三系论"。已有许多学者就"三系论"的问题进行过细致的研究，拥护推崇者有之，批评否定者有之，客观评述者有之，进行详细的梳理与论衡者亦有之。③ 其间的理论得失，且不论矣，却不可不探讨这种"分判"的根据与标准。按照杨泽波的说法，牟宗三分判"三系"的标准是"形著论"与"自律论"④，通过

---

① 判教，原本是以客观的态度，对佛家弟子所依循的各种（由佛所说的）通佛之法门以及其说法之各种方式，予以合理的安排。这只是一种"分判"，即分判佛所说之教法而定其高下或权实之价值。这里头并没有"批判"义，所谓"批判"，是对分判后的结果做出断定，对其中的"不谛"之处予以纠正的工作。
② 即使在宋、明儒，他们对儒家道德的形上学也有一个恢复与重建的过程。这个过程从周敦颐开始，经张载到程颢的"一本论"完成，而与儒家的道德的形上学在先秦的发展完成类似，故也可以置诸判教之外。
③ 参见杨泽波《牟宗三三系论论衡》，复旦大学出版社，2006，前言第1—3页。
④ 杨泽波在《贡献与终结：牟宗三儒学思想研究》（上海人民出版社，2014）一书中，把牟宗三划分"三系"的标准由原来的"形著论"和"自律论"改为"形著论"和"活动论"。2017年10月，第十二届当代新儒学国际学术会议在贵阳召开，笔者曾当面请教杨泽波教授，询问其将"自律论"改为"活动论"是出于什么考虑？杨泽波教授当时回忆说：2007年6月，武汉大学召开的第十五届国际中国哲学大会会议期间，武汉大学一位刚刚毕业的博士将其博士学位论文赠送给我，并就此问题与我交流，说"自律论"恐怕不是划分"三系"的标准，性体是否有"活动"义才是牟宗三划分三系的标准；之后，我采纳了他的观点，将"自律论"改为了"活动论"；不过，很抱歉也很遗憾，我不记得那位博士叫什么了。笔者当即对杨泽波教授说：当时那个博士就是区区在下。这是关于牟宗三"三系论"划分问题的一个小小的学术插曲。

"形著论",而力图在保证心宗的内在本心良知的活动性的同时,克服其"玄虚而荡"的弊病;通过"自律论",而力图转朱子学中的"死理"、"但理"为"活理"、"动理"。但杨泽波认为,这只能是牟宗三一厢情愿的想法,实际上心体并不需要性体来保证其客观性,而"形著论"中的"性体"也不能保证心体的客观性;"自律论"中关于道德自律的界说不清又使"三系论"陷入了一个进退维谷的境地。从而,所谓"三系论"就只是一个不成功的"判教"。杨泽波认为,要成功儒家的"判教",须依其"欲性、智性、仁性"三者兼顾的人性三分格局来论衡各家得失。① 杨泽波的最后结论,作为一家之言是可以的,但他借批评牟宗三来凸显这一结论,则是可以商榷的。实际上,牟宗三对宋、明儒所做的"三系论"的判教标准,本文前文已有述及,此处又不厌其烦地予以说明,实是此"判教"工作在牟宗三的"哲学思想体系"中极为关键。牟宗三在《心体与性体》、《圆善论》中虽未明言此"判教"标准,但在其反复的申说中,我们不难抽绎出其分判"三系"所依据的准绳——以对"本体"的不同理解,分判宋、明儒的大宗、正宗与歧出:凡继承孔孟的规模,而把"本体"(亦即仁、心、道、性、理等)理解为绝对精神、主观精神和客观精神合一或创造性与终成性合一的"即活动即存有"者(相应的,于工夫则皆为"逆觉体证"),皆可归属于此大宗、正宗,此即濂溪、横渠、明道、五峰、蕺山、象山、阳明,以及龙溪等是;凡不做此理解,而分"心、理为二",使道德行动之准则与动力隔绝为二者(其工夫则是"顺取"),皆是"别子为宗"的歧出,此即伊川、朱子。以对此本体的不同理解方式,以及对人的存在一面有无积极的安排为准,牟宗三又把

---

① 杨泽波以一本书的篇幅来解决牟宗三"三系论"的问题,本书此处以简略的文字,概括其著作的思想,难免有简单化且置其丰富的具体论述于不顾的嫌疑。例如,杨泽波对"形著论""自律论"的各自贡献与缺陷,均有具体而详细的阐述,而本书均未照顾到。不过,这也是无可奈何的事情。本书对此唯一可以辩解的是,简化虽是万不得已,却信乎能明其确指。

宋、明儒的大宗、正宗分为"纯由一心之伸展、朗现、遍润"的主观面强而客观面弱的象山阳明系，和直承绝对性、主观性、客观性均无虚歉之圆教模型的"心性分说以心著性"的五峰蕺山系。① 以上是牟宗三在《心体与性体》中的分判。在《圆善论》中，牟宗三从另一个角度，即分别说与非分别说的言说方式，进行了"判教"，凡"分别说"者，皆是离教，而只有以"非分别说"的方式表达的，才是"圆教"；在"圆教"中又有分别，凡所说的立场过强，而终为"高山顶上的圆教"者，是"别教一乘圆教"，而"体用相即"者，则为"同教一乘圆教"、究竟圆教："依儒家的义理而说儒家圆教必须顺王学之致良知教而发展至王龙溪之'四无'，再由此而回归于明道之'一本'与胡五峰之'天理人欲同体异用'，始正式显出。"② 而在《圆善论》"儒家之圆教与圆善"中，牟宗三则重点阐述了王阳明的"别教"、王龙溪的"别教一乘圆教"，而以少量的篇幅介绍了胡五峰的"同教一乘圆教"或"究竟圆教"，并由此"究竟圆教"以明圆善。

牟宗三对阳明的别教、龙溪的圆教模型的阐述，乃是以他们对《大学》中的"心、意、知、物"的性质的不同界定而展开，此即所谓"四有句"与"四无句"的区分。所谓"四有句"，又曰"王门四句教"，即王阳明晚年教弟子的"无善无恶心之体，有善有恶意之动，知善知恶是良知，为善去恶是格物"等对《大学》"心、意、知、物"的性质解说。③ 牟宗三在此基础上又按照自己的方式加以解释：以"心之体"为"无限智心之自体"、绝对实体，是绝对的纯净，故曰"无善无恶"；以"意"为心之

---

① 在此，周濂溪、张横渠、程明道被牟宗三视为新时期重塑孔孟义理模型的三个环节，似也不在他的"判教"之列。当然，明道或是个例外，因为他构成了《圆善论》中"判教"的一个环节。
② 《牟宗三先生全集 22·圆善论》，序第 12 页。
③ 牟宗三认为，王阳明对"心、意、知、物"的解说倒不一定符合《大学》的本意，而倒可能是对《大学》的扭转，不过这种扭转《大学》的本意以使其合于孔孟原有规模的做法，仍是值得肯定的。

所发，是人的受感性影响的现实的意念发动，属于经验层，类似于康德的"根源的行动"①，因其属于经验层，受感性影响而可能采取"善格言"（即合乎道德法则的准则）或"恶格言"（不合乎法则的准则）②，故而是"有善有恶"的；知或良知就是无限智心自体之发用，是自我立法、自作主宰的超越能力，故能"知善知恶"；物有二者，"意之所在"或"明觉之感应"，前者是"有善有恶"的经验层的物，后者是超越层的物，在此当指前者。从而，在阳明处，"心"、"知"其实是一，为超越层的实体；"意"、"物"分别为根源的行动与派生的行动，都是经验层的存在。在"心"、"知"与"意"、"物"之间，始有所谓"格物致知"的实践工夫③，亦即以良知（或心体）知意之善恶，并推致开去，使事事物物之不正皆得以格正之，从而使事事物物各如其理。于是，在王阳明这里，因为还执着于"心、知"之超越善恶而又能知善知恶的本体，与"意、物"的有善有恶的现象的区别，故只为别教，为究竟圆教模型做事前预备。

至于王门高弟王畿（龙溪）通过"四无句"所彰显的圆教，也是究竟圆教的预备。王畿说："体用显微只是一机，心意知物只是一事。若识得心是无善无恶之心，意即是无善无恶之意，知即是无善无恶之知，物即是无善无恶之物。盖无心之心则藏密，无意之意则应圆，无知之知则体寂，无物之物则用神。天命之性

---

① 所谓"根源的行动"，是与"派生的行动"相对的概念。前者是采用善格言（即合乎道德法则的准则）或恶格言（即不合乎道德法则的准则），但尚未表现于外而为行为的行动；后者则表现于外而为行为。
② 牟宗三在此承认了有"善格言"和"恶格言"的分别，与其在《现象与物自身》中"格言"不可能与"自由自律的纯粹意志"相矛盾的观点，是冲突的。参见牟宗三《现象与物自身》，第84页。
③ 在此应注意阳明的"致知格物"之不同于朱子处。在朱子，"格物致知"乃是使物来（格）而获致知识的即物而穷其理的活动，让学者能对"天下之物，莫不因其已知之理而益穷之，以求至乎其极。至于用力之久，而一旦豁然贯通焉，则众物之表里精粗无不到，而吾心之全体大用无不明"；至于阳明，其"格物"乃是"格（正）物之不正以使其正"，而"致知"则是"致吾心良知之天理于事事物物，事事物物皆得其理"。

粹然至善，神感神应，其机自不容已，无善可名；恶固本无，善亦不可得而有也。"① 这即是说，心、意、知、物若从"粹然至善"的天命之性看，都是无心之心、无意之意、无知之知、无物之物②，因而，心、意、知、物皆是无相之自然流行，如如呈现，超越了"四有句"中对于"意、物"的有（善恶）相的执着。从而，在"四有句"的执着中，致知以诚意正物而复心之正位的实践工夫，还是一无限进程之事；而"四无句"中的"心、知是体是微，意、物是用是显"③，在心意知物、体用显微的"非分别说"的化境中，遂有"藏密、体寂"，"应圆、用神"的如如呈现，迹本圆融。牟宗三叹曰："至此可谓极矣。"但他仍有不满足者，因为他以为这"犹是高山顶上之别教一乘圆教"。④ 至于"真正究竟圆教"（同教一乘圆教），则当依胡宏的"天理人欲同体而异用，同行而异情"的模式而立："同一世间一切事，概括之亦可说同一心意知物之事，若念念执著，即是人欲：心不正，只有忿懥、恐惧、好乐、忧患之私心；意不诚，只是自欺欺人之私意；知只是识知，非智知；物只是现象之物（有正有不正并有物相之物）非无物之物。若能通化，即是天理：心为无心之心，意为无意之意，知为无知之知，物为无物之物……，以其情应万事而无情，以其心普万物而无心，则即是天理。"⑤

依以上对圆教模型的阐述，牟宗三以为，只有在程明道"天地之常，以其心普万物而无心；圣人之常，以其情顺万事而无情"和"只此便是天地之化"、胡五峰"天理人欲同体而异用，同行而异情"等"非分别说"的圆实教中，"德福一致"之圆善

---

① 王畿：《天泉证道记》，转引自《牟宗三先生全集 22·圆善论》，第 307 页。
② 所谓"无心（意、知、物）"之"无"，不是存有论上的有无，乃是表现作用上的有无，其意思分别是没有预先的"存心"，不预先起意，知没有经验层上的意与物为其所对，物作为物自身而无"现象义的物"的意义。
③ 《牟宗三先生全集 22·圆善论》，第 313 页。
④ 《牟宗三先生全集 22·圆善论》，第 314 页。
⑤ 《牟宗三先生全集 22·圆善论》，第 315 页。

才真是可能的。"因为在神感神应中……，心意知物浑是一事。吾人之依心意知之自律天理而行即是德，而明觉之感应为物，物随心转，亦在天理中呈现，故物边顺心即是福。此亦可说德福一致浑是一事。"① 牟宗三并认为这"浑是一事"不是斯多葛派或伊壁鸠鲁那样的分析的一致，也不是康德那样地靠上帝来保证的综和的一致，而是"圆圣中德福之诡谲的相即"，"因为此中之心意知本是纵贯地（存有论地）遍润而创生一切存在之心意知。心意知遍润而创生一切存在同时亦函着吾人之依心意知之自律天理而行之德行之纯亦不已，而其所润生的一切存在必然地随心意知而转，此即是福——一切存在之状态随心转，事事如意而无所谓不如意，这便是福。这样，德即存在，存在即德，德与福通过这样的诡谲的相即便形成德福浑是一事。"② 牟宗三还论述了静态地说的德行与福报的浑一呈现，和动态地说的物之存在系于有创生妙用的心意知而由其构造出；或静态地说，德与福有诡谲相即的关系，依"心意知之自律天理而行即是德"相即于"心意知所创生的存在之随心转（福）"，而"存在随心转即是福"之福亦相即于"依心意知之自律天理而行即是德"之德；动态地说，德有经过创生与构造福之存在的创生或润生的能力，意志因果之道德创造性"能肇始一切物而使之有其存在"的纵贯创生的能力。

这就是牟宗三依"真正圆实之教"或究竟圆教义而说的"圆善"。这里有几点需要注意。其一是牟宗三似乎混淆了他一直坚持的"存有"与"存在"的区别。此前，牟宗三一直都强调意志自由创造的是道德的存有，智的直觉或知体明觉（即自由）的后果是"物之在其自己的存有"，而此处他却混淆了"存有"与"存在"的差别，将本是"存有"的"德福浑是一事"的"福"当作了"随心转"的福的存在。其二，牟宗三强调了"静态地说德福浑是一事"是诡谲地相即。这似乎是一种带有神秘主义色彩

---

① 《牟宗三先生全集 22·圆善论》，第 316 页。
② 《牟宗三先生全集 22·圆善论》，第 316 页。

的"相即"关系。他实际上是把本属于"不同界域"的范畴,混在一起说,通过"否定""福"的作为现象界的存在的意义,将其纯化为本体界的存有,来实现此"诡谲的相即"。这种做法当然是值得商榷的,因为关于"幸福"之作为现象界的存在,我们不能无来由地说否定就否定,我们毕竟不能保证我们的意志之后果都能是"物之在其自己"的存有,而否认其有不能如理合道的可能。其三,牟宗三所说的"圆教"也没能回答为什么它能改变德福关系的性质的问题,他说,"圆教"下的德福一致当然不是分析的,但也不是康德所说的综和关系,而是一种"颇不好说"的诡谲相即。我们可以强加解释,说这德与福是分属两层的"用",德是本体界的绝对实体的"用",福是现象界的"感性我"的"用"。因为分属两层,我们确实不好用"综和"与"分析"的关系来说明其间的关联,但是,这"诡谲的相即"乃是通过"否定"幸福的现象界一面的意义来实现的,这确实"颇不好说"①,因为很难自圆其说。其四,牟宗三所说的"福"是一切存在状态的随心意知而转、事事如意而无所谓不如意。究其实质,这种"福"极有可能是"躲进内心城堡"的唯心主义的幸福观,如颜子之"一箪食,一瓢饮,人不堪其忧,回也不改其乐"式的幸福,因而,他所谓的"自由",在此只是以赛亚·伯林所说的"躲进内心城堡"的积极自由,缺少了他在此前承认的"绝对精神、主观精神和客观精神合一"的主体自由。

或可以说,牟宗三的道德哲学就徘徊在"存在"与"存有"之间、"现象"与"物自身"之间,或没有客观精神的实体的主观自由与"绝对精神、主观精神、客观精神合一"的主体自由之间。他一方面为了其整个理论的严整性与纯粹性的需要,而只强调道德性为人性的唯一真正的所指;另一方面又有见于人的知性与气性层面的不可掩,而承认人有其实然的存在(或现象)的一

---

① 《牟宗三先生全集 22·圆善论》,第 171 页。

面，以及带有"客观精神的自由"的必要性。"护教的牟宗三"有功于豁醒人们对于儒家哲学与文化有正面价值的意识，但也有其立场太过强势而压迫人，且理论不能自圆的问题；"对话的牟宗三"则有功于提醒人们注意依儒家哲学与文化的内在生命去从事创造性的转化，正面建构一套在新的历史条件下，解决新的课题，完成新的使命的"新儒家"学说，使人能在认识其主体性以及权利义务关系的情况下，积极承担其义务并享有其权利，在规定自己、成就自己、成全自己的同时，在完成自己的使命的同时，对社会之成为一合理的社会，尽自己的一份力量。①

如前所述，牟宗三通过道德实践和判教，以真正圆实之教或究竟圆教模型解决圆善问题，乃是在混淆"存有"与"存在"的情况下，以"诡谲相即"的略带神秘主义的方式来完成，其最后落入以赛亚·伯林所批评的"躲进内心城堡"的积极自由之窠臼，在所难免。不过，尽管牟宗三晚年以此方式解决德福一致的圆善问题，诚非良策，但也难说无效。圆教模型中的圆善因其带有神秘主义色彩，难脱诉诸偶然的质疑。但是，若从政治哲学与治理智慧的角度，借助于制度与善治，无疑是德福一致的圆善问题更加可靠、更有保障的解决方式。

---

① "护教的牟宗三"与"对话的牟宗三"之说，是陈迎年在《感应与心物——牟宗三哲学批判》（上海三联书店，2005）一书中提出来的概念，本书虽对陈迎年该书的许多观点有不同意见，不过，对这两个概念却很欣赏。

第四章　良知坎陷：牟宗三治理智慧的朗现敞开

我们在讨论了德福一致的圆善问题之后已经明确，人类德福一致的圆善问题，其解决既不能诉诸宗教信仰，也不能诉诸个人的心理调适①与圆教的诡谲相即。与这些方式不同，儒家心性传统能为人类德福一致的圆善问题提供一条更加可靠、更有保障的解决方式，这就是从政治哲学和治理智慧出发，通过"良知坎陷"的方式，构建合理的制度与善治，保障德福的一致。

第一节　良知坎陷，如何可能？

"良知坎陷说"一方面是牟宗三学说的"枢纽"，另一方面又颇受争议、歧解纷纭。此说是联结牟宗三道德的形上学"两层存有"的桥梁，是牟学作为"实践智慧学"的关键和枢纽。然牟宗三本人思想成熟后对之较少提及，其部分学生因"坎陷说"与黑格尔的联系而讳莫如深，另有学生和研究者则赞赏而辩护之。而反对者则因各种"联想"而群起抨击。牟宗三本人为何较少提及，难以考证，但后来者无论批评还是辩护，都有不能令人满意之处。本节从"良知为什么坎陷"和"良知坎陷，如何可能"出发，提供一理解"良知坎陷说"的新路径：它从牟宗三文本出

---

①　儒家心性传统当然有心理调适的功效，但亦不止于心理调适。它同时也是儒家政治哲学与治理智慧的哲学基础。

发，经重构牟宗三学说而使"良知坎陷"有意义，且亦依牟宗三文本而有意义。① 此即以儒学是"内圣之学、成德之教"为目的和出发，反思"坎陷"之于"为己"、"成德"、"良知呈现"的必要性，从而贞定"辩证的或实践的必然性"的意义。

"良知坎陷说"在牟宗三思想中有认识论、历史文化论和存有论②三种意义。它曾引起推崇赞赏与嘲讽轻蔑的数度交锋。其中，嘲讽轻蔑者主要有以下几派：余英时代表的"泛道德主义"派，批评"良知傲慢"；林毓生代表的自由主义派，从良知与科学、民主无逻辑关联出发，批评其一元论式的思维模式；陈少峰等代表的"中体西用派"，认为它不过是"中体西用"的翻版；方朝晖代表的严分中学-西学派，认为"良知坎陷说"不恰当地夸大了儒学的社会功能。他们主张"良知坎陷说"没有意义，应予取消，因"旧内圣开不出新外王"。持此态度者据其对"良知坎陷"的想象，认为它与自己的主张相悖，然后根据立场决定态度，实质上并不想认真对待"良知坎陷说"。

辩护和推崇赞赏者做了许多辩护与澄清工作，令人尊敬，但也有不能令人满意之处。如颜炳罡《整合与重铸》提出"良知坎陷"是一种辩证或实践的必然性，亦即"道德理性只有自觉地坎陷、自我否定才能充分实现自己"③，并主张坎陷说提出了中国文化进一步发展和完善的具体途径，但它"既不是包医中国社会百病的灵丹妙药，亦不是点石成金的神方仙术"，有能亦有限。④ 这一说法大体上是对的，不过，稍嫌笼统与抽象。李明辉《论所谓"儒家的泛道德主义"》澄清了"泛道德主义"所可能有的几种

---

① 这一方法论原则，乃是受芭芭拉·赫尔曼的启发而来。参见芭芭拉·赫尔曼《道德判断的实践》，陈虎平译，东方出版社，2006，第3页。亦可参见本书引言第9页。
② 白欲晓：《"良知坎陷"：牟宗三的思想脉络与理论开展》，《现代哲学》2007年第4期。
③ 颜炳罡：《整合与重铸——牟宗三哲学思想研究》，北京大学出版社，2012，第16页。
④ 颜炳罡：《整合与重铸——牟宗三哲学思想研究》，第177页。

含义,分析"泛道德主义之描述义"如何被引申为贬义的泛道德主义、儒学(包括传统儒学和现代新儒学)为什么不是"泛道德主义"等问题。① 这一回应显示了深厚的学养和令人感佩的儒者情怀,但"良知坎陷说"或无须这样的辩护,因为牟宗三在《政道与治道》已进行了回应。② 刘述先《对于当代新儒家的超越内省》对"良知傲慢"和"良知坎陷"有所申说,认为"良知傲慢"是"一个不容许吾人轻忽过去的大问题";而"良知坎陷"则是新儒家在思想观念层面应对中国传统走向现代化的努力,虽仍"十分的不足够",但也"不是那么容易加以驳斥的"。他说,"如以生生的仁心为本,理应开出科学与民主",而他不用"坎陷"表述,乃因其引起了太多不必要的误解③,不值得花时间与精力来应付无谓的缭绕与纠缠;实际上,"任何创造都牵涉到坎陷或客观化的过程,故我提议把坎陷扩大成为一个普遍的概念,也应用到道德的领域"。④ 此说最为清醒,尤其是把"坎陷"扩大为普遍概念,也适用于"道德"的主张,明确了两个层面"道德"的区分:"如果生生的天道为本,以'道德'的状词形容天道,当然可以说以道德为本,但人们很容易误解这样的道德为狭义的人间的道德",此语从侧面反映了"坎陷论"的道德非一般

---

① 李明辉:《论所谓"儒家的泛道德主义"》,氏著《儒学与现代意识》,台北:文津出版社,1991,第67—134页。
② 见牟宗三《牟宗三先生全集9·政道与治道》,台北:联经出版事业股份有限公司,2003,第67—68页。牟宗三指出,以前儒家的泛道德主义并不奴役人民,而现代新儒家经曲通而贯通观解理性并不是泛道德主义、泛政治主义。这意味着新儒学不是泛道德主义,或即使其泛道德主义,也不奴役人民,因为它所主张的"道德"并非格律化教条化的道德,它不拿格律或教条去宰制他人,而只是启发人们去追求其本性的觉醒与实现。
③ 刘先生坦承,("坎陷"隐含的)开出容易令人联想到传统中国文化可由自身本有资源产生科学与民主的虚假论旨;而坎陷说因外表上与黑格尔辩证法的类似而令反形上学的现代人反感,引发在实际上把道德当作第一义、知识当作第二义的联想。刘先生非常清楚,坎陷说实际上并不包含这些"虚假论旨"和"联想"。只是由于两者之间的差别非头脑清晰者不能辨明,因而他宁愿采纳不同的表达方式。
④ 刘述先:《对于当代新儒家的超越内省》,《中国文化》1995年第2期。

"狭义的人间的道德",或者说,"良知"并非日常语言中狭义的道德意识。然刘先生的这一卓识也正显示他不能令人满意之处:他不用此区分来回应所谓"良知傲慢"的批评。两个层面"道德"的区分展现了"良知傲慢"在何种意义上仅仅是陈述语,在何种意义上构成指责:既然道德是形容天道的,那么,"良知"即天道、即形上实体,它生天生地、成鬼成帝都可以,"傲慢"一下又有什么要紧?在此,我们不妨大方地承认"良知傲慢"的说法。因为这并不构成批评或指责。但是,批评"良知傲慢"者显然不是在这个意义上说"良知",而是视良知为狭义的人间的道德意识,说这种"道德"居然可以"坎陷出"科学与民主,不是"傲慢"是什么?可见,"良知傲慢"只有在基于"误解"的条件下才构成指责。但刘先生却似乎认为它构成了指责。

此外,林安梧既为"坎陷说"辩护,认为坎陷开出说是"诠释的理论逻辑次序",同时又批评它带有专制型和咒术型的性格。他认为,"坎陷说"只有在牟先生的语境中才有意义,现实中不需要这样的理论基础:要发展科学与民主,直接发展就是了,不需要"良知"这个带有专制型和咒术型性格的主宰迂曲劳神。[①]这种说法有其合理性,能得到牟宗三的初步认可。但问题是,如何能避免研究科学的人将其科学成就当作谋官的资具?如何避免借民主程序获得权力之人将手中的权力用于奴役他人?

与上述态度鲜明的两派相比,近几年出现了一种新趋向:对"坎陷说"既不做护教式的辩护,也不简单地嘲讽轻蔑,而是从学术出发认真地探究、评判。如卢兴从学术史发掘"良知坎陷"四个阶段的内在化和形上化趋势,理解其哲学义涵、凸显其面临的困难[②];白欲晓细致考察前述认识论、历史文化论和存有论三

[①] 林安梧为"坎陷说"的批评与辩护,见于其《后新儒家哲学拟构:以〈道言论〉为核心的诠释与构造》,沈清松主编"国际中国哲学会会议论文集"《跨世纪的中国哲学》,五南图书公司,2001,第277—312页。亦可参见氏著《后新儒学的社会哲学》、《绎开"道的错置"》等文。

[②] 卢兴:《牟宗三"良知坎陷说"的发展历程》,《中国哲学史》2008年第2期。

种意义"不同的问题意识和言说语境"及其复杂的思想演进与理论开展,并解开其中存在的理论纠结,"厘清理解和批判的基本论域"[①];杨泽波则将"坎陷"概念的基本要素概括为"让开一步"、"下降凝聚"、"摄智归仁",并发表了探讨"良知坎陷"的系列文章。[②] 此趋向对澄清"良知坎陷说"很有帮助,但其共同不足在未能发掘"坎陷说"与"内圣之学"的根本追求间的联系,其对"坎陷说"的理解不免有"近理乱真"之憾。

为平议"坎陷说"的意义与局限,以下问题须得具体、细致地澄清:(1)谁在"坎陷"?(2)它为什么要"坎陷"?(3)怎样"坎陷","坎陷"的意义与局限何在?我们不像其他的"坎陷说"研究那样,讨论"一心开二门""两层存有论",也未将重点放在科学知识和民主政治建设等问题上,因为这些问题都可以融入我们重点讨论的"良知的呈现"或民族文化生命尽其使命、个人成就并实现自己等提法之中。

一 良知

对于"谁在坎陷"的问题,答案当然是"良知"。但当进一步追问"良知是什么"时,答案就不那么简单直接了。"良知"在中国哲学史和牟宗三思想体系中,其涵义都远非日常用语中的道德认知和道德直觉,具有异常丰富、深远的内涵。因此,要真

[①] 白欲晓:《"良知坎陷":牟宗三的思想脉络与理论开展》,《现代哲学》2007年第4期。
[②] 杨泽波:《"坎陷"概念的三个基本要素》,《华东师范大学学报》(哲学社会科学版)2011年第5期。杨教授围绕"良知坎陷"发表的诸多文章有《"坎陷"概念起于何时——关于牟宗三"坎陷"概念提出过程的考察》,《华南师范大学学报》(社会科学版)2011年第1期;《三分方法视域下的坎陷概念》,《复旦大学学报》(社会科学版)2012年第2期;《坎陷如何开出科学?——从三分方法的视角看牟宗三的"坎陷开出科学论"》,《陕西师范大学学报》(哲学社会科学版)2012年第2期;《坎陷与民主:牟宗三"坎陷开出民主论"的启迪、补充与前瞻》,《中国哲学史》2012年第2期;《从坎陷论的视角看李约瑟难题》,《清华大学学报》(哲学社会科学版)2012年第5期;《牟宗三坎陷论的意义与缺陷》,《社会科学研究》2013年第1期;等等。

正理解是"谁"在"坎陷",我们就必须深入探讨"良知"。

《孟子·尽心上》说:"人之所不学而能者,其良能也;所不虑而知者,其良知也。"此"良知"即人的"不待思虑而自然能知"的天赋智慧,如见父自然知孝。在此,孟子并未赋予良知太多意涵,而仅强调其"不虑而知",即并非通过理智的探索而知,而是自身作为人内在固有的直觉、智慧而知。在此,良知有两层意思:一是"能知",天赋的直觉能力;二是"所知",是非善恶的规范性根据。此时,"良知"尚非宋明儒学中的"形上实体"。

孟子之"心"、孔子之"仁",都有"良知"的意义。孟子之"心",是确定什么样的行为"所恶"而不堪忍受、什么样的行为可欲且值得去做的智能;类似的,孔子的"仁"即经反思自己"不安"而使自己"安",以确定"安己、安人、安百姓"之恰当途径的能力。质言之,即牟宗三所说"觉"与"健"的特质①——"觉"即"己所不欲"或"己欲立""己欲达";"健"即"勿施于人"或"立人、达人"。把"仁"解为"不安不忍"或"觉"与"健",《论语》宰我问"三年之丧"可为佐证:人若做悖礼或常人不忍心之事还安之若素,便是"无觉",便是"不仁"。反过来,人若能反思到自己的"不安",并由此而意识到那些能使自己"安"的,这就是"觉"了;最后,若能"推己及人",知道自己想要"立"或"达",从而使他人也能"立"或"达";推而广之,"博施济众",天地万物都因人的参与而成就自身,"健"也就有了。可见,"良知"与"心""仁"内涵相同:自发能动地做出决断,但尚非"形上实体"。

明确以"良知"为"形上实体"的是王阳明,但明道和象山已为此做了铺垫。明道之学"以识仁为主"②,强调"仁者浑然与物同体,义、礼、智、信,皆仁也。……此道与物无对,大不

---

① 牟宗三:《中国哲学的特质》,第 31 页。
② 《黄宗羲全集》第 3 册,浙江古籍出版社,1992,第 656 页。

足以明之"①，仁的"与物无对"为"良知"成为"形上实体"奠定了基础。象山讲"吾心便即是宇宙，宇宙便即是吾心"，主张"本心即理"，此"同于意志之自律，而且足以具体而真实化意志之自律"②、代表意志自律与自由的"本心"，因其"操存舍亡"的真实"呈现而存之"的特质，使人可有"智的直觉"③。此时，阳明形上实体化的"良知"已呼之欲出。阳明的"良知"有多种含义：一是"见父自然知孝，见兄自然知悌"的天赋道德意识；二是"知善知恶是良知"的道德判断能力及执行此判断的意志；三是由"良知是造化的精灵，这个精灵生天生地，成鬼成帝"所表达的根源性实体④和创生本原；四即"能思维的主体，即思想和知识的承担者"或"心之虚灵明觉"。⑤ 因而，如果单看良知作为创生本原或根源性实体的意义，即可知阳明已以"良知"为形上实体。

牟宗三的"良知"既承阳明而来，又越过阳明远绍原始儒家。依牟宗三，阳明"良知"与孔子的天、仁，孟子的心、性，《易传》"寂然不动，感而遂通"的寂感真几及乾坤二卦所代表的创生性和终成性原则的结合等，虽所指不同，却内容一致，均是创造性与终成性合一、能收敛凝聚而有所成的有目的的创造力。它既是"自强不息"的大人君子，为"大人君子"的内在本质⑥，又是民族文化生命中的道统之道。

因此，牟宗三"良知"有现代汉语"道德"的意义，又远不止此，而恢复了"道德"的本意——"得道"或"由道而德

---

① 《黄宗羲全集》第 3 册，第 653—654 页。
② 牟宗三：《从陆象山到刘蕺山》，上海古籍出版社，1999，第 7 页。
③ 牟宗三：《从陆象山到刘蕺山》，第 8 页。
④ 张学智：《心学论集》，中国社会科学出版社，2006，第 125 页。
⑤ 张学智：《心学论集》，第 114 页。
⑥ 当然，在后启蒙时代，良知已不再是"大人君子"的特权，而成为普通人可以期望拥有的品质。

（得）"，且有别于"良心"。① 牟宗三以"良知"为康德的"意志"和黑格尔的"绝对精神"②，这为"良知坎陷"提供了可能的根据："良知"实与驱使亚里士多德去建立生生之流之下或背后驻留着的"自体"的"力量"相通，"当这种力量用于探究存在者之整全-宇宙时，即将存在解为最高本体——神"。③ 这种力量绝对地、能动地展现或表现自己。其展现或表现，从主体说即为希腊哲学中的"求本根机制"；中国思想则视其为自我表现或自我实现，其具体机制便是表现为"执着-留驻"的"坎陷"。④

二 "坎陷"何以必要

牟宗三认为，"为什么"的问题只能从哲学目的论来回答；科学对"为什么"的回答，并不真正揭示事物的规定根据，而只是解释和说明。因此，"为什么坎陷"实即追问"坎陷"的目的。目前学界对这个问题有不同的解答：一般认为，坎陷的目的在于开出民主与科学；蒋庆则认为良知只可呈现不可坎陷，故不存在坎陷的目的的问题。前一种观点虽不违背牟宗三之说，却未得牟宗三此说之深意。而蒋庆对"良知呈现"的强调却指示了解答"坎陷的目的"的方向。

---

① 这一区别在牟宗三那里虽已潜含却尚不明确。简单说来，"良知"是道德的形上实体，是能收敛、凝聚而有所成的有目的的创造能力；"良心"则是人"由不安不忍之觉情而达于能安能忍之义所当为"的能力。由于良知不仅是"道德"的，更是超越道德的、绝对的创造性实体，而作为道德意识的"良心"，只具有与科学、民主等价值并列的地位与意义，并不能凌驾于其上，这就避免了所谓"泛道德主义"的问题。
② 关于此说，前文已有所申说。更为具体的论述，请参阅拙文《性体：从自由意志到绝对精神——兼及其当代实践效应》，《哲学与文化》2017年第7期。
③ 丁耘：《儒家与启蒙》，三联书店，2011，第227—228页。
④ 依照丁耘，东方思想或会把这一力量称为执-着，也就是把捉作为持续驻留的"着-者"；"着"既是本源的时间状态，又是刹那起灭的生生之流忽而凝滞成的"暂存""同时"；这"暂存"的"着"，对于所有时相性（Temporalität）而言，即是本源，它才是无须证明的第一性东西。良知因此才需要经"坎陷"，执着-留驻于"是者"之"是着"，在具体的对象中得到真实的呈现。"良知的呈现"详见后文。

在蒋庆看来,"坎陷的目的"是个假问题,因为"良知只可呈现不可坎陷"。蒋庆《政治儒学》深入分析"良知坎陷说",多方面比较牟宗三和王阳明的"良知观",认为牟宗三的良知学说已不同于阳明而有根本差异。蒋庆基于这一判定和他的阳明良知学说是"'由下面证上去',即由功夫逆觉体证上达本体"而不可坎陷,故有"良知只可呈现不可坎陷"。

比较牟宗三和蒋庆的观点[1],可知蒋庆误解了牟宗三"良知"学说。因而,蒋庆"良知只可呈现不可坎陷"的观点是值得质疑的。我们可仔细考察"呈现"和"坎陷"的涵义,来了解蒋庆的不足。

先看"呈现"。[2] 牟宗三《五十自述》中说,他曾听熊十力对冯友兰说,良知怎么可以说是假定!良知是真真实实的,而且是个呈现。他听后大为震动,良知是呈现,"这霹雳一声,直是振聋发聩,把人的觉悟提升到宋明儒的层次"。[3]"呈现"在此出场。到《心体与性体》,"呈现"得到了更详尽的解释:"呈现"被区分为真实的呈现和实践的呈现,并被理解为"朗现"及"以心著性、尽心成性"。

牟宗三坚持,"良知呈现"不能依照康德"通过条件"的方式来证成,而只能通过回答下列与实践相关的问题来证成,即"纯粹实践理性如何自身即是实践的"、"道德法则如何能使吾人感兴趣"、"自由作为意志之因果性是如何可能的"。牟宗三说,第一个问题的意思是自主自律的意志所自给的有普遍妥当性的法则如何能起用而有实效、能指导我们人而我们人也能承受之遵顺之去行动而造成或表现出一种道德的结果。这个问题的回答,依赖于第二个问题——人如何能对道德法则产生兴趣,或孟子式的

---

[1] 参见蒋庆《政治儒学》,三联书店,2003,第87页。
[2] 本书讨论"良知的呈现"与程志华稍有不同(参见程志华《论良知的呈现》,《哲学研究》2007年第8期)。
[3] 《牟宗三先生全集32·五十自述》,第78页。

"理义何以能悦我心"。解决此问题的关键就在"心"。"心"(即"仁")作为"道德本心",是主观实现原则,从主观的、实现的方面规定了意志,构成了"呈现"得以可能的关键。至于"自由作为意志之因果性是如何可能的",其关键亦在"心"可以上提而为超越之本心;由此"上提","理义悦心"之"悦"得为一必然的呈现,在"悦"中表现理义、创发理义。①

综上,良知呈现的关键在作为主观性原则、实现原则的"仁""心"(或良知)具有使客观法则具体而真实地表现和实现的功能。良知的呈现既是良知具体而真实地表现出来,更是良知具体而真实地创发和实现"理义"(法则)。质言之,呈现即良知、理义通过具体化的"直觉"表现出来或创发、实现出来:"直觉,就概念的思想说,它是具体化原则;就事物之存在说,如果它是感触的直觉,则它是认知的呈现原则……如果它是智的直觉,则它是存有论的(创造的)实现原则。"② 故"呈现"即由"心"的主观实现原则或智的直觉的"创造的实现原则",真实、具体且实践地表现、实现"理义"。

牟宗三指出,良知的真实呈现既非一下子就表现和呈现出来,也非"隔绝一切经验而徒为抽象的光板的体证与呈现"③,而是要在"践仁尽性的真实实践的工夫中步步呈现"④、在经验中为具体的有内容的体证与呈现。"'具体的'即是真实的:它不只是一抽象的光板、纯普遍性,而且是有内容充实于其中的普遍性","'有内容',这内容固是因与经验接触而供给,但由经验供给而转成性体之内容,则此内容……却只是在这种知中、行中,乃至一切现实生活中,使性体心体之著见更为具体而真实,因而转成

---

① 《牟宗三先生全集 5·心体与性体》(一),第 167—172 页。
② 《牟宗三先生全集 20·智的直觉与中国哲学》,第 237 页。
③ 《牟宗三先生全集 5·心体与性体》(一),第 176 页。
④ 《牟宗三先生全集 5·心体与性体》(一),第 175 页。由此可知,有学者认为牟宗三"良知呈现"是"当下"的、实时的,是不恰当的。

'德性之知'的内容，亦即是性体心体本身之真实化的内容"。①性体心体、良知等普遍性实体的"呈现"不能仅是抽象、寡头的表现和实现，而应当是在具体的情境下，真实而有内容的体现和实现，是普遍性和个体性的结合，故能"虽特殊而亦普遍，虽至变而亦永恒"。②

至此可知，牟宗三所说的"呈现"一方面是工夫论上的"表现、体现"，即通过"心"的"具体化、真实化"原则，"具体而有内容"地表现或体证（良知、理义或法则）；另一方面是存有论意义上的"创造、实现"，即通过"心"的"主宰、动用"功能，达到"实现自己"的终极效果。故良知呈现即良知实现自己或把自己创造出来，以及其所以如此的"实践工夫"。质言之，从儒学作为"生命的学问"讲，良知具体而真实的呈现，即完整（具体、有内容）而本真（真实）的人及其实践。

良知要达到此"真实、具体而有内容的"表现、体证与实现，只强调自己"只能呈现"而舍不得"坎陷"是不可能的。③因为良知若仅执着于自己的"呈现"，而不能将自己置入经验且作为经验（包括知识）的超越的规定根据（transcendental ground of determination），则这样的良知就只能是"寡头的""抽象光板的"孤家寡人，不可能真正地"实现自己"。"良知"不能仅"怯懦地"执着自己"抽象的呈现"，以为只要把自己和经验罪恶划开，就似乎万事大吉、自我实现了，而是必须以"坎陷"为具体工夫，勇敢地走出其"纯粹性"和"严整性"，来到丰富多彩的经验实践面前，规定和指导实践，尽自己的使命。故坎陷即良知为实现自己、担当自己的使命而不得不走的一条路，以使良知能得"真实的呈现"。

---

① 《牟宗三先生全集 5·心体与性体》（一），第 176 页。
② 《牟宗三先生全集 5·心体与性体》（一），第 177 页。
③ 因为，良知的"呈现"不能只是单纯的"我要呈现"这样的决心，它必须要具体而有内容；而要"具体而有内容"，则"良知"在作为个体人格之根本和民族文化生命这两个层面的"呈现"，则非"坎陷"不办。

牟宗三指出,"坎陷"来自《易》之"坎"卦。《周易·说卦》云:"坎,陷也。"坎卦象水,一方面表示"陷落",因而"转折曲通""暂忘否定";另一方面表示"凸显",因此"平地起土堆""执着定相"。综合起来,"坎陷"一方面是最初仅为"呈现"之决心的"良知""暂时放弃""暂忘否定"自己,就像黑格尔"没有任何更进一步的规定""实际上就是无,比无恰恰不多也不少"的"有、纯有"[1] 暂忘否定自己,关注他物,使自己"有"起来;另一方面"坎陷"又意味着通过执着和成就他物,并在其中体现、成就和成全自己,亦即"坎陷"意味着通过在其他事物中体现自己,以最终成就和成全自己。

总之,"坎陷"有两方面的意思,一方面是陷落,或曲折暂忘、暂时放弃,是良知不执着于自己,为自己的真正实现打下基础;另一方面是凸显、表现,即良知通过把自己体现于别的事物、执着于别的事物,在实现别的事物中成就和成全自己,故"坎陷"即"曲成"。"坎陷"是良知呈现的具体工夫,是良知表现和实现自己、担当自己使命不得不走的一步;通过"陷落"和"凸显",良知终于达到其"真实、具体而有内容"的表现和实现。

三 良知如何"坎陷"

陆九渊曾说:"学者不可用心太紧。深山有宝,无心于宝者得之。"[2] 此说虽针对学者而发,但亦可模拟于"良知"。牟宗三或是参透了这一关节,才强调不可对"良知""用心太紧"、执着不放,而需"自我坎陷""暂忘否定"自己,"无心于宝",才能最终成就自己。在暂忘否定自己的同时,把自己体现在别的事物之上、执着于别的事物,为最终成就自己迈出关键一步。

前文从"坎陷的目的"出发,阐明了良知"坎陷"的理由和

---

[1] 黑格尔:《逻辑学》,杨一之译,商务印书馆,1976,第69页。
[2] 《陆九渊集》,中华书局,1980,第409页。

根据：它是良知"真实地呈现"的必然要求。然而根据"良知"的不同层次和分际，"呈现"仍需有所区分。在牟宗三看来，天命、道体、易体、诚体、中体、性体、心体、仁体、良知等，是所属分际不一、所指有所不同的概念，但内涵均是"创造性与终成性合一而能收敛凝聚且有所成的创造性主宰"，而可以"良知"赅摄之，具体表现为宇宙的创生之源、民族的文化生命和个人的内在本质。

问题是：良知要如何做才算不"用心太紧"？如何暂忘否定自己？通过"暂忘否定"，如何能最终"呈现"自己？

首先，良知的不"用心太紧"表现为良知的"无执"，即良知不对自己直接的、抽象而寡头的"呈现"执着，或不执着自己的建构性功能（但须牢牢守住自己的轨约功能），不走捷径；而是"绕出去"（此即杨泽波教授的"让开一步"），在一条虽曲折却平坦的路上"曲成"自己。从表面上看，这似是良知"自贬身价""自降身份"（类似杨泽波教授的"下降凝聚"），丧失了自己"绝对性"的地位或特征，但实则是良知藉以实现自己、保持自己的身份和身价并呈现自己的创造性和"绝对性"①的路径。因为良知在此过程中放弃的只是建构性的功能，而始终执持住自己的调整和轨约功能，以便能对治、克服和转化对象化的局限。

其次，良知暂忘否定自己，是要良知暂先放弃对自己的专注，经过"对象化及其扬弃"的环节，一方面把自己投射到对象中去，执着于对象的实现和成就；另一方面又在对象的实现和成就中坚持"良知"的主宰和规定（若非如此，杨泽波教授"摄智归仁"便不可能），从而为自己的成就和实现提供保障。放弃和否定自己只是"手段"，成就和实现自己才是最终目的。这是"自我坎陷"的关键环节。

---

① 良知的"绝对性"并不意味着它"全能"，而只意味着它是唯一的创造之源、价值之本。因其唯一"而"绝对"。

具体说来，这一"对象化及其扬弃"的过程有两个层面。①在民族文化生命现代化层面，它具体表现为"开出政治主体和知性主体"，成就民主政治和科学知识；此时，作为民族文化生命的良知，其"呈现"即从文化生命上自觉承担原始儒家的"道统"、重建儒家"道德的形上学"，然后据此"道统"设计制度，重塑中国人生活的整体。这意味着"良知"须从对自身的关注转向对异己的科学和政治活动的关注，把自己投射到科学和政治的实践中，在造就真正的科学成就和民主政治的同时，真正成就自己、尽其性命。在个人的内在本质层面，"良知坎陷"表现为个人将自己的本质力量对象化，并在对象的完成中扬弃对象化以成就自己，具体来说：良知作为个人的内在本质，须把自己投射到"对象"中，成为对象的主宰或规定根据，在"对象化"过程中使"对象"真正地实现和成就，从而使自己的个性和本质得以实现和成就；经过将自己的本质对象化在客体之中并求得其完成，个人成为普遍性与个体性合一的完整人格。在此，"对象"倘若是政治，则"良知"就构成政治上民主素养的调整和轨约机制；倘若是科学，良知就表现为认知上科学素养、科学精神的本质构成；倘若是其他，良知就表现为该活动的规定根据和本质构成。

如此说来，牟宗三把"良知"只"坎陷"为认知主体与政治主体（或科学与民主），也还是稍嫌狭隘了。② 良知所投射和执着的"对象"不该仅限于科学和民主，而应是广泛的、能够体现人的个性和本质而人又将其视为终身事业的任何对象性活动。这些对象的实现和成就，由于受"良知"规定，其"对象化"的扬弃即良知的自我实现和成就。而良知的自我实现和成就，通过其创

---

① 此处只说两个层面，因为作为宇宙创生之源的良知，其呈现即为万事万物的生长繁育，毋须"坎陷"。
② 不过，如果从牟宗三所欲解决的问题来说，这或许并不能说是狭隘。在牟宗三看来，儒家文化在现代社会的"功能的缺陷"，主要就是科学事业的阙如和民主政治的不能做成，因而，牟宗三在此或许只是重点强调了"科学"与"民主"，而并不是"良知"只"坎陷"为科学与民主。

造性和终成性合一的功能，把"人"综合整全地造就出来。在这个意义上，牟宗三"良知坎陷说"所展开的"德性论自由主义"①，开启了一条会通亚里士多德式实践哲学的可能路径，值得我们深入探索。

总之，作为意志的"良知"只有通过这种中介活动并返回到自身才成为意志②："良知呈现"最初只是一个"决心"，此时，它要如何真实地呈现自己，还是"无规定"的。因此，它要"从无差别的无规定性过渡到区分、规定和设定一个规定性作为一种内容和对象"③，即是说"我不光希求而已，而且希求某物"。④为了让这个"决定"的内容不仅只是"可能"，它必须"限制"自己，通过决断、投入现实，克服对象和自我的差异，将对象的实现暂时视为自我的实现；同时保持着"把自己再提高为思维，并给自己的种种目的以内在的普遍性"，"扬弃形式与内容的差别，而使自己成为客观的无限的意志"⑤ 这个终极目的。

牟宗三所谓"良知坎陷"为政治主体和知性主体，以成就民主政治和科学知识，并不是说从良知可直接引申出这些内容，而是从主体及其实践的本真性、完整性出发，从人的自我完善、自我成就出发，质言之，即从良知真实具体地"呈现"或"内圣""成德"出发，探索作为良知"异己活动"的对象性活动（如民主与科学之类）对构成完整人格、理想人生的必要性。因此，若无良知的"自我坎陷"，以形成架构性的知性主体及其架构的或对列的思维，就不会有真正完整的人格和理想的人生。当然，有了"坎陷"也未必即有真正完整的人格和理想的人生。但若要使"良知呈现"这一道德心愿畅达无阻，就必须有这一步"坎陷"、

---

① 关于"德性论自由主义"，请参见拙文《论牟宗三"超越的自由主义"：牟宗三哲学思想论纲》，《孔子研究》2012 年第 1 期，第 95 页。
② 黑格尔：《法哲学原理》，范扬、张企泰译，商务印书馆，1961，第 18 页。
③ 黑格尔：《法哲学原理》，范扬、张企泰译，第 16 页。
④ 黑格尔：《法哲学原理》，范扬、张企泰译，第 17 页。
⑤ 黑格尔：《法哲学原理》，范扬、张企泰译，第 24 页。

否定、拘执，则是毫无疑问的。此外，"良知坎陷"也不必仅限于科学和民主，而可扩展至能体现人的个性和本质而人又将其视为终身事业的任何活动。

第二节 良知坎陷与政治哲学

前文说到，"良知坎陷"不必限于科学和民主，而可扩展至能体现人的个性和本质，而人又将其视为终身事业的任何活动。这是没有问题的。但是，这个说法只在"良知坎陷"被置于个人内在本质对象化过程时，才是合理的。当"良知坎陷"被置于民族文化生命现代化的层面、表现为"开出政治主体和认知主体"时，"良知坎陷"最主要的途径必定是民主的政治哲学建构与科学的认知探索活动。本节不拟讨论科学的认知探索活动，而把主要的精力和篇幅交与政治哲学。

一 政道与治道之建构

从民族文化生命现代化的角度说，良知坎陷有两个方面的表现，即中国文化生命现代化的两个方面——民主政治与科学知识，它们也是中国文化生命在新的历史条件下所担负的历史使命——实现新外王——的"形式条件"和"材质条件"。依牟宗三，民主政治作为新外王的"形式条件"，比作为新外王的"材质条件"的科学知识更为重要，因为前者决定后者的性质与方向，是后者能否起到正面作用的决定性因素。因此，政道与治道之建构对于中华民族文化生命的畅达有着极为重要的意义。

中华民族文化生命的畅达，在不同的历史时期有不同的表现。在牟宗三所处的时代，中华民族文化生命的历史使命就是实现现代化，而实现现代化即是"返本开新"，开"新外王"。需要指出的是，牟宗三的"返本开新"、开"新外王"，并非如一般所认为的那样，是"中体西用"的现代翻版、"似中实西"的拼凑和杂拌。因为,"返本开新"的"本"或"体",虽然可以用中国过去的"内圣"话语来表达,但这个由《大学》中的"明明德""格物致知诚意正心"所表达的"内圣之学""成德之教",在本质上是带有普适意义的自我实现、自我成就,而非所谓"中体"所能局限,在这个意义上说,此处所说的"本"是普适主义本或体,此其一;其二,"开新"所开之"新"虽然是所谓民主政治与科学知识,但这些首先出现于西方的思想和实践方式,亦非专属于西方,而是"共由"与"共法",因而,此"开新"并非所谓"西用"所能限定。因此,我们把牟宗三与现代新儒家群体所主张的"返本开新"理解为由普遍的本、体开创现代化的实现方式与途径。同样的,现代新儒家群体的"返本开新"是由普遍的本、体开创现代化的实现方式与途径,因而,它也就不能用"似中实西"来批评,更不能将其界定为所谓的"拼凑"或"杂拌"。

在确定了"返本开新"的性质并非"中体西用"的现代翻版或"似中实西"的拼凑、杂拌之后,我们再来具体看看作为中华民族文化生命现代化的表现的民主政治与科学知识。前文已有解释,民主政治虽首先出现于西方,但它并非西方人所能独占,而毋宁说它是实现政权概念本性的不二法门,以及个体人格"良知呈现"的必要途径。至于来自于科学探索的科学知识亦同样是首先出现于西方,但它作为人获得自我实现或自我成就的必要途径之一,也并非西方所能独有。不过,本书不拟讨论科学探索与科学知识问题,而聚焦于民主政治的问题,把讨论的主题集中在政道与治道的建构之上。

作为实现政权概念本性的不二法门和个人"良知呈现"的必要途径,政道与治道的建构其实就是"良知坎陷"的具体表现之一。而作为"良知呈现"的必要途径,"良知坎陷"须受"良知"或牟宗三所谓"根源的创造的理性"的调整和轨约。亦即是说,政道与治道的建构是服从和服务于根源的创造的理性、良知或良知之呈现的。

总结牟宗三关于"良知坎陷说"的整体结构，我们可以知道，牟宗三确实是承认科学知识和民主政治都有其独立的逻辑与价值。此可以从他关于知体明觉或自由无限心经"自我坎陷"辩证开显认识主体和政治主体看出。依牟宗三，认知主体有其习用的名词，如范畴、法则、逻辑、数学、理性；政治主体亦同样有适用的架构，如政治、国家、法律、权力、人权。由此可知，民主政治与科学知识的成就，各自有其思维构成与话语系统，而不是全然笼罩在日常意义的道德良知之下。牟宗三对此有明确的意识。然而，他仍然强调"良知自我坎陷"开出民主政治与科学知识，显见，他并不像"良知坎陷说"的批评者所说的那样，是混淆了不同思想体系的界限。"良知坎陷说"的批评者显然是把自己的某些想象强加给了牟宗三。中国 20 世纪的自由主义者正是根据自己对于民主政治与中国文化相互关系的想象——中国传统文化妨碍民主政治、中国人建立民主政治须取法于西方，批评牟宗三和现代新儒家的"返本开新"是"中体西用"的现代翻版和"似中实西"的拼凑、杂拌。他们并不平情地去理解牟宗三"良知坎陷"一说中的"良知"。如同康德的"理性"一样，良知有建构（constitutive）和范导（regulative，牟宗三译为"轨约"）的不同功能，在"良知坎陷"的过程中，良知将其建构功能让渡知体明觉坎陷出来的认知主体与政治主体，同时保留其范导或轨约功能，但并不让其范导或轨约功能干扰建构功能。良知的范导或轨约功能就在于确保政道与治道的建构与起用，均服从和服务于"内圣之学"和"成德之教"的需要，亦即"良知的呈现"。

总之，政道与治道的建构方向是民主——包括政权民主和治权民主。首先是政道的建构须使政权归于民主，由之使政权稳定，成为一属于全集团共同地或总持地有之的恒常定常的有、静态的实有或形式的实有。其次，是治道的建构，须使其真正成为政道的实现方式，质言之，即治道要真正体现政权的民主或民有。为此，治道便是在政权民主的条件下，根据第二义的制度和法律之规定，使治权能通过选举，周期性、稳定、有效地转移，以此，营造出一个有利于德性修养、完成、发挥和实现的社会政治氛围。这就是牟宗三所谓的政治之由神话转为理性的问题所欲达成的目标。在政权或"取天下"方面，要坚持"推荐－选举"的"公天下"的观念与原则性制度安排；在治权或"治天下"方面，要坚持"让开散开，物各付物"的精神和"就个体而顺成"的原则，使掌握治权者让开一步、放弃自己对权位的执着（此亦可以通过制度或法律，对该权位的权责进行严格限定与制约）并减轻其负担，避免其"圣君贤相"的（自我）期许，同时亦使人民努力担负起成就自己、完善自己的职责，能成为一存在的生命个体，能追求其自由而全面的发展。

这就是牟宗三政道与治道建构的目的。其中，良知的范导或轨约功能是其始终服从并服务于"良知呈现"的保障，质言之，良知通过其范导或轨约功能，一方面确保政道与治道之建构真能有助于民族文化生命的畅达或在新的历史条件下尽其使命；另一方面确保政道与治道的建构真能有助于人民成为存在的生命个体，真正去实践中国传统的"内圣之学""成德之教"。至于政道与治道之建构，其实现的关键或枢机，则在由综和的尽理之精神转出分解的尽理之精神，以及理性之运用表现转出架构表现、理性之内容的表现融摄外延的表现。

二 政道实现之枢机

前文说到，政道与治道建构，以及政道实现的枢机在于由综和的尽理之精神转出分解的尽理之精神，以及由理性之运用表现转出理性之架构表现、理性之内容的表现融摄理性之外延的表现。一句话，就是须处理好隶属之局与对列之局的边界或分际。

按照牟宗三的观点，政道是政权概念之本性得以实现的原则性制度安排，而政权概念之本性即是为全集团所共同地或总持地拥有的恒常的有、静态的实有或形式的实有。因此，能保障政权概念之本性得以实现的原则性制度安排便该是包含着"民有"意义的民主制。而民主制尤其是政权的民主，其能够成立或实现的关键就在于人民能在政治上自觉其独立性，成为掌权者的"敌体"。而人民与掌权成为"敌体"的背后，其实就是"对列之局"的作用，也是理性之架构表现的作用。但是，中国文化生命的主流精神更重"隶属之局"，也更多理性之运用表现，因此，政道民主在中国实现的枢机或关键则是处理好隶属之局与对列之局的关系，从理性之运用表现转出理性之架构表现。

在《政道与治道·新版序》中，牟宗三把"对列之局"（coordination）同现代化联系起来，认为"对列格局"便是现代化的本质含义。牟宗三认为，《大学》的"絜矩之道"颇能说明"对列之局"的意思，即不同的价值共生共在，共同作用，尊重对方，成两端，两两相对，从而呈现出"敞开散开，物各付物"的理想局面。除《大学》外，《易传》的"保合太和乃利贞"和《中庸》"万物并育而不相害，道并行而不悖"也表达了类似的思想。与此相对，"隶属之局"的基本精神则表现为文化的各个部分、不同价值在纵向的有机联系中"牵一发而动全身"的关系，而次一级的价值隶属、臣服于高一级的价值（类似的，在社会上地位低的人隶属、臣服于地位高的人）。在这一格局中，只有一种价值——道德价值——是主位的，其他的都要受到它的规范和调整。类似的，"只有一个人（皇帝）是自由的"，其他人要么独立到仅以个人姿态就宰相位以出处进退，要么缺乏独立、平等的"个性自觉"而为纯被动的潜伏体。亦即是说，人民尚未在政治上自觉其独立性，成为与"皇帝"并列的"敌体"，从而，民主政道也就不能建立。因此，为了构建政权的民主，中国文化生命须由隶属之局转为对列之局、表现出"絜矩之道"，创造有助于民主政治出现的环境条件：外在地对立而成的个性之自觉和集团争取的方式。个性之自觉和集团的争取都是对列之局的表现，由理性之架构表现建构而成。

当然，在理性的架构表现背后，是文化生命所展现的"分解的尽理之精神"。牟宗三认为，这是西方文化生命的胜场。所谓"分解的尽理之精神"，就是通过"分解"来充分展现真、善、美各自成为自身的理据的文化特质与精神。牟宗三指出，"分解"有三义，即抽象、偏至（抽象必涵舍象，有抽有舍，故有偏至）和使用"概念"，以《周易》的话来说，即"方以智"的精神；关于"尽理"，"从内容方面说，自以逻辑、数学、科学为主。若笼罩言之，则其所尽之理大体是超越而外在之理，或以观解（theoretical——引者注）之智所扑着之'是什么'之对象为主而特别彰著'有'之理（Being）。即论价值观念，亦常以'有'之观点而解"。① 这就是说，"分解的尽理之精神"就是通过抽象形成概念，进而使用概念分别地、有偏至地对平铺的事实做分析综和等处理，并借助数学工具形成合乎逻辑的、关于平铺的事实的"秩然有序"的科学知识。即使处理人文价值之观念，有着"分解的尽理之精神"的文化生命，亦常模仿探究自然事物的方法，探索其秩然有序的理则。在政治的领域，"分解的尽理之精神"构成了民主政治的基本精神，这便是民主政治首出于西方文化和社会的原因。前文已经提到，民主政治成立，需要两个基本观念以为条件，一个是外在地对立而成的个性之自觉，或曰"自外限制"；另一个是"以阶级或集团的对立方式争取公平正义，定订客观的制度法律以保障双方对自的权利与对他的义务"。② 在牟宗三看来，前者的最初灵感来自基督教的"上帝面前人人平等"，后者则是此一"平等"的在现实上争取、落实。"所以他们自外在限制而成之个性，其本质的关键胥系于由阶级地、集团地对外争取而显"③，也就是说，以阶级或集团的方式对外争取公平正

---

① 《牟宗三先生全集 9·历史哲学》，第 196 页。
② 《牟宗三先生全集 9·历史哲学》，第 198 页。
③ 《牟宗三先生全集 9·历史哲学》，第 199 页。

义、争取以客观的制度法律保障权利义务，恰恰在本质上反显、透露出个性的尊重。这种先经客观的制度法律确立权利义务，再由权利义务来护持的"个性"，就是外在的、政治－法律的个性，它是内在的人格个性（如道德的、艺术的）能自由地、游刃有余地安心发展的保障。

由此观之，政治的、法律形态的"客观制度"的建立，是民主政治成立的"总归点"。牟宗三对此总结道，"成立民主政治的两个基本观念，即外在的个性与集团地对外争取方式，其总归点是在一个政治、法律形态的'客观制度'之建立"，即一方面个性的规定乃是通过权利义务，而权利义务的确立又来自政治、法律形态的"客观制度"；另一方面，政治、法律的客观制度，其建立是着眼于人群的、抽象的、一般的客观关系的确立，并由之确保外在的、政治－法律的个性能真正实现。于是，经由政治、法律的客观制度定订权利义务，规定了外在的、政治－法律的个性，此外在的、政治－法律个性在政治、法律等客观制度的护持下真正的实现，又构成了道德、艺术的内在个性得以安心地、游刃有余地发展的保障。

民主政治成立的"总归点"在于政治、法律的客观制度的建立。通过这个基本点，我们可以看出，民主政治成立背后的基本精神是分解的尽理之精神。所谓"分解的尽理"，一是"外向的，与物为对"，二是"使用概念，抽象地、概念地思考对象"。其在民主政治方面的表现，首先在阶级或集团对立；其次是以集团的方式对外争取定订制度与法律，以保障权利义务和公平正义。[①]不过，牟宗三认为，尽管从西方的历史上看，阶级是民主政治成立的重要条件和因素，但在本质上却并非民主政治成立的必要条件。他说："民主政治正是要打破阶级的。阶级对立只是促成民

[①] 牟宗三认为，此处"所尽之理"，就是"对立争取中，互相认为公平合于正义的权利义务"和由"定订一个政治、法律形态的客观制度"而建立的"人群的伦常以外的客观关系"。语见《牟宗三先生全集9·历史哲学》，第199页。

主政治的一个现实上的因缘。可是阶级虽不是民主政治的本质，而集团争取的方式却是民主政治的本质之一。"① 集团争取的方式、个性的觉醒，是政道民主能够实现的条件。因此，要建构民主政治，就需要引导人民在政治上有个性之觉醒，并进一步结成集团以对外争取定订政治-法律形态的客观制度，确定权利义务，使已经在政治上觉醒的个性能真正得到规定和保障。这就是中国文化生命若欲真正现代化、在现代尽其使命，就必须"转折一下，开辟出分解的尽理之精神"的原因。②

但是，于牟宗三而言，理性之架构表现和对列之局都落在了第二义的、在理性之运用表现之下才能真正发挥其作用的文化特质。如此一来，就存在着矛盾，即要求平等、对列的理性之架构表现却服从和服务于要求隶属、臣服的理性之运用表现。如何回应和解决这一矛盾，如何从"综和的尽理之精神"的本源处"转折一下，开辟出分解的尽理之精神"，可以认为是牟宗三政治哲学思想和治理智慧的关节点。

三 "良知坎陷"的意义

中国的文化生命是综和的尽理之精神。因为是"综和的"，所以这种"精神"是"上下通彻，内外贯通"的，亦即其"上面通天，下面通人。此即为天人合一之道。内而透精神价值之源，外而通事为礼节之文"。因为"尽理"，所以它"尽心、尽性、尽伦、尽制"，综括了仁义内在的心性一面和伦常法制的社会礼制一面。这两面"其实是一事"。③ 而"无论心、性、伦、

---

① 《牟宗三先生全集 9·历史哲学》，第 199—200 页。
② 牟宗三认为，"西方的文化生命虽是分解的尽理之精神，却未尝不可再从根上消融一下，融化出综和的尽理之精神。而中国的文化生命虽是综和的尽理之精神，亦未尝不可再从其本源处，转折一下，开辟出分解的尽理之精神"。
③ 牟宗三之所以如此认为，是因为"尽心、尽性就要在礼乐的礼制中尽，而尽伦、尽制亦就算尽了仁义内在之心性"。参见《牟宗三先生全集 9·历史哲学》，第 192 页。

制，皆是理性生命，道德生命之所发，故皆可曰'理'。而这种'是一事'的尽理就是'综和的尽理'"。① 由于"尽理"是"尽心、尽性、尽伦、尽制"，所以，此处所尽之理，乃是道德、政治之"理"、实践之理，而非自然外物之"理"或认知、观解（theoretical）之理。质言之，中国文化生命中"综和的尽理之精神"，通过充分发扬道德方面心性、伦常和政治方面客观制度的根本力量，建构起一个"上下通彻，内外贯通"的、价值的人文世界，从而把"天"与"人"、精神价值之源与实事上的礼节之文贯通、综和起来，形成一个"牵一发而动全身"的、相互影响和作用的整体。

具体而言，中国文化生命的"综和的尽理之精神"，在礼乐方面强调"相称"，而在心性方面则重视"践形"。牟宗三引《礼记·礼器》"……内之为尊，外之为乐，少之为贵，多之为美。是故先王之制礼也，不可夺也，不可少也，唯其称也"后，总结说："这是表示'综和尽理'最美的一段话。故言有声之乐，必通无声之乐；言有体之礼，必达无体之礼；言有服之丧，必至无服之丧。是之谓达'礼乐之原'。"② 亦即无论其内、外、多、少，都非关键所在，真正重要的和关键的，是"通达""礼乐之原"，并与之"相称"。至于心性方面，"综和的尽理之精神"就通过日常生活中的"践形"来说明。所谓"践形"，就是人有耳朵就该当善用其耳朵，有眼睛就应当善用其眼睛，有四肢、百体就须善用其四肢、百体；"善用之，则天理尽在此中表现，而四肢、百体亦尽为载道之器矣。此之谓实践其形，亦曰：'以道殉身。'如是，则不毁弃现实，而即在现实之中表现天理；而现实不作现实观，亦全幅是天理之呈现。"③

综括言之，"综和的尽理之精神"就是以道德方面的心性、

---

① 《牟宗三先生全集 9·历史哲学》，第 192 页。
② 《牟宗三先生全集 9·历史哲学》，第 193 页。
③ 《牟宗三先生全集 9·历史哲学》，第 193 页。

伦常之理（尤其是心性本源之理）为枢轴，"上下通彻，内外贯通"，综和、统御文化生命内部的其他价值，而文化生命中其他价值则隶属于道德方面的心性、伦常，受心性、伦常的调整和轨约。

道德方面心性、伦常（尤其是心性本源）之理"上下通彻，内外贯通"，此即是牟宗三所谓儒家"道德的形上学"的根据，诚然颇为高明。但也正因其"高明"，而未尝着力于厘清概念的分际，亦即不甚重视知识方面的"智的知性形态"，缺乏理性的架构之表现，未能形成对列之局。因此，中国传统政治哲学思想及其治理智慧的现代化转型，关键就在于如何在坚守综和的尽理之精神和理性之运用表现的同时，在根源处"转折一下，开辟出分解的尽理之精神"，融摄理性之架构表现，形成对列之局。

牟宗三对此问题的回答是，道德理性或良知的"自我坎陷"，是解开"在隶属之局中转出反对隶属之局的对列格局"这一纽结的关键性联结。对于牟宗三哲学思想的整体而言，良知坎陷起着关键性的、枢纽性的作用：一方面，良知的自我坎陷是良知呈现的"决心"能够真正完成的必要途径，良知真正的、具体而有内容地"呈现"，必须在"坎陷"中才能够完成；另一方面，良知呈现又保障了个体人格或者文化生命不迷失于所"坎陷"的对象化的细枝末节之中。因为在"良知坎陷"的过程中，具有主观性、客观性和绝对性的"良知"，一方面克制、放弃其主动去建构的冲动，把建构中介、架构和桥梁等的功能交给认知主体、政治主体，使"良知"能在具体事业的成就中超越仅仅是"决心"的状态，具体而有内容地呈现自己或实现自己；另一方面又坚守自己调整和轨约的功能，以确保个体人格或文化生命在"坎陷"的对象化过程中不迷失于细枝末节中，并保障良知所投射于其中的那个对象性的事业，能真正成为良知成就自己的具体方式和途径。

由于良知在"坎陷"过程中这一体两面的表现，它能真正解开"在隶属之局中转出反对隶属之局的对列格局"这一纽结。因为在"坎陷"的过程中,道德理性或良知是主动将自己投射到具体的对象中,吸纳智的知性形态,形成对列之局和理性的架构表现;而它对文化生命中其他价值发挥的是调整和轨约的作用,而不是要求隶属或臣服。也就是说,"良知坎陷"所成是"隶属之局",是进行调整和轨约意义上的"隶属之局",而不是对列之局所反对的要求隶属、臣服的"隶属之局"。在"良知坎陷"语境中,综和的尽理之精神"转折一下,开辟出分解的尽理之精神","隶属之局"转出"对列之局",其真实意义是:良知为了真正地、具体而有内容地呈现自己,主动将自己投射到具体的对象中,暂时放弃自己的优位意识,成为与文化生命中其他价值"对列、平等"的价值之一,并吸纳理性的架构表现,建构文化生命中其他的价值,同时调整和轨约这些具体价值,确保正确的方向,最终服务于良知的具体而有内容的呈现。

这就是"良知坎陷"的意义。

第三节　良知坎陷与治理智慧

根据联合国全球治理委员会(Comission on Global Governance)1995年的界定,治理是指私人的或公共的个体、机构管理其共同事务的诸多方式的总和,作为一个持续的过程,治理能够调和不同的乃至相互冲突的利益,并使联合行动能够得到采纳。它既包括有权迫使人们服从的正式制度和规则,也包括人们同意或以为符合其利益的非正式制度安排。[①] 全球治理委员会关于"治理"问题的这一讨论,引发了新治理理论热潮的兴起。之所以称其为新治理理论,目的在于将其与古代作为"统治"的同义

---

① Comission on Global Governance, *Our Global Neighbourhood*: *Report of the Commission on Global Governance*, Chapter 1, http://www.gdrc.org/u-gov/global-neighbourhood/chap1.htm.

词来使用的"治理"相区别。新治理理论强调"少一点统治,多一点治理"①,注重政府与社会之间既各守其边界又相互合作的伙伴关系。因此,治理是指官方的和民间的公共管理组织在一个既定的范围内运用公共权威维持秩序、满足公众需要、实现公共事务"善治"的公共管理活动与过程。② 也就是说,治理就是官方(政府)和民间(社会)运用公共性的"治权"处置公共事务、调和利益诉求、采取联合行动,以维持公共秩序、实现社会善治的公共管理活动和过程。

简单地说,我们可以把治理活动概括为运用"治权"处理公共事务的活动。故而,"良治"的实现背后需要"治道"以为支撑。质言之,要达到治理良好的效果,需要客观形态的治道,亦即政权与治权分置前提下的"有政道的治道"。经有政道的治道以实现"良治",是理性的架构表现基础上的运用表现,是分解的尽理之精神基础上的综和之尽理之精神的发挥,是受到道德理性或良知"调整与轨约"的对列格局,一句话,是经"良知坎陷"之后良知真实、具体而有内容的"呈现"。这一过程也同样存在着"分别说"与"合一说"的边界与分际。

一 "良知坎陷"与真善美的"分别说"

前文已有说明,"良知的自我坎陷"是良知(亦曰道德理性、知体明觉)为了自己真实、具体而有内容的"呈现",而将自己

---

① 这里的"少一点""多一点"只是一个形象化的说法,而不是一个严谨、规范的表述。如果严格来说,人们可以追问相对于什么标准,减少到何种程度可以叫"多一点"?增加到什么地步可以叫"多一点"?通过这一追问便可知道,"少一点""多一点"的表述并不严谨。人们提出这一形象化的说法,目的还是希望政府的正式制度与社会的非正式安排之间的"伙伴关系"能落实,而这意味着政府的正式制度应当谨守其边界。而如此一来,由于政府的正式制度所涉范围没有扩张,相形之下,社会的非正式安排便已然有所增加了。这便是所谓"少一点统治,多一点治理"所欲表达的意思。

② 本文对"治理"的这一界定,径取自俞可平。参见俞可平《治理和善治引论》(《马克思主义与现实》1999 年第 5 期)和《走向中国特色的治理和善治》(《文汇报》2002 年 9 月 8 日,第 11 版)。

投射到具体对象上、在具体对象的实现中实现自己的过程。在这一过程中,良知一方面要克制、舍弃自己主动去建构的冲动和功能,将作为架构、中介的具体对象的建构交给个体人格中的"认知主体"和"政治主体",发挥理性的架构表现和外延表现,成就文化生命中各种对列、平等的价值(如逻辑、数学、科学等认知方面的知识和政治上的民主等价值)和个体人格中不同的成就与角色;另一方面又坚守自己的调整和轨约功能,从民族文化生命尽其时代使命和个体人格的真实主体性的成就或呈现出发,重视理性的运用表现和内容表现,调整和轨约文化生命中的各种价值和个体人格中的具体表现,使之真正有助于民族文化生命尽其时代使命和人的真实主体性的实现。从这个意义上说,由于"坎陷"的过程更加重视对象化的、具体事业的建构,亦即更重视建构文化生命中各类对列、平等的价值,使"物各付物""各如其如",因此,"良知坎陷"的过程,亦即真、善、美等各种价值"分别说"的过程。

所谓"分别说",也可以叫"差别说""分解地说",与"非分别说"或"合一说"相对。牟宗三是在撰写《佛性与般若》时明确提出此种言说方式的差别的。1976年,牟宗三在《鹅湖》月刊第 1 卷第 11～12 期发表了《分别说与非分别说》,此种言说方式的区分正式明确提出。牟宗三在后来讨论"分别说与非分别说"于"表达圆教"的意义时说,"那段文字(即《分别说与非分别说》——引者注)本来是想当作《佛性与般若》的引论,但是那种写法,当作引论似乎不太像,也不太好,所以我就没有放在前边,而是放在后边当作附录"。① 在《分别说与非分别说》一文中,牟宗三经由讨论《观察诸法行经》和《诸法无行经》(一译《诸法不转》),揭示分别说与非分别说这两种言说方式。他明确指出,"佛不能不先分别地说诸法,以清眉目,建立法

---

① 《牟宗三先生全集 29·中国哲学十九讲》,第 331 页。

相"，故而《观察诸法行经》"决定观察修习诸法之行"，"决定何者当行，何者不当行，何法当有，何法当无。此正是分别说"。① 因为，如果不先"分别地说"诸法，以清楚地"建立法相"，则"非分别地说"的那些"诡谲奇险"的"极谈"，将会让普通的修行者（如胜意比丘）以其为"不实"的"邪见道"，而修行"非分别地说"之法的人，亦将被视为"杂行者"。② 也就是说，对于根器不佳的人而言，非分别说的"诡谲奇险"超出了常理，无法理解，更无法修习，因此，"分别说"是有其意义和价值的，这就是"清眉目，建立法相"，使一般修习者或初阶的修习者有下手处。

在这个意义上讲的"分别说"，是一种只当方法看的"分析"，是"分析的解放"，"不含有任何立场"、只"把字义（或许也包括观念、对象等）分析清楚"的"广义的分析"。③ 它"先告诉我们这个概念是什么，……进一步告诉我们这个概念如何可能；又假定是可能，是在什么层面上为可能？假定不可能，又在什么层面上为不可能？"以此方式，它"可以立教，可以告诉我们一些教义"。例如，儒家圣人立教，"分别地说"仁、义、礼、智、信等"是什么"，并为我们自己的生命决定一个方向，立下一些规范；道家《老子》"分别地解说什么是可道之道，什么是可名之名；什么是不可道之道，什么是不可名之名"；释迦牟尼"说三法印、苦集灭道四圣谛、五蕴及八正道"；等等。不仅如此，牟宗三甚至认为，"所有的法，如数学、医学、科学等，皆可以通达于佛，每一法皆是通于佛的一个门，所以叫做法门"，而把每个"法门"分析清楚的方法，就是"分别说"，亦即分解的尽理之精神的发用，是理性的架构表现与外延表现，其中包含着"良知坎陷"所成的"执的存有论"中认知主体、政治主体分

---

① 《牟宗三先生全集 4·佛性与般若》（下），第 1194 页。
② 《牟宗三先生全集 4·佛性与般若》（下），第 1207 页。
③ 《牟宗三先生全集 29·中国哲学十九讲》，第 344 页。

别地建构真善美,以完成"良知呈现"的历程。

前文曾有言曰,良知坎陷所投射或执持的对象,可以是民主政治与科学知识,也可以是能体现人的个性和本质而人又将其视为终身事业的任何对象性的活动,或能有助于民族文化生命在新的时代尽其使命的任何事业。这其实就是以分别说的或权宜的方式,为完整地、真实地实现个体人格的个性、本质,以及民族文化生命在一时代尽其使命,创造良好的条件。

尽管"良知坎陷"可以是任何有助于个体人格实现其个性本质或民族文化生命尽其时代使命的对象性活动或事业,但综括起来,可以"真"、"善"、"美"三事以尽之。此即真善美之"分别说"。

真美善的分别说,其实质是经由人的特殊能力(如知、情、意等),分别地建构科学知识、道德行为(此乃是狭义的日常语言中的"人间道德")和"美"的鉴赏。牟宗三说:"分别说的真指科学知识说,分别说的善指道德说,分别说的美指自然之美与艺术之美说。三者皆有独立性,自成一领域。此三者皆由人的特殊能力所凸现。陆象山云:'平地起土堆'。吾人可说真美善三者皆是经由人的特殊能力于平地上所起的土堆:真是由人的感性、知性,以及知解的理性所起的'现象界之知识'之土堆;善是由人的纯粹意志所起的依定然命令而行的'道德行为'之土堆;美则是由人之妙慧之静观直感所起的无任何利害关心,亦不依靠于任何概念的'对于气化光彩与美术作品之鉴赏'之土堆。"[①] 也就是说,分别说的真美善是在良知、道德理性或知体明觉"坎陷"出认知主体、道德(和政治)主体以及审美主体的情况下,分别地建构与凸起知识、道德和政治(治理),以及美的(自然的与艺术的)鉴赏。除此之外,这段话还透露了一个信息,即"良知"或道德理性与依定然命令而行的"道德行为"是分属

---

① 《牟宗三先生全集 16 · 康德〈判断力之批判〉》,卷首第 76 页。

于不同层次的"体"与"用":作为"体"的"良知"或道德理性(也包括纯粹意志)是超越而内在的"因",而依定然命令而行的"道德行为"则是"用",是落在现象界的、作为"良知"、道德理性或纯粹意志的"果"。这个意义上的"道德",并不具有超越于科学知识、民主政治、治理实践之上的地位,而是与文化生命中的这些价值处于对列、平等地位的价值。

无论是对个体人格的自我成就还是对民族文化生命的尽其使命来说,科学知识、公共实践(包括道德实践和政治、治理实践)以及对美(自然的或艺术的)都是其中的构成要素。个体人格要真正实现其自己、成就其自己,民族文化生命要在特定时代尽其使命,这些构成要素都是不可或缺的。但是,能否说具备了这些要素,个体人格就必定能够成就理性人格、过上美好生活、实现人生的圆善,而民族文化生命也能畅达地尽其使命呢?

对于这个问题,牟宗三的回答显然是否定的。因为"分别地说"的真美善或良知的自我坎陷显然还只是第一步。就好比盖房子,分别说的真美善或良知坎陷仅仅是把盖房子所需的建筑材料准备好;要真正盖好房子,还需要把这些建筑材料按照建筑学的原理组织、架构起来。类似的,个体人格要真正获得自我实现和人生的圆善、过上美好生活,民族文化生命要畅达无阻、尽其使命,就必须要把分别说的真美善、良知坎陷所成的各项事业组织起来,形成合力,架构合理的组织结构。当然,严格说来,这一比喻是不恰当的。因为个体人格的自我实现与人生圆满(或圆善)到最后正是要消解身份、地位等中介或架构、组织,"化掉"这些"土堆"或"相",使归于"平地"。

这项工作便是与"分别说"相对的"非分别说"或"合一说"的职分。它在公共实践的领域,便集中表现为"合一说"的治理智慧。下面分别就"分别说"与"合一说"、"合一说"的治理智慧,简要论述之。

二 "分别说"与"合一说"

"合一说"也就是"非分别说"。对此,牟宗三虽未明言,但通过他对"非分别说"与"合一说"的解说,此二者所指相同,无可怀疑。无论"非分别说"还是"合一说",牟宗三都是在与"分别说"相对的意义上展开其相关内容的。不仅如此,牟宗三言下的"非分别说"与"合一说"能起到类似的甚至是相同的作用,都是对治"分别说"所引起的执着、诤议、窒碍等业障、苦恼,达到"平、实、圆、无戏论的唯一方式",① 通过这种方式,即"诡谲地体所已分别说者之实相一相所谓无相即是如相而为诡谲的方式""以不住法住般若,以不住法住贪欲、瞋恚、愚痴之平等性中之诡谲的方式,'般若非般若是之谓般若'之诡谲的方式"等,"善灭诸戏论,灭业障罪,得真解脱"。② "非分别说"或"合一说"以诡谲的方式,荡相遣执,消化"分别说"建构"法相"所造成的诤议,从而圆具一切、成就一切。

需要说明的是,某些道理、意境(如儒家的内圣之教或道德实践的学问,《庄子》和《般若经》中的那些"吊诡之辞"等)之所以需要以"非分别说"的方式呈现出来,是因为分别说的方式不足以阐明这些道理、意境。对于这些道理、意境,"用概念或分析讲,只是一个线索,一个引路",要阐明它们,只能以"一种呈现,一种展示"的方式"照道理或意境本身如实地(as such)看"。③ 如儒家(像《易传》、陆象山等)"学问"的所谓朴实之途、简易之道。从这些叙述可知,非分别说并不是专属于哪一学派的言说方式,而是儒、释、道,甚至西方哲学家们共享的、呈现或展示特定道理或意境的"共法"。因此,思想家不能因为采用了"非分别说"的方式来呈现或展示道理,就被视为

---

① 《牟宗三先生全集 4·佛性与般若》(下),第 1198 页。
② 《牟宗三先生全集 4·佛性与般若》(下),第 1210 页。
③ 《牟宗三先生全集 29·中国哲学十九讲》,第 347 页。

"禅"。尽管禅宗大抵上采取了"非分别说"的方式。实在说来,"非分别说"只是言说方式,而相同的言说方式背后隐含着的"立教"或主张(teaching, doctrine)很有可能是不同的。

这就是说,"非分别说"也有不同的方式。当然,"非分别说"最著名的,还是来自佛教,尤其是"禅宗"。但是,除此之外,西方哲学中的神秘主义、黑格尔的辩证法、中国哲学中《庄子》的吊诡之辞和象山、龙溪等均以"非分别说"来表达至理。牟宗三指出,"分别说与非分别说是佛教的词语,或称差别说与非差别说,若用现代西方的说法,则是分解地说与非分解地说"①,对于言说方式的此种差异,"西方哲学并未考虑过,它是从佛教启发出来的"。② 尽管如此,西方哲学亦对人们了解言说方式的此种差别有所贡献。牟宗三说,"就广义的分别说而言,西方哲学家从古代到现代,大体都是走分解的路子,如柏拉图、亚里士多德、莱布尼兹与康德,都是走分解的路子;……在西方哲学家中,只有黑格尔不是采取分析的路子,他所采取的是辨证的(dialectic)的方式",而所谓的辨证的方式,就是"消化分别说所建立的那些观念,然后用辨证的方法把它统而为一",亦即他的"辨证的统一,乃是预先假定(presuppose)了一些分析的说法"③ 他对其前的哲学家们分别地表达的观念做了积极的"消化",进行了辩证的综和,这也是一定意义上的非分别说。此外,西方的神秘主义"没有分别说,不但没有分别说,而且所谓'神秘'根本是不可说",故也属非分别说。只不过因为"神秘主义在西方哲学中并不能成一个正式的系统,只是有这么一个境界而已",而且"是否还能用西方'神秘主义'这个词语来表示东方的"所谓"神秘"境界,是有问题的。譬如孟子的"万物皆备于我矣。反身而诚,乐莫大焉",其本身"自然构成一个前后连贯

---

① 《牟宗三先生全集 29 · 中国哲学十九讲》,第 332 页。
② 《牟宗三先生全集 29 · 中国哲学十九讲》,第 331 页。
③ 《牟宗三先生全集 29 · 中国哲学十九讲》,第 332 页。

的系统，若用神秘主义来扣它、来概括它，是很不公平的"。① 因为实在说来，在西方视为"神秘主义"的，在中国可能恰恰是理性的。因而其是否真能算得上是"非分别说"，是颇可怀疑的。总之，无论黑格尔的辩证统一还是西方的神秘主义，都或者预设了分解的说法，或者可以根据其他的传统给予分别的解说，因而，与中国或者东方的思想中的非分别说，仍然有很大的区别。

与此相对，中国哲学中的《庄子》就常以寓言、重言、卮言等非分别说的方式，表达、呈现道理和意境。《庄子·天下篇》曾说："庄周闻其风而悦之，以谬悠之说，荒唐之言，无端崖之辞……以卮言为曼衍，以重言为真，以寓言为广。独与天地精神往来而不敖倪于万物，不谴是非，以与世俗处。"② 意思是说，庄子以寓言、重言、卮言来表达其"独与天地精神往来而不敖倪于万物，不谴是非，以与世俗处"的境界。之所以能如此，是因为寓言乃隐藏道理于其中的话语，且由于其不是从正面说道理，而易为人所接受；重言则借重古圣先贤之所说，以突显所言道理之可信；卮言是像盛酒的卮器一样没有一成不变的形态，随时随处，随顺方便而起、而停，以此呈现意境和道理。这就是庄子的非分别说的方式。他用这些言说方式所呈现或展示的道理、意境，是不可以用概念分解的方式来讲解的，因为这些道理和意境已然到了最高的境界。

庄子之后，除了佛教高僧大德，中国思想家中以非分别说的方式呈现道理、意境的，主要有程明道、陆象山和王龙溪。明道先生有时也用分别的方式说，但主要还是用非分解的方式呈现、指点道理。"至于陆象山，在某一方面，走的是非分别的路子，所以朱夫子说他是禅"，③ 但这实质上是一种不必要的联想和误解。因为陆象山虽然在某些方面用非分别说的方式呈现儒家的理

---

① 《牟宗三先生全集 29·中国哲学十九讲》，第 333—334 页。
② 《庄子·天下篇》，陈鼓应注译，中华书局，2009，第 939 页。
③ 《牟宗三先生全集 29·中国哲学十九讲》，第 348 页。

境，但他并非全都是非分别说。牟宗三指出，陆象山学问的基础是《孟子》，他立说的基本教义和原则，全部来自《孟子》；他预设了"已经把许多道理说得很清楚了"的分别说的《孟子》作为其非分别说的前提，"孟子的分析就是他的分析，孟子的那些分别说，就是陆象山的分别说"，所以，"他根本不需要再用许多语言来另说一套"。① 而他之所以要说、用非分解的方式说，原因就在于他想要扭转朱子之歧出。依牟宗三，陆象山批评朱子的"支离"，主要并不是说朱子零散琐碎，而是指他对儒家学说的解释不中肯、歧出。对此，牟宗三有一个精辟的比喻说，"好比一个骨干不会有支离，旁支才会岔出去，只有支（branches）才会有歧出。所以说支离，不是琐碎不琐碎的问题，而是中肯不中肯、歧出不歧出的问题"。② 为了扭转朱子的歧出，他一边让人确确实实地读《论语》、《孟子》，一边以非分解的方式，顺孟子所说之道"朴实"地说实理实事、易简工夫。因此，陆象山虽用了非分解的方式，但其预设的孟子经由分别说的方式建立起来的基本教义和原则，则把自己与禅宗式的"非分别说"区别开来了。关于王龙溪的"非分别说"，最典型的是其所谓的"四无句"。王阳明曾有言："无善无恶心之体，有善有恶意之动，知善知恶是良知，为善去恶是格物。"此即王阳明对《大学》"心、意、知、物"四个观念所做的"分解的"说明。在这里，王阳明把"心""知"视为超越的"体"，而"意""物"是经验的"用"。所谓"致良知"的工夫，就是推致良知于"有善有恶"之"意"，一面轨约、调控"意"之善恶，一面做"为善去恶"的格物工夫。如此的"分别说"中，"心、意、知、物"分别有其"自体相"，是凸显出来的"土堆"，而未进至浑化无迹的圆融之境，这就给阳明后学留下了前进一步的空间。王龙溪的"四无句"正是在阳明"分别说"的"四句教"的基础上形成的。王龙溪说："夫子

---

① 《牟宗三先生全集29·中国哲学十九讲》，第349页。
② 《牟宗三先生全集29·中国哲学十九讲》，第350页。

立教随时，谓之权法，未可执定。体用显微只是一机，心意知物只是一事。若悟得心是无善无恶之心，意即是无善无恶之意，知即是无善无恶之知，物即是无善无恶之物。盖无心之心则藏密，无意之意则应圆，无知之知则体寂，无物之物则用神。天命之性粹然至善，神感神应，其机自不容已，无善可名：恶固本无，善亦不可得而有也。"（《天泉证道记》）[1] 由此可知，王龙溪强调，夫子的"立教"（以"分别说"的形式完成）只是"权法"，不能执为定说。从根本上讲，"心知是体是微，意物是用是显"，"心、意、知、物四者总只是那粹然至善其机自不容已的天命之性之神感神应之自然流行或如如呈现之浑然一事"，故而，一旦我们承认"心"是超越善恶对待的、粹然至善的"本心"，那么，知善知恶之知、此心所发之意和意之所在之物，也便即是无善无恶、如如呈现的事情本身。作为超越善恶对待的、粹然至善的"本心"，实即是"无心之心"，相应的，作为如如呈现、无善无恶的事情本身的"意、知、物"也是没有刻意、没有造作的"无意之意""无知之知"和"无物之物"。由于它们没有刻意、没有造作，故无心相的"本心"其藏深密、无意相之意其感应圆融、无知相的"良知"本体寂然不动、无物相之物其用有莫测之神。因而，源自粹然至善的天命之性自然流行的"心、意、知、物"，神感神应，无有"善相"，一切自然而然，其机自不容已，坦荡平易，蔼然可亲。这便是王龙溪以阳明分别说的"四句教"为基础"非分别地"阐明、呈现的"四无"境界。

　　牟宗三虽然充分肯定了王龙溪非分别说的"四无句"，认为其中包含着"圣人冥寂无相"之迹本圆融，但是，若究极说来，王龙溪的非分别说仍是于"四有之外立四无，乃对四有而显者"。从判教的角度说，若阳明的"四句教"是别教，那么龙溪的"四无句"则是别教一乘圆教。而真正的圆实之教、同教一乘圆教，

---

[1] 转引自《牟宗三先生全集 22·圆善论》，第 307 页。

须依程明道"天地之常,以其心普万物而无心;圣人之常,以其情顺万事而无情"和胡五峰"天理人欲同体而异用,同行而异情"才能成立。在程明道和胡五峰这里,天地与万物、人情与事情、天理与人欲并列而言,有分别说的一面;但由于心没有心之相、情没有情之相,所以天地能"体"万物而有其心、圣人能顺万事以为其情,然后使天理、人欲因各守其分而化掉封限、去除执着,最后各如其如。如此即是以分别说为根据,"融通淘汰"、消化分别说的心意知物、理欲人情、天地万物和善恶对待等"相"或"形式"所刻意造作的执着与封限,达到《尚书·洪范篇》所谓"无有作好,遵王之道;无有作恶,遵王之路。无偏无党,王道荡荡;无党无偏,王道平平"的状态。

"遵王之道"、"无偏无党"、"平平荡荡",这就是非分别说或合一说中不刻意、不造作的"无相原则"所达成的效果。质言之,这种"王道""平平荡荡"的状态,把圣、智、仁、义的"凸起"消化、平伏下去,乃因其是在存有论上承认圣、智、仁、义的同时,在作用上否定它们,化掉"圣、智、仁、义"之相,化掉善恶之相,化掉"分别说"所引起的执着、诤议、窒碍等业障、苦恼,使善或圣、智、仁、义不再对人们造成压力或强制,不再被人们视为负担从而为人所厌弃,如此,"平平荡荡"的王道或良治善政才会最终出现。一句话,在真美善分别说基础上的真美善合一说的无相原则的作用下,王道善政和善治,以及使自然王国和目的王国统一的圆善,才能真正实现。

三 真美善"合一说"的治理智慧

人们可能会觉得奇怪,真美善的"合一说"如何能与"治理"发生关联。从某种意义上说,这样的疑惑是可以理解的,但也是可以解开的。之所以说这样的疑惑可以理解,是因为就一般而言,真美善的"合一说"从根本上说是一个哲学-美学问题,而不是政治哲学问题。既然连政治哲学问题都不是,更遑论治理智慧?! 由此可见,此处讨论真美善"合一说"的治理智慧确实容易引发质疑。

但是,如果从"非分别说"或"合一说"的角度看,此种疑惑又是可以解开的。的确,牟宗三对"非分别说"或"合一说"的讨论,或是在进行判教时,或是在解决圆善问题时,或是在讨论康德《判断力批判》之不足以沟通自然与自由之时;但是,无论是进行判教还是努力沟通自然王国与自由王国,归根结底都是要解决"德福一致"的圆善问题。质言之,真美善"合一说"的主旨就在解决"德福一致"的圆善问题。如前所述,牟宗三在《圆善论》中对"德福一致"的圆善问题的解决并不能令人满意,因为依照《圆善论》所述的儒家圆教的观点,德与福之间是一种神秘主义色彩颇浓的"诡谲相即"、"颇不好说"①的关系。所谓"诡谲",即奇特怪诞、不正常;"诡谲相即"就是奇特怪诞、不正常地结合在一起。既然是奇特怪诞的、不正常的,那么,其具体结合的方式就说不清楚,因而是带有神秘主义色彩的;同时,因其不正常的结合,故而很难说是必然地可以期待的。

但是,"德福一致"(二者准确配称)的圆善又确实是值得人们期待和追求的。于是,如何真正实现圆善,使德与福准确配称,在实践上便成为一个重要的问题。

既然是实践上的问题,当然不能仅以理论的方式、通过"非分别的"言说方式加以解决,而必须通过实践的途径、综合地予以解决。牟宗三以真美善"分别说"基础上的真美善"合一说",从道德和审美实践的角度解决圆善问题,在政治哲学和治理智慧方面给予我们极大的启发。这就是在治理实践中通过真美善的"合一说"解决德福准确配称问题的路径和机制。我们将其称为

---

① 《牟宗三先生全集 22·圆善论》,第 316、171 页。牟宗三认为,依照儒家的圆教传统,德福一致(德与福的准确配称)一方面"不好再说为综和关系",另一方面,"它当然仍旧不是分析关系",而是"有甚深微妙处"的、"颇不好说"的"诡谲相即"的关系。

"真美善'合一说'的治理智慧"。

真美善"合一说"的治理智慧，就是在治理实践中通过真美善"合一说"解决德福准确配称问题的路径和机制。需要强调的是，无论是政治哲学还是公共治理之学，都不可能完全、彻底地解决普遍幸福的问题，而只能以解决德福一致（或准确配称）的问题为旨归。从某种意义上说，"普遍幸福"的问题甚至不该作为政治或治理实践的根本追求，因为，不问德性的"普遍幸福"实际上是有失公道的。显而易见，它不该是政治或治理实践的根本追求。因此，当我们欲解决德福一致的圆善问题时，我们应该首先将其当作道德问题来考量，然而，由于道德或"善"自身的脆弱性，解决道德问题的恰当路径却应该从道德之外来寻找。

牟宗三也正是这样做的。首先，牟宗三主张，圆善问题只有在圆教模型中才能得到真正的解决。尽管牟宗三在《圆善论》中通过圆教模型对圆善问题的解决并不成功，但是，他通过"非分别说"（的同教一乘圆教）解决圆善问题的思路却为圆善问题的真正解决提供了方向。其次，牟宗三以"分别说"和"非分别说"为依据进行的判教，其最终的圆实教或同教一乘圆教乃是经由"分别说"基础上的"非分别说"而达成的。因此，在探讨牟宗三"真美善'合一说'的治理智慧"时，我们需要对"分别说"的真美善对于生命的意义有所叙说。最后，在厘清"分别说"的真美善对于生命的意义的基础上，讨论真美善"合一说"如何通过政治和治理实践解决德福一致的圆善问题的路径与机制。

下面先叙说"分别说"的真善美对于生命的意义。牟宗三说：

> 分别说的"真"是生命之窗户通孔，生命之"呼吸原则"，但只通至现象而止，未能通至物如，故虽显"真"之独立意义，亦有其限制。

分别说的"善"是生命之奋斗，生命之提得起，是生命之"精进不已之原则"，但亦只在精进中，未至全体放下之境，虽显善之独立意义，但亦常与其他如真与美相顶撞，未臻通化无碍之境。

分别说的"美"是生命之"闲适原则"，是生命之洒脱自在。人在洒脱自在中，生命始得生息，始得轻松自在而无畏惧，始得自由之翱翔与无向之排荡。但此是妙慧静观之闲适，必显一"住"相。若一住住到底，而无"提得起"者以警之，则它很可以颓堕而至于放纵恣肆（讲美讲艺术者常如此，遂失妙慧义，故云"非妙慧者不能言感"，盖无妙慧之感只是感性之激情之感而已）。①

由上述关于"分别说"的真善美之于生命的意义可知，它们是生命之呼吸存续、奋斗精进和闲适生息的原则，它们各自对于生命的健全都有贡献，但也有其局限。因而，牟宗三认为有必要在真美善"分别说"的基础上，讨论真美善"合一说"的意义。

所谓"合一说"，牟宗三指出，它并"不是康德所说的'以美学判断沟通自由与自然之两界合二为一谐和统一之完整系统'之合一，乃是同一事也而即真即美即善之合一"。② 同一事件、现象能"即真即美即善"，综和"分别说"的真善美之于生命的呼吸存续、奋斗精进和闲适生息的作用，并克服其中停留于"现象"、施压于真与美，以及颓堕以至于放纵恣肆，这就是在承认真美善因"分别说"而各有其独立性基础之上的真美善的"合一之境"。

牟宗三认为，真美善"合一说"的主导者是善方面的道德心或实践理性之心。他指出："真、美、善三者虽各有其独立性，然而导致'即真即美即善'之合一之境者仍在善方面之道德的

---

① 《牟宗三先生全集 16 · 康德〈判断力之批判〉》，卷首第 79—80 页。
② 《牟宗三先生全集 16 · 康德〈判断力之批判〉》，卷首第 80 页。

心,即实践理性之心。此即表示说道德实践的心仍是主导者,是建体立极的纲维者。"① 此实践理性之心、道德实践的心,其作用、表现要经历"三关"。第一关是"克己复礼"关,它强调"吾人一切道德实践惟在挺立'大体'以克服小体或主导小体"。这样一来,我们的生命才能不受制于感性,并从感性中解脱出来,进而呈现其"大体"。这就是孟子所谓"先立乎其大者,则其小者弗能夺也"(《孟子·告子上》)。此"克己复礼"从而"挺立大体"的实践,亦可称为"挺立"关。这是分解的表示,或"分别说"的境界。第二关是"显崇高伟大相(或道德相)"关。此即孟子所谓"充实而有光辉之谓大"(《孟子·尽心下》)。此处的所谓"大",就是崇高伟大,而之所以有其崇高伟大,乃因有"以仁义礼智存心,配义与道"之"充实",进而由"仁义礼智根于心,晬然见于面,盎于背,施于四体,四体不言而喻"(《孟子·尽心上》),是即"有光辉"。牟宗三说:"既充实,又有光辉,此之谓崇高伟大的大(综和的大)。"② 但是,这个显崇高伟大相或道德相的境界,同时会"显紧张相,胜利相③,敌对相,令不若己者起恐惧心,忌惮心,厌憎心,乃至起讥笑心,奚落心,而日趋于放纵恣肆而不以为耻,此如苏东坡之于程伊川,小人之视道学为伪学"。④ 这就是"道德相或伟大相"还没有化除的缘故。对于成就事业而言,形式、仪式或"相",在一定条件下,是有必要的,但执着于形式、仪式或"相",却会造成诸多弊端。因而,就产生了进一步超越或化除"相"的要求。于是,便有了第三关"无相关"。孟子所谓"大而化之之谓圣",描述的就是"无相关"情形。牟宗三说:"圣境即化境。此至不易。人需要'大',既大已,而又能化除此'大',而归于平平,吉凶

---

① 《牟宗三先生全集 16·康德〈判断力之批判〉》,卷首第 80 页。
② 《牟宗三先生全集 16·康德〈判断力之批判〉》,卷首第 81 页。
③ 犹如陆象山所谓的"胜心"。
④ 牟宗三:《牟宗三先生全集 16·康德〈判断力之批判〉》,卷首第 81—82 页。

与民同患,'以其情应万事而无情',不特耀自己,望之俨然,即之也温,和蔼可亲,此非'冰解冻释,纯亦不已'者不能也。到此境便是无相原则之体现。"① 在此种"无相"的境界中,人显得轻松自在,其一旦轻松自在,其他的一切便会轻松自在。这便是含有妙慧心和无相原则的"圣心",也即是"遁世不见知而不悔"的"极高明而道中庸"的境界。在此境界中的"圣心"以其妙慧别才之自由翱翔和无向中的直感排荡而"游于艺",从而使一切都归于实理之平平与无相,达到"洒脱之美"之境。此圣心之无相即是美,从而"即善即美"。不仅如此,圣心之无相不但无此善相,且亦无"现象之定相"或"现象存在之真"相,而只有物之"如相"、物(事)本身之"真"相。于是,圣心无相是即善即美即真,是真美善之合一说。"在此合一之化境中,不惟独立意义的道德相之善相与独立意义的现象知识之真相被化掉,即独立意义的妙慧别才之审美之美相亦被化掉",从而,"'物如'之如相之'真'相"、"冰解冻释之'纯亦不已'之至善相"和"一切自然之美(气化之流光)"等,全部都融化于物之如相中而一无剩欠。于是,"美固无可自恃,善亦无可自矜,而真亦无可自傲"②,一切平平如如。

这样的状态,正是公共治理所欲达成的状态。公共治理实践本身,也是道德心或实践理性之心的作用发挥或表现。而前述道德心或实践理性之心的作用、表现所经历的"三关",亦为公共治理实践所融合。在此,我们拟重新阐述真美善合一境界的实现所经历的"三关":所谓"挺立关"或"克己复礼关",是要人树立依"礼俗"之道德规范而行的意识,挺立其知是知非的道德意识;所谓显伟大相或道德相关,与康德通过断绝感性的作用、纯任善良意志所自给的"定然命令"以为至上的德性法则相当;所谓"无相关"则在依此至上的德性法则定立具体的制度、法

---

① 牟宗三:《牟宗三先生全集16·康德〈判断力之批判〉》,卷首第82页。
② 牟宗三:《牟宗三先生全集16·康德〈判断力之批判〉》,卷首第83—84页。

律，以此渗透着道德法则和道德精神的制度、法律，引领社会趋于现代化和正常，并塑造富有德性精神的个体人格，形塑一个普遍遵守道德要求却无道德相、无道德负累的社会。其中，富于道德精神的制度和法律，同时也是一有助于德福一致（德福准确配称）的制度与法律。它在把人塑造成富有德性精神的个体时，也会引领社会成为一个能真正维系德福一致（德福准确配称）的公平正义的社会。这才是德福一致（准确配称）的圆善问题的恰当解决路径。

一个普遍遵守道德要求却无道德相或无道德负累的社会，应当成为公共治理的理想目标。这样的社会其实也是儒家政治哲学的理想。这一理想乃是通过建立在民主政道基础上的儒家德化的治道实现的。也就是说，公共治理的理想目标是要在民主政道的基础上，通过赋予制度和法律以道德法则和道德精神，并以此富于道德精神、渗透着道德法则的制度、法律，引导和塑造人民，形成一个"有道德而无道德相"的社会，真正实现"敞开散开，物各付物"的理想的治理状态。

这便是真美善"合一说"的治理智慧及其理想。

结语　天道、人性与政治的良性互动

牟宗三的政治哲学思想和治理智慧，以形成民主政道基础上、经由儒家德化的治道而来的"有道德而无道德相"的"敞开散开，物各付物"的社会为其理想。这一理想的背后有着深刻的、以天道性命为内容的"道德的形上学"作为超越根源。而此天道性命亦下贯、落实于能动的人的身上，成为人的真实主体性，人的此种能动的、即存有即活动的真实主体性（性体），则构成了牟宗三政治哲学思想与治理智慧的人性之基。

于是，在牟宗三这里，天道下贯而为人性，此种能动、创生的人性贯通、渗透至政治之中以为其精神，赋予"政治"所以为"政（正）"的意义与价值。与此同时，政治内涵的精神、政治所以为"政（正）"的意义与价值，正在于其护持人性、保障人的真实的能动－创生的主体性得以实现，从而更进一步丰富和深化天道性命的意涵。天道、人性与政治的此种两相往来的"互动"，归根结底，将有助于人性的繁盛与幸福，为人的美好生活（Eudaimonia）的实现奠下扎实的基础。

《中庸》云："人道敏政，地道敏树。"它表示，蕴含着人道的政治能迅速进入正常轨道，有助于人的自我实现与成全，正如与树相契合的地亦能有助于树的快速而又坚韧地成长。人道与政治的互动与相互成全，是牟宗三政治哲学思想与治理智慧的追求，也是公共治理实践的理想诉求。

参考文献

一　牟宗三先生的著作

《牟宗三先生全集5·心体与性体》（一），台北：联经出版事业股份有限公司，2003。

《牟宗三先生全集6·心体与性体》（二），台北：联经出版事业股份有限公司，2003。

《牟宗三先生全集7·心体与性体》（三），台北：联经出版事业股份有限公司，2003。

《牟宗三先生全集8·从陆象山到刘蕺山》，台北：联经出版事业股份有限公司，2003。

《牟宗三先生全集8·王阳明致良知教》，台北：联经出版事业股份有限公司，2003。

《牟宗三先生全集8·蕺山全书选录》（三），台北：联经出版事业股份有限公司，2003。

《牟宗三先生全集9·道德的理想主义》，台北：联经出版事业股份有限公司，2003。

《牟宗三先生全集9·历史哲学》，台北：联经出版事业股份有限公司，2003。

牟宗三先生全集10·政道与治道》，台北：联经出版事业股份有限公司，2003。

《牟宗三先生全集15·康德的道德哲学》，台北：联经出版事业股份有限公司，2003。

《牟宗三先生全集20·智的直觉与中国哲学》，台北：联经出版事业股份有限公司，2003。

《牟宗三先生全集21·现象与物自身》，台北：联经出版事业股份有限公司，2003。

《牟宗三先生全集22·圆善论》，台北：联经出版事业股份有限公司，2003。

《牟宗三先生全集28·人文讲习录》，台北：联经出版事业股份有限公司，2003。

《牟宗三先生全集29·中国哲学十九讲》，台北：联经出版事业股份有限公司，2003。

《牟宗三先生全集30·中西哲学之会通十四讲》，台北：联经出版事业股份有限公司，2003。

《牟宗三先生全集30·宋明儒学综述》，台北：联经出版事业股份有限公司，2003。

《牟宗三先生全集30·宋明理学演讲录》，台北：联经出版事业股份有限公司，2003。

《牟宗三先生全集30·陆王一系之心性学》，台北：联经出版事业股份有限公司，2003。

《牟宗三先生全集31·四因说讲演录》，台北：联经出版事业股份有限公司，2003。

《牟宗三先生全集31·周易哲学讲演录》，台北：联经出版事业股份有限公司，2003。

《牟宗三先生全集32·五十自述》，台北：联经出版事业股份有限公司，2003。

《牟宗三先生全集32·牟宗三先生学思年谱》，台北：联经出版事业股份有限公司，2003。

《牟宗三先生全集32·国史拟传》，台北：联经出版事业股份有限公司，2003。

《牟宗三先生全集 32·牟宗三先生著作编年目录》，台北：联经出版事业股份有限公司，2003。
《生命的学问》，广西师范大学出版社，2005。
《道德理想主义的重建——牟宗三新儒学论著辑要》，郑家栋编选，中国广播电视出版社，1992。
《当代新儒学八大家集·牟宗三集》，黄克剑等编选，群言出版社，1993。
陈克艰编选《寂寞中的独体》，新星出版社，2005。
牟宗三先生著作中在大陆出版的单行本主要有：《心体与性体》，上海古籍出版社，1999；《从陆象山到刘蕺山》，上海古籍出版社，2001；《人文讲习录》，广西师范大学出版社，2005；《中国哲学的特质》，上海古籍出版社，1997；《中国哲学十九讲》，上海古籍出版社，1997；《中西哲学之会通十四讲》，上海古籍出版社，1997；《宋明儒学的问题与发展》，华东师范大学出版社，2004；《四因说讲演录》，上海古籍出版社，1998；《周易哲学讲演录》，华东师范大学出版社，2004。

二 介绍性、研究性的著作和论文

（一）著作

牟宗三先生七十寿庆论文集编辑组编撰《牟宗三先生的哲学与著作》，台北：学生书局，1978。
蔡仁厚：《新儒家与新世纪》，台北：学生书局，2005。
蔡仁厚、杨祖汉主编《牟宗三先生纪念集》，台北：东方人文学术研究基金会，1996。
陈迎年：《感应与心物——牟宗三哲学批判》，上海三联书店，2005。
程志华：《牟宗三哲学研究——道德的形上学之可能》，人民出版社，2009。
何信全：《儒学与现代民主》，中国社会科学出版社，2001。
蒋庆：《政治儒学》，三联书店，2003。

景海峰：《新儒学与二十世纪中国思想》，中州古籍出版社，2005。

李明辉：《当代儒学的自我转化》，中国社会科学出版社，2001。

李明辉主编《牟宗三先生与中国哲学的重建》，台北：文津出版社，1996。

李维武：《20世纪中国哲学本体论思潮》，湖南教育出版社，1991。

李泽厚：《中国思想史论》，安徽文艺出版社，1999。

闵仕君：《牟宗三"道德的形而上学"研究》，巴蜀书社，2005。

唐文明：《与命与仁——原始儒家的伦理精神与现代性问题》，河北大学出版社，2002。

唐文明：《隐秘的颠覆——牟宗三、康德与原始儒家》，三联书店，2012。

颜炳罡：《牟宗三学术思想评传》，北京图书馆出版社，1998。

杨泽波：《牟宗三三系论论衡》，复旦大学出版社，2006。

郑家栋：《本体与方法——从熊十力到牟宗三》，辽宁大学出版社，1992。

郑家栋：《断裂中的传统——信念与理性之间》，中国社会科学出版社，2001。

（二）论文

蔡仁厚：《牟宗三先生对哲学慧命的开发与疏通》，《孔子研究》1999年第1期。

程恭让：《牟宗三对孟子与康德学理相关性的诠释》，《学术月刊》2001年第6期。

邓晓芒：《牟宗三对康德之误读举要（之一）——关于"先验的"》，《社会科学战线》2006年第1期。

邓晓芒：《牟宗三对康德之误读举要——关于"智性直观"（上）》，《江苏行政学院学报》2006年第1期。

邓晓芒：《牟宗三对康德之误读举要——关于"智性直观"（下）》，《江苏行政学院学报》2006年第2期；

杜霞：《论牟宗三的康德研究》，中国儒学网，http://www.confuchina. com/07%20xifangzhexue/lun%20mouzongsan. htm。

高柏园：《论牟宗三先生〈圆善论〉的孟子学》，《鹅湖》2005 年第 6 期。

郭齐勇：《近 20 年中国大陆学人有关当代新儒学研究之述评》，"孔子 2000" 网站，http://www.confucius2000.com/confucian/j20ndlygxrxyjsp.htm。

郭齐勇：《近五年来中国大陆儒学研究的现状与发展》，陈明、朱汉民主编《原道》第 6 辑，贵州人民出版社，2000。

郭齐勇：《牟宗三先生以"自律道德"的理论诠释儒学之蠡测》，《哲学研究》2005 年第 12 期。

郭齐勇：《牟宗三先生会通中西重建哲学系统的意义》，《第七届当代新儒学国际学术会议论文集》，2005。

黄见德：《道德形而上学的重建与对康德哲学的融摄——评牟宗三先生会通中西哲学的导向》，《华中理工大学学报》（社会科学版）1998 年第 2 期。

黄玉顺：《"伦理学的本体论"如何可能？——牟宗三"道德的形上学"批判》，《西南民族大学学报》（人文社科版）2003 年第 7 期。

蒋庆：《良知只可呈现而不可坎陷——王阳明与牟宗三良知学说之比较及"新外王"评议》，《中国文化》1996 年第 14 期。

景海峰：《简议牟宗三圆善论的理性主义困限》，《深圳大学学报》（人文社会科学版）1999 年第 2 期。

赖贤宗：《当代新儒家的道德的形上学之重检：以牟宗三哲学与德意志观念论为研究中心》，《鹅湖学志》2000 年第 24 期。

刘示范：《牟宗三与当代新儒学国际学术会议简述》，《孔子研究》1999 年第 1 期。

刘述先：《有关理学的几个重要问题的再反思》，《国际朱子学会议论文集》，台北：中研院文哲研究所筹备处，1993。

卢雪昆：《康德哲学与儒家哲学会通之问题》，《第七届当代新儒学国际学术会议论文集》，2005。

倪梁康：《康德"智性直观"概念的基本含义》，《哲学研究》2001年第10期。

倪梁康：《"智性直观"在东西方思想中的不同命运（1）》，《社会科学战线》2002年第1期。

潘德荣：《重建传统的智者牟宗三》，《北方论丛》2000年第5期。

庞朴：《"仁"字臆断》，《寻根》2001年第1期。

唐文明：《康德道德形上学及其意味辩释——兼及牟宗三先生有关康德伦理思想的理解》，《哲学研究》1997年第6期。

陶悦：《试论牟宗三对康德自由意志的改造》，《北方论丛》2006年第1期。

田文军、李炼：《张载哲学中的"体"与"本体"问题》，《武汉大学学报》（人文科学版）2006年第6期。

王兴国：《牟宗三哲学的研究现状及其局限》，《哲学动态》2001年第4期。

王兴国：《重建世界的人文精神——牟宗三儒家式的人文主义》，《现代哲学》2002年第3期。

杨泽波：《从孔孟差异看牟宗三的一个阙失》，《学术月刊》1994年第6期。

杨泽波：《论牟宗三"以纵摄横，融横于纵"综合思想的意义与不足》，《东岳论丛》2003年第2期。

杨泽波：《牟宗三道德自律学说的困难及其出路》，《中国社会科学》2003年第4期。

杨泽波：《"道德他律"还是"道德无力"——论牟宗三道德他律学说的概念混乱及其真实目的》，《哲学研究》2003年第6期。

杨泽波：《牟宗三超越存有论驳议——从先秦天论的发展轨迹看牟宗三超越存有论的缺陷》，《文史哲》2004年第5期。

杨泽波：《理性如何保证道德成为可能——牟宗三道德自律学说

的理论意义》,《道德与文明》2004年第2期。
杨泽波:《牟宗三形著说质疑》,《孔子研究》2005年第1期。
杨泽波:《横摄系统与超越存有——从朱子看牟宗三的超越存有论及其缺陷》,《学术月刊》2005年第2期。
杨泽波:《牟宗三三系论的理论意义》,《中华文化论坛》2006年第1期。
杨泽波:《牟宗三三系论的理论贡献及其方法终结》,《中国哲学史》2006年第2期。
杨泽波:《"三系"的疑惑》,《贵州师范大学学报》2006年第4期。
张祥浩:《评牟宗三的道德的形上学》,《江苏社会科学》1999年第1期。
赵卫东:《道德的形上学——牟宗三宋明理学三系说的形上根据》,《烟台大学学报》(哲学社会科学版) 2005年第2期。
周晓勇:《试论牟宗三对宋明儒学研究的理论创新》,《华中科技大学学报》(社会科学版) 2000年第4期。

三　其他相关著作

(一) 中国古代典籍

《四书五经》,北京古籍出版社,1995。
《诸子集成》,上海书店,1986。
《周子通书》,上海古籍出版社,2000。
《张载集》,中华书局,1978。
《二程集》,中华书局,2004。
《胡宏集》,中华书局,1987。
《朱子语类》,中华书局,1986。
《陆九渊集》,中华书局,1980。
《王阳明全集》,上海古籍出版社,1992。
《刘子全书》,台北:华文书局股份有限公司,1968。

黄宗羲：《宋元学案》，中华书局，1986。

(二) 其他著作

Alasdair MacIntyre, *AfterVirtue*, University of Norte Dame Press, 1981. Western Classics, Ethics 7, China Social Sciences Publishing House, 1999.

Hegel, *The Phenomenology of Mind*, trans. by J. B. Baillie, China Social Science Publishing House, 1999.

Immanuel Kant, *Practical Philosophy*, trans. by Mary J. Gregor, Cambridge University Press, 1996.

A·麦金太尔《追寻美德》，宋继杰译，译林出版社，2003。

芭芭拉·赫尔曼：《道德判断的实践》，陈虎平译，东方出版社，2006。

邦雅曼·贡斯当：《古代人的自由和现代人的自由》，阎克文等译，商务印书馆，1999。

邓晓芒：《思辨的张力》，湖南教育出版社，1998。

邓晓芒：《黑格尔辩证法讲演录》，北京大学出版社，2005。

邓晓芒：《邓晓芒讲黑格尔》，北京大学出版社，2006。

傅伟勋：《从西方哲学到禅佛教》，三联书店，1989。

孙周兴选编《海德格尔选集》，上海三联书店，1996。

黑格尔：《历史哲学》，王造时译，上海书店出版社，2006。

黑格尔：《精神现象学》，贺麟等译，商务印书馆，1979。

黑格尔：《逻辑学》，杨一之译，商务印书馆，1982。

黑格尔：《法哲学原理》，范扬等译，商务印书馆，1961。

伽达默尔：《真理与方法》，洪汉鼎译，上海译文出版社，1999。

加勒特·汤姆森：《康德》，赵成文等译，中华书局，2002。

康德：《纯粹理性批判》，邓晓芒译，人民出版社，2004。

康德：《实践理性批判》，邓晓芒译，人民出版社，2003。

康德：《判断力批判》，邓晓芒译，人民出版社，2002。

康德：《实用人类学》，邓晓芒译，上海人民出版社，2002。

康德：《道德形而上学原理》，苗力田译，上海人民出版社，2002。
康德：《历史理性批判文集》，何兆武译，商务印书馆，1990。
李泽厚：《批判哲学的批判——康德述评》，人民出版社，1984。
刘永富：《黑格尔哲学解读》，中国社会科学出版社，2002。
谢遐龄：《康德对本体论的扬弃》，湖南教育出版社，1987。
郭齐勇编《现代新儒学的根基：熊十力新儒学论著辑要》，中国广播电视出版社，1996。
熊十力：《十力语要》，辽宁教育出版社，1997。
叶秀山：《哲学作为创造性的智慧》，江苏人民出版社，2003。
张岱年：《中国古典哲学概念范畴要论》，中国社会科学出版社，1989。
张立文主编《中国哲学范畴精粹丛书·性》，中国人民大学出版社，1996。
张世英：《哲学导论》，北京大学出版社，2002。
冯友兰：《中国哲学史》（上），华东师范大学出版社，2000。
郭齐勇：《中国哲学史》，高等教育出版社，2006。
肖萐父、李锦全主编《中国哲学史》（上），人民出版社，1982。

附录　牟宗三"坎陷开出民主论"的再检讨

　　牟宗三从文化是一种鲜活的、内在于人的生命和精神活动的表现方式出发，强调文化是活生生的"文化生命"，而非可以列举的"博物馆陈列"。他坚持说，不同民族因其文化生命的不同表现方式而有不同的文化系统，其中该民族独特地运用其心灵、在对内外环境的倾向和反应态度中，逐渐发展出一套既有普遍性又有特殊性的真理体系。故而，就文化的全幅内容而言，其能在历史中逐步展开，扩充其意义、实现其价值，是它"义理上的具足"。但就特定文化的特殊性而言，其在具体展开、扩充其具体意义、实现其具体价值等方面亦有"功能上的局限"。具体到中国近代以来的文化，其功能上的局限就表现为"外王事业的不足""事功精神的萎缩"。为弥补此种缺陷，牟宗三提出了"内圣"经由"自我坎陷""开出新外王"的思想架构，希望能保持住儒家作为中国文化的主流和文化动源的同时，焕发中国文化的生机与活力，适应现代化历史转型的各种要求。①

　　这就是一般所谓的"本内圣开出新外王"的实践运思。自这一实践运思开始形成其影响起，它就面临着来自许多方

---

① 牟宗三上述文化观，可参见拙文《"对列之局"或"隶属之局"——牟宗三文化历史哲学的关节点》，《学习与实践》2007年第4期。

面的批评。① 但是，由于这些批评并未立足于对"良知坎陷说"的客观理解之上，因而有诸多的不相应处。为澄清这一实践运思的真正意涵，我们应该要回到牟宗三的学思理路中，对牟宗三的思路做批判性的检讨。

牟宗三把"批判"理解为"论衡"。卢雪崑在《四因说演讲录》的序中说，"论衡"就是简别、衡定的意思。② 具体说来，"简别"就是把一个观点中所包含的意义经过分析予以全幅展现，"衡定"就是判断所分析观点之合理性的边界。因而，要批判"坎陷开出民主论"，就必须全面了解"坎陷论"的全幅意义，并在此基础上，具体了解"坎陷"出"外王"的各种不同条件，衡定其合理性的边界、明确进一步努力的方向。

一 "内圣"与"良知"

要理解"内圣"经由"自我坎陷""开出新外王"的思想架构，首先要弄清楚"内圣"和/或"良知"的涵义，努力呈现牟宗三为"内圣"、"道德"、"圣贤工夫"等提供的普遍必然性之所在。

牟宗三服膺儒学，但对儒学过去的表达方式（以格言形式表达原创性智慧③）有所不满，因而借康德哲学（包括其道德哲学）以会通中西哲学，融康德哲学于儒家哲学的整体架构之中。牟宗三对康德的道德哲学用力既深且久，认为康德对道德的理解

---

① 这一实践运思实际上总是同"良知坎陷说"结合在一起，因而，对"良知坎陷说"的批评也即对这一实践运思的批评。这些批评大致可以概括为以下几派：以余英时为代表的说"良知傲慢"的泛道德主义派；以林毓生为代表的自由主义派，从良知与科学、民主无逻辑关联出发，批评其一元论式的思维模式；以陈少峰等为代表的"中体西用派"，认为它不过是"中体西用"的翻版；以方朝晖为代表的严分中学、西学派，认为"良知坎陷说"不恰当地夸大了儒学的社会功能；等等。
② 牟宗三：《四因说演讲录》，上海古籍出版社，1998，序第1页。
③ 参见卢雪崑《康德哲学与儒家哲学会通之问题》，《第七届当代新儒学国际学术研讨会论文集》，2005。

与儒家的道德观深契。由于康德系由"意志自律说"以保证行为"善"的普遍必然性,因而,牟宗三亦努力通过赋予"仁"、"心"和"性"等观念以"自由意志"的功能,进而赋予由"仁"、"心"和"性"所产生的道德上善的行为以普遍必然的性质。在《现象与物自身》中,牟宗三说:"道德的进路"是"由道德意识直接来显露道德实体"。在此,"道德意识是一个'应当'之意识",而这"'应当'是'存在的应当',是一个人当下自己负责的'应当'",其决定便是一"道德的决定"。[①] 对此"道德的决定"做"超越的解析",即能显露一"道德的实体",此道德的实体即知体、良知[②],便是内圣所成的"圣贤"之核心。由此观之,牟宗三将"道德"视为一道德上个人自己当下负责的"应当"的意识,这一意识来源于个人自身所固有且个人以之为其在德性上自我认同(self-identity)的本质构成——知体或良知。因而,道德既是人自主自律的象征,其所规定的是人作为人在当下应当做的事情,又是个人在德性上自我认同的本质构成,亦即道德是对自律法则的遵守和由此而来的个人自我认同。自律的法则具普遍必然的效力,因而能成为个人的义务和自我认同的根源。

由于"道德的实体"即内圣所成"圣贤"之核心,"圣贤工夫"也应由"道德的实体"而得其确解。若孤立地看"圣贤工夫",人们确实会有疑惑——无法确定"圣贤的标准",要"做到哪一步才算是圣贤"。但若联系牟宗三对道德(意识和实体)的理解,以及吸纳了《论语》《孟子》《中庸》《易传》之精髓的《大学》对"内圣"的表述,内圣、圣贤的标准等,就不是"没有办法确定"的。

牟宗三在《心体与性体·综论》中认为,《大学》表达的仅

[①] 《牟宗三先生全集 21·现象与物自身》,台北:联经出版事业股份有限公司,2003,第 65 页。

[②] 《牟宗三先生全集 21·现象与物自身》,第 66 页。

为儒学的次第与规模,不足为儒家"内圣之学、成德之教"的代表。但是,一旦此为学次第与规模能有儒家"道德的形上学"为其精神,则它所表述的"内圣之学"亦即儒学之真精神。故《大学》之"明明德"便是此处"圣贤工夫"或"圣贤"之标准。我们可以合理地推断,牟宗三根据心性儒学的传统,当会把"明明德"理解为"发挥、表现个人内在本有的光明而美好的德性——良知、知体等道德实体",并进而理解为"成为普遍性和个体性合一的、最优秀、最卓越的个人"。从而"新民"也就是让每个"民"都做"明明德"的"圣贤工夫",重新发现并实现自己内在本有的光明德性,成为"普遍性与个体性合一的最优秀最卓越的个人"。质言之,"新民"即每个"民"都做"明明德"的内圣工夫或圣贤工夫,成为"普遍性与个体性合一"的、有担负的个性自觉主体,而非纯被动的潜伏体,这一个性自觉的主体,其实也就是能够"呈现"其"良知"的个人。

综而言之,在牟宗三看来,"内圣"就是个人做"明明德"的工夫,在努力使自己成为"普遍性与个体性合一"的、有担负的个性自觉主体的过程中,凸显自己当下负责的"存在的应当"之道德意识,为超越而内指(immanent)① 的"道德实体"——知体、良知的呈现提供认识的条件。恰当说来,"道德的进路"或"圣贤工夫"就是个人呈现其良知、彰显其个性、实现其卓越的德性品质的进路和工夫。因此,"内圣"实际上是个人"去矜""去骄""去胜心"之后的状态,其标准虽不足为外人道,但每个

---

① 亦即"内在超越"。当代新儒家的"内在超越说"也是一聚讼纷纭的提法,批评者指其自相矛盾,赞成者往往又不能清晰地阐明自己的观点。事实上,牟宗三自己对这一提法有清晰的解说。他认为"内在的"(immanent)一词实际上应当理解为"内指的"或"内处的",它与 transcendent 的区别"不是依主客而为内外",而是"依上下而内外"。而"超越的"(transcendental)意味着它独立于经验现实且不受经验现实的影响,却又能指导、调节经验现实,成为经验现实可能的条件。因而"内在超越"的意思是在可"思"范围内的"道德实体"既独立于经验现实且不受经验现实影响,又能指导和调节经验现实、成为经验现实可能的条件。

具有成熟的反身意识的人必定都能对他所"认同"的那个"我"有清晰的认识;据此,圣贤须要做到彰显了自我的个性、实现了个人卓越的德性品质才算。在此意义上,"道德"恢复了其"合乎'道'而得的生活方式"的本意,而受这样的"道德"规约、调整的政治便是守住其本性的政治。

不过,即使我们澄清了"内圣"的涵义或"圣贤工夫"的所指,也同样存在问题,即道德进路或圣贤工夫如何具体呈现个人良知、如何彰显其个性并实现其卓越的德性品质,其具体机制仍不清楚。而要厘清其中的具体机制,就需要揭示"坎陷"的意义。

二 经"坎陷"以"开出"

依牟宗三,"坎陷"[①] 思想有两个来源:其一是来自《易》之"坎"卦(☵);其二是来自黑格尔的"自否定"学说。《周易·说卦》云:"坎,陷也。"坎卦象为水,一方面表示"陷落",因而有"转折曲通""暂忘否定"的说法;另一方面又有凸显之意,因此有所谓"平地起土堆""执着定相"之说。综合这一体两面的意义,可知"坎陷"一方面是"暂时放弃"自己、"暂忘否定"自己,就好像黑格尔的"有、纯有,——没有任何更进一步的规定""实际上就是无,比无恰恰不多也不少"[②] 所表达的,"有、纯有"暂时放弃或否定了自己,为的是将来真正

[①] 杨泽波教授在《坎陷概念的三个基本要素》[《华东师范大学学报》(哲学社会科学版)2011 年第 5 期]中为我们提供了一些线索。但是,他所概括的"让开一步""下降凝聚""摄智归仁"等含义仍然有一些须进一步回答的问题,如"让开一步"是让开哪一步,把自己让到何处去,"下降凝聚"是下到哪里,凝聚成什么,"摄智归仁"是如何可能的,等等。因为良知如果一味"退让""不再发展自身",不是"暂时"而是"永远"地退让、堕落,则"摄智归仁"是永无可能的。因此,"坎陷"的过程中,良知须时时在场,知道自己退让的只是"建构"功能,而"范导"功能决不退让。只有如此,"摄智归仁"才能得到保障。

[②] 黑格尔:《逻辑学》,杨一之译,商务印书馆,1976,第 69 页。

地"成就""成全"自己；另一方面"坎陷"又意味着通过执着和成就别的事物，以期能在其中体现自己、成就和成全自己，亦即"坎陷"意味着通过在其他事物中体现自己，以最终成就和成全自己，这也就是黑格尔通过"自否定"的能动性进行创造，从而全幅展现"绝对精神"的意思。

因此，"坎陷"意味着良知本体、道德实体通过"陷落"和"凸显"而达到其"具体而有内容"的表现和实现。质言之，"坎陷"即良知本体、道德实体（此即内圣所欲显露者）表现和实现自己、承担自己使命的具体机制和工夫。良知本体、道德实体或个人自我认同的本质构成，在不执着于自己、把自己投身到/体现在别的事物（如科学知识探索活动、民主政治建设活动或其他任何能够体现人的个性和本质而人又将其视为终身事业的对象性活动）的过程中（此即"曲折暂忘""暂时放弃"），成就科学知识、民主政治以及自己所积极投身的事业，从而凸显和表现自己。

由于良知同时是宇宙生化之源、民族文化生命之本和个人内在之本质构成，因而良知借"坎陷"以"具体而有内容"地"呈现"便有不同的层面：作为宇宙生化之源的良知，其"呈现"意味着万事万物生成发育，在万事万物生成发育中表现自己、实现自己，在此意义上，良知无须"坎陷"即能呈现；作为民族文化生命之源的良知，其"呈现"意味着中国文化能在现时代重新焕发生机活力，弥补中国文化面对新的挑战时"功能上的不足"，从文化生命上自觉承担原始儒家的"道统"、重建其"道德的形上学"，并据此"道统"设计制度，重塑中国人的生活整体，此时，良知须经由"民主"的制度建构和科学的成就所带来的物质丰富（此即"坎陷"）来呈现或实现自己；作为个人内在本质构成的良知，其"呈现"实即个人本质力量的发挥和实现，把自己的本质力量通过"对象化"的方式展现出来，并通过对"对象化"的克服而回到自身、成就自己的过程，在此，良知须把自己

"对象化"到包括民主和科学在内的、能够体现人的个性和本质而人又将其视为终身事业的任何对象性活动中,并在这些对象性活动的成就中成就自己、实现自己。

综而言之,"坎陷"就是良知本体、道德实体"暂时放弃"自己,而将自己投射和贯注到对象的实现中,并在对象的实现中成全自己、实现自己。故"坎陷开出民主"的意思是:作为民族文化生命之源的"良知"通过将自己投射、贯注到民主和科学(尤其是作为新外王形式条件的民主)事业中,为建构合乎道德要求的民主政治提供范导,以便在新的历史条件下充分发挥自己的功能和使命。

这就涉及"开出"的意思了。一般认为,"开出"是合乎逻辑地"推出"。这恐怕不是牟宗三"开出"的真实意涵。在牟宗三看来,"本内圣开新外王"中的"开",是开创、开辟的意思,与《周易》"开物成务"[①]之"开"义同。因而,"本内圣开新外王"的意思就不是"以内圣为前提,推导出新外王",而是"以内圣为超越的规定根据,开创出新外王的事业";质言之,即良知为着实现其在新时代的使命、发挥其功能,从而按照"内圣"的要求[②]开创民主事业,设计制度,造就"明明德"的"新民",从而达到"各安其位、各得其宜"的"至善"之社会状况。在这个过程中,"内圣"或"良知本体"是一"超越的规定根据"(transcendental ground of determination),即一方面它独立于民主实践,另一方面却能发挥调整、综合的功能而使民主得为真

[①] 《周易》中"开物成务"的意思是开创新的事物、成就或办好各种事务(以使各得其宜)。与传统上把"开物成务"理解为"揭露事物真相,使人事各得其宜"(见《辞源》,商务印书馆,1995,第1763页)的知识论态度相比,本文将"开"字理解为"创造、开创、开辟",意思更加丰富、深远。

[②] "内圣"的要求,意即"明明德"的要求,即充分发挥和实现自己的本性、物各付物、各得其宜的要求。就国家层面而言,"内圣"对民主的要求是恪守自己的边界、承担自己的使命;对个人而言,"内圣"的要求是让自己成为"普遍性与个体性合一"的、有担负的个性自觉主体,而不是自我放逐的纯被动的潜伏体。

民主。

依此,经"坎陷"以"开出",实即"良知"以自身为超越的规定根据①,为着在新的时代中履行其使命、"尽其性",而暂时放弃对自己的执着(无执),将自己投射、贯注到(执着于)民主、科学等事业中,开创民主与科学的事业,从而在民主与科学的真正成就中实现自己、成就自己。在这里,出发点是"良知"要"呈现"自己的"决心",经过"坎陷"这种自我否定的创造性活动,最后的结果是使"良知"得到具体而有内容的"呈现"、实现。

三　新外王的构成

在澄清"良知"及"内圣"、道德、坎陷、开出等术语的基础上,我们大体上了解了牟宗三"(良知)坎陷开出民主论"的基本思路,也获得了客观地评判对牟宗三"良知坎陷说"的各种批评的可能性。②

所谓"新外王的构成"不能只是简单地分析民主与科学这两

---

① "良知"为何能以自身为根据?这是因为"良知"有康德的"自由意志"之意,而"自律"作为自由意志的性状,表明意志通过"自律",其自身就是一项法则,因而,良知是能够以自身为根据的。

② 关于"泛道德主义"的批评,牟宗三先生自己在《政道与治道》中有过回应,他承认,理性之作用表现是泛道德主义,但儒家的泛道德主义并不奴役人民,因为此中的"道德"或"良知"并非外在的格律教条,而经过牟宗三先生改造过的儒学在实际上也不是泛道德主义。自由主义派的批评在实际上是混淆了"一元论思想"与"一元式的思维模式",儒学是一元论思想,强调只有一个终极的根源,但是儒家却认为这个终极根源发挥作用的方式可以有"建构性"和"范导性"的不同。牟宗三先生认为,良知的作用不在"建构",而在"范导"(也就是"调整和轨约"),其目的是达成"物各付物,各止其所"的"至善"之境,此即牟先生"超越的自由主义"的理想。关于"中体西用之翻版"的批评,我们认为它实际上是一种想当然的浮泛之论,它机械地把"内圣"与"中体"、新外王(民主、科学)与西用对应起来,未曾深入探悉"内圣"与新外王的丰富意涵,不知"内圣"实即自我实现,而新外王亦不过自我实现之诸途径,它们虽源自西方,却非专属西方。至于方朝晖严分中西、随意裁割儒学,除了显示他"思维僵化,既不懂得在区分中会通、在会通中守住自己边界,也不真正懂得儒学"外,什么都没有留下来。

个组成"成分",还必须谈这些成分及其相互关系。因而,民主和科学的涵义、它们之间的区别、它们在整个"新外王"事业中的不同地位和作用等,是了解牟宗三"坎陷开出论"必须加以澄清的。

牟宗三认为,民主可以表现在政权和治权①这两个不同的层次,从而有政权的民主和治权的民主。"治权"方面,中国古代通过"考进士""科甲取士"等制度实现了"民主";但在"政权"方面始终是靠"打天下"的"非理性"方式得来,而不能有其必然可期。由于政权不民主,治权民主也就不能得到保障。牟宗三说:"以前的宰相代表治权,然而宰相有多大权力呢?今天要你做宰相,你就做,明天不要你做,把你杀掉,亦无可奈何,毫无办法。"②因此,牟宗三认为,"真正的民主政治是在'政权的民主'。唯有政权民主,治权的民主才能真正保障得住。以往没有政权的民主,故而治权的民主亦无保障,只有靠着'圣君贤相'的出现"。③

在牟宗三看来,民主政治或政权民主的关键在"立宪",通过根源性的、第一义的制度(宪法)来规定政权的取得和更替,以恢复"政权"的本性。牟宗三认为,"政权者笼罩一民族集团而总主全集团内公共事务之纲维力也",故"为一民族集团所共有"而"为集团共同体之一属性"④;因而,"政权是对应全集团而起的一个综摄的'形式的实有'、'静态的实有'。既非一动态之具体物,亦非一个人之属性……故不可隶属于个人。所谓'天下者乃天下人之天下',是说:天下为全集团人员所共有;其共

---

① 前者面对的是政权的来源问题,后者面对的是治理的权力如何取得和构成的问题。
② 《牟宗三先生全集 10·政道与治道》,台北:联经出版事业股份有限公司,2003,新版序第 30 页。
③ 《牟宗三先生全集 10·政道与治道》,第 27 页。
④ 《牟宗三先生全集 10·政道与治道》,第 21 页。

有也,是总持地有,共同地有,非个个人员个别地有,或分别地有"①,若是"个别地有""分别地有","天下人之天下"就会沦为"逐鹿中原"的口实,走向自己的反面。要避免这一局面出现,就要通过"政道"(民主政治、政权的民主)而使政权能真成为民族集团所共同地拥有或总持地拥有的"静态的""定常的"实有。因而,民主政治的"政道",实在说来是让政权能恢复并保持住其作为民族集团共同地或总持地有之的"静态的""形式的""定常的"实有的"本性"的制度(道);也是产生治权、使治权能得真正客观化的制度,通过它,社会上各人各部门能"如其如"。

这样的"民主政治",其着重点显然与一般所理解的有"尊重人权,便于权力监督"之优点和"权力分散、效率不高,将政治与道德完全分离开来、互不相干"之缺点的"西方民主精神"②有很大的区别。牟宗三以"政权的民主"为真正的民主,其首要功能在澄清"政权的本性",还其"民有"的本来面目,然后再立足于政权与治权的分离,强调"有政道(即宪法、根源性的第一义的制度——引者注)的治道是治道之客观形态"③,以使"选贤与能"的"治权"之开放有其必然的保证以真正实现"民治"。与此相对,许多批评"坎陷开出民主论"的学者对"民主"的认识要么局限于西方人的视域、对西方人亦步亦趋,要么简单地比较中西政治的特点与优劣——中国政治强调"道德"的作用,"有利于收拾人心、向上提升有力",但过多寄望于"圣君贤相"而带有很大的偶然;西方政治则把道德从政治中剥

---

① 《牟宗三先生全集 10·政道与治道》,第 21—22 页。
② 西方的民主,强调的是"人民的统治""人民的管理",以林肯的"民有、民治、民享"为最好说明。这样的民主,当然与牟宗三强调"政权的民主和治权的民主"是内在一致的,前者反映的即是"民有",后者所讲的即是"民治",两者综合即是"民享"。关于"西方民主精神"之优缺点的这一表述,见杨泽波《坎陷与民主——牟宗三"坎陷开出民主论"的启迪、补充与前瞻》,《中国哲学史》2012 年第 2 期。
③ 《牟宗三先生全集 10·政道与治道》,第 27 页。

离出来，便于监督，从而能保障政治上对人权的尊重，只是同时须承担权力分散、效率不高的代价①——却不能稍着意于牟宗三对"民主"的深入阐发。

对此，我们可以追问：中国政治强调哪种"道德"的作用？而西方真的把"道德"从政治中剥离出来了吗？相关论者对此未置一词，而牟宗三却在不同场合多所暗示。前文在解释"内圣"时，虽未明说但已触及中国政治所强调的"道德"，当该是一种旨在成就自己完整人格的"德性伦理"的道德，亦即一种真正"本于人之性情"而使人人"各正性命，保合太和乃利贞"（《周易·乾象》）的根源性的道德。这样理解的道德不只是"德"，而必定同时蕴涵着对人民幸福②的重视。至于西方政治，除了少数思想家强调要绝对地让"政治的归政治，道德的归道德"外，大多数还是认可政治应有"道德基础"，只不过他们各自理解的"道德"有差异而已，例如，功利主义所强调的"最大多数利益相关者的最大幸福"、社会契约论者的"同意"、平等主义者的"平等"、保守主义者的"传统、安全和秩序"等。③ 故而，我们很难说西方政治是把"道德和政治完全分离开来、互不相干"的。因此，对杨泽波教授所说的牟宗三"清楚地看到，政治不能完全寄托在道德理性之上，否则一定会有其弊端。在历史上，儒家政治将基础置于道德之上，强调'仁者德治'，对圣君贤相寄托了过高的希望，结果造成了君权无奈，贤相难求，革命不断等一系列的问题。但如果反过来，将政治完全寄托于理论理性，全然不顾道德层面的作用，同样不够全面。近代以来，西方政治的

---

① 参见杨泽波《坎陷与民主》，《中国哲学史》2012年第2期。
② "幸福"是什么，这是另一个需要深入探讨的根源性问题，此处不欲越俎代庖。但可以简单申说如下，幸福是产生于个人在从事与自己本性最相应的活动或事业，并做得相当成功时所获得的一种综合的体验，而非只快乐的感受、欲望的满足、功利的获得。
③ 参见伊安·夏皮罗《政治的道德基础》，姚建华、宋国友译，上海三联书店，2006。

发展特别强调将政治与道德分开，政治的归为政治，道德的归为道德，其弊端已经逐渐显现了出来，引起有识之士的警觉"[1] 等说法，我们也同样可以问：儒家政治真的完全寄托在道德理性吗？其"君权无奈，贤相难求，革命不断"等弊端是源自将政治置于道德之上，对圣君贤相寄托了过高希望吗？近代西方政治是否完全寄托于理论理性，而全然不顾道德层面的作用？而道德与政治各守其边界，难道就是像杨泽波教授所理解的那样完全不相干吗？难道不能把它理解为道德为政治提供"法则"和合法性基础，然后道德与政治便各尽其职、各守边界？后面一种理解，其弊端是什么？杨泽波教授对此没有说明，而牟宗三则可能会这样认为，儒家的政治理想是"道德"的，但并未把政治完全置于道德之上，其道德化的政治理想之所以难以实现，就在于它对政权的安排缺乏一个可使政权复其本性的"道"，因而不得不权且将政权的"取得"诉诸"德"与"力"、政权的继承诉诸"主尊尊"的世袭，这才造成了对"圣君贤相"寄望过高，君权无奈、贤相难求、革命不断的问题。由此可知，杨泽波教授在诊断儒家政治时，找错了"病因"，其开出的"药方"，也不对症。另一方面，近代西方政治也并非完全寄托于理论理性，而是强调道德只能为政治提供"法则"和合法性基础，此后，道德与政治便应各司其职、各尽其命，至于西方政治的弊端是否来源于这种做法，就要具体分析了。

　　牟宗三所说的"新外王"除了民主，还有科学。依牟宗三，科学的活动成就知识，它"是人的理性之用于物，处理对象，这是对付'是什么'方面的事"[2]，而"科学知识之成，一则由于经验而限于经验，一则遵守逻辑数学。经验接触对象使知识有特殊的内容，思想遵守逻辑数学而了解对象使知识成一系统（所谓

---

[1] 杨泽波：《坎陷与民主》，《中国哲学史》2012 年第 2 期。
[2] 牟宗三：《生命的学问》，广西师范大学出版社，2005，第 45 页。

一组命题）。知识之成非预设主客体间的对偶性不可"。① 因此，牟宗三说："学统（即科学之统绪）之成是心灵之智用之转为知性形态以成系统的知识（此即学之为学）所发展成。"② 尽管牟宗三对如何成就知识有非常丰富的阐述③，但他对"科学是什么"确实着墨不多。因而，我们只能从《人文讲习录》中的文字推知他的观点："这些年来学科学的都做官、做校长，现在要提倡科学，就当该去做物理学家、化学家，为何要去做官、做校长呢？"④ 牟先生认为出现这种怪现象的原因就在于缺乏"客观精神和超越精神"，而"客观精神与超越精神"的缺乏又由于没有"客观问题和客观理想"；客观问题是个人处其时代所面临的"公共问题"，为了解决公共问题，才有客观理想。而我们的局面是有"客观问题"，但缺乏客观理想和客观精神。从这些文字不难看出，牟宗三认为"科学"的背后包含着一种客观精神和超越精神；要成就科学知识，非有客观问题和客观理想不行。牟宗三认为，"所谓理想，是要将问题归到自己本身，再从自己的生命里涌现出来，有其自立之道，不是对刺激的直接反应。直接反应只是被动，不是理想"。⑤ 再联系牟宗三对"生命的学问"⑥ 的强调，我们可以说，牟宗三眼中"理想的科学"其实是人的生命、本质的显现。

立足于这样的认识，牟宗三指出，民主"是'新外王'的第一义，此乃新外王的形式意义、形式条件"，而"科学是'新外

---

① 《牟宗三先生全集 10·政道与治道》，第 60 页。
② 牟宗三：《生命的学问》，第 51 页。
③ 见《牟宗三先生全集 10·政道与治道》和《牟宗三先生全集 21·现象与物自身》。
④ 《牟宗三先生全集 28·人文讲习录》，台北：联经出版事业股份有限公司，2003，第 66 页。
⑤ 《牟宗三先生全集 28·人文讲习录》，第 67 页。
⑥ 所谓"生命的学问"，有两层意思：其一是说中国古代的学问关注的中心是人的生命整体，因而可称为"生命的学问"；其二是真正的学问要靠个体的"生命"去"证悟"，因而，学问也是个人生命、本质的显现并与其生命、本质相契合，这样的学问，也就是"生命的学问"。

王'的材质条件,亦即新外王的材料、内容"。① 牟先生在后文进一步指出:"科学知识是新外王中的一个材质条件,但是必得套在民主政治下,这个新外王中的材质条件才能充分实现。"② 因为脱离了民主政治孤立地讲中性的科学,也不能真正地实现科学作为现代化的本质构成的使命。因为科学固然可服务于民主政治从而服务于"现代化",但它也可服务于落后、反动而邪恶的目的从而大大地损害"现代化"。

总之,在牟宗三看来,科学与民主政治是良知"自我实现"之必须,但亦须受良知的轨约。他说,"讲良知、讲道德,乃重在存心、动机之善,然有一好的动机却无知识,则此道德上好的动机亦无法表达出来。所以,良知、道德的动机在本质上即要求知识作为传达的一种工具"。③ 当然,这只是实情的一面,考虑到民主政治作为新外王的形式条件,若无民主政治来轨约科学,科学将面临丧失方向、失却本意的危险。因而,只有科学、民主和良知各得其所、各尽其命,现代化才能真正做成。

由此观之,牟宗三深知民主与科学既相似又有重大区别,并非如一般所认为的那样"性质完全一样",但开出的路径"不完全相同"。牟宗三认为民主与科学的相似之处在"理论理性"或"理性之架构表现",至于它们之间的区别,有学者认为发展科学的"一个可行的办法,就是大力发展理论理性",而民主则"不仅与理论理性有关,还涉及其他方面的内容"(但对这些"其他方面的内容"却未做出交代)。④ 牟宗三大概不会认为理论理性是发展科学的充分的"可行办法",而他则会认为发展民主还必须涉及法律、制度,以宪法维持政权、产生治权等。因而,那种认为"牟宗三将科学与民主捆在一起,很容易给人一种印象,似乎

---

① 《牟宗三先生全集 10·政道与治道》,新版序第 18 页。
② 《牟宗三先生全集 10·政道与治道》,新版序第 19 页。
③ 《牟宗三先生全集 10·政道与治道》,新版序第 18 页。
④ 杨泽波:《坎陷与民主》,《中国哲学史》2012 年第 2 期。

只要充分发展理论理性,发展知性,就可以开出民主了"的说法,在实际上承认了是论者本人把自己主观的印象强加给牟宗三。

四 民主的作用

在依据自己的"多重三分法"为牟宗三"坎陷开出民主论"提供补充时,杨泽波教授征引李荣添和叶保强的观点,显示牟宗三"坎陷论"的不足;进一步联系张灏关于"幽暗意识与民主传统"紧密相关的论断,指示弥补"坎陷论"不足的可能方向,并说明张灏对"幽暗意识"强调与他对道德结构中"欲性"和生命-文化结构中"体欲"的关注相当,与西方承认人性恶在历史发展中的作用相应和,从而指出,欲"开出民主"必须"不能只从文化、精神的层面讲,还必须从经济的层面讲,重视经济的力量,重视体欲一层的作用",亦即要重视制度建设和"恶"在历史发展中的作用,因为"只有重视恶的力量,才能重视法权的观念,而只有重视法权的观念,才能有权利意识",从而才能进一步通过法律、制度,建成民主政治。①

杨泽波教授的这一"补充"心存善意,令人感佩。但是,牟宗三"坎陷开出民主论"其实并不需要他这样的补充。杨泽波教授在指陈牟宗三观点的不足时,引李荣添"这个'曲'是如何的曲法,道德良知要把其主位让给什么事物才可以成就政治人格"、"分解的精神"对民主及其基础(全民的政治觉醒)并无直接作用等观点,来证明其民主与科学之不同:要开出科学,讲分解精神、知性也就差不多了;但要开出民主,不能将希望只寄托在"分解精神"和"知性"上。对于这一区分,牟宗三必定乐于承认,但与杨泽波教授会有很大不同。牟宗三不可能赞同说科学只需"分解精神"和"知性""就差不多"的观点;而关于民主,

---

① 杨泽波:《坎陷与民主》,《中国哲学史》2012年第2期。

牟宗三也从未把希望"只寄托在'分解精神'的'知性'上"。至于李荣添的观点,牟宗三大概会这样回应:这个"曲"的意思就是,道德良知不是"推理"的起点和充分条件,而是超越的规定根据和调整、轨约原则;因此,良知"让位"是要将建构性的功能让给知性,自己仍保持其调整与轨约功能。对于叶保强要求的积极发展一套"吸纳了儒家以仁为中心的哲学的权利与自由理论"的伦理典范,牟宗三必定不会反对,但会认为儒家伦理"忽略个人权利与自由"的观点是很可怪的。牟宗三所致力的"超越的自由主义"强调让人的权利与自由通过"客观化"而能普遍必然地实现,比叶保强的论述要丰富和深刻得多。

政权民主或"政道",就是一套能使政权客观必然地保持其"作为民族集团共同地或总持地有之"的本性的制度安排——其中的关键是作为骨干、根源的第一义之制度的"宪法";由之产生"治权",并使治权恒能"选贤与能",保障个人的权利与自由,使科学既是科学家个人自由探索、实现自我的活动,同时又能真正发挥服务社会的功用。更进一步,通过民主、法治的安排,保障各社会团体和个人各安其位、各司其职、各尽其命。因而,民主、法治的真义并不在克制"恶",而在保障"善者恒为善"。①

从这个意义上说,杨泽波教授对"坎陷开出民主论"的补充存在着根本上的困难。杨泽波教授强调要承认"恶"、欲性、体欲的作用,要让分解精神直达"气性",如此才能促成健全政体和国体之落实。他主张"只有发展经济、促进生产力","由气性来促成全民之政治觉醒,然后跟'理性'来个辩证的综合去成就

---

① 按照亚里士多德德性伦理学的观点,"恶"并没有独立的意义和地位,质言之,"恶"并不与(作为目的的)"善"相对,而是与"德性"相对,是"德性的缺乏";后来的经院哲学进一步将其扩大为"善的缺乏""一个物应有的善而没有",因而"恶"是依赖于"德性"或"善"的。在这个意义上,由于"恶"不是实存,克制"恶"便无从说起,因此说民主、法治的真正意义只在于保障"善恒为善"。

出那个既具体又有普遍性之政治理想——举国上下打成一遍（原文如此，疑为'打成一片'之误）之政治有机体"；质言之，即须把"气性""体欲"当作辩证综合的起点，把克制"恶"当作民主、法治的产生的根源。这样的说法存在很大的问题。牟宗三正是认识到"气性"与"理性"遥远区隔、分属不同领域，因而"气性"未必会跟"理性"辩证综合，反过来，唯理性才有可能去辩证地综合"气性"。这也是牟宗三坚持"内圣""良知"主位的原因。

原载《孔子研究》2014年第5期

后　记

当代中国对国家治理体系和治理能力现代化的重视与强调，除了直接地和现实地要求研究国家治理体系与治理能力之外，也需要从政治哲学及其形上学根源的视域出发，探讨治理理论与实践背后的"善政思想"，发掘前贤引而未发的治理智慧。"善政思想与治理创新"系列丛书即在此背景下酝酿产生的。幸得丛书主编郑万军教授青睐，拙著《牟宗三的政治哲学思想与治理智慧》得以纳入其中，编入"善政思想"系列，唯望其能于当代的治理理论与实践有所补益。

拙著终能出版，乃是诸种因缘聚会之果。这些因缘，既有20多年前与牟宗三先生著作的"偶遇"，也有师长的教导与提点；既有一直以来同人、好友的批评、争论与帮助、扶持，也有长江师范学院、长江师范学院地方政府治理研究中心和社会科学文献出版社提供的大力支持。

"初识"牟宗三先生，是在1996年，牟先生身故未久。当时，我为了完成一篇探讨中国传统文化与近代科学之关系的论文，"偶遇"了郑家栋选编的《道德理想主义的重建——牟宗三新儒学论著辑要》。在读到牟先生"良知自我坎陷"出科学知识与民主政治的观点时，我百思不得其解，并曾为此辗转反侧、殚精竭虑，仍茫无头绪。

后来，或许是因为与中国传统文化的接触增多，同时接触了更多的典籍，我对中国传统文化的态度逐渐变化，进而产生了浓厚的兴趣,同时,也渐渐将牟先生"良知坎陷说"对自己造成的困扰"圈"在心中的一隅。在大学毕业后、担任中学教师的三年时间里,我加强学习,终于受到"幸运之神"眷顾,考入武汉大学人文科学学院中国哲学专业,忝列田文军教授门下,研习中国哲学与传统文化。幸得田师教导,我于哲学素养、文化基础和学术训练等方面,稍稍窥得门径,却因资质驽钝,未能登得堂庑。

印象至深者,是刚刚进入博士研究生阶段学习时对田师的拜访。当日,田师给我"命题",令我认真研读牟先生的《心体与性体》,以牟宗三先生的"道德的形上学"为博士学位论文选题。田师当时无心的建议,却使我顿觉电流流过全身。陡然间,"良知坎陷说"给我带来的困扰,复又汹涌而至,现于脑际。

田师宽厚。尽管我后来提交的以《牟宗三道德哲学研究》为题的博士学位论文,与田师最初的构想相去甚远。但是,田师仍然鼓励我按照自己的想法和理解,完成了这篇博士学位论文。而博士学位论文中对"良知坎陷说"的处理,也未能让自己感到满意。

幸运的是,获得博士学位之后,我得到了一份高校的教职,有机会继续从事牟宗三哲学思想的研究。经过多年的反复思考,我终于以自己的方式,解决了"良知坎陷说"给自己带来的困扰。或许此种解决方式,仅仅是个人的一得之见,却亦能令自己稍感心安。

"良知坎陷说"之于我,就像是堂吉诃德与之搏斗的那个"风车"。我很庆幸,自己能与之"搏斗"如此之久。我一直坚信,欲学有所成,须有堂吉诃德的"风车"。在田师为我"命题"之前,我曾异常苦恼,遍寻自己的"风车"而不得。因此,我非常感谢田师当年将这个论题推荐给我。我从中得到的启发和教益,终生难忘!

惭愧之至!不知不觉间,获得博士学位已10年有余。回忆这段日子,心里五味杂陈。既有家庭的温馨、与小儿斗智斗勇的乐趣，也经历了工作中的各种烦恼和纷扰。但最令人神伤的，则是母亲驾鹤西去。我常常会忆起年幼时围在火炉边，等候她炼猪油，一边听她讲各种民间传说，一边挑拣好吃的油渣。但是，她却很少会到我的梦中来。此书算是对她的一点纪念。

至幸运者，在于我2017年初夏调入长江师范学院，且有幸加盟郑万军教授的科研团队。学校领导彭寿清教授、黄大勇教授、张明富教授等礼贤下士、提携青年，使我等能潜心学术。拙著能在获得博士学位十余年后出版，与学校浓厚的学术氛围、宽松的科研环境密不可分。

本书是在博士学位论文的基础上修改、深化、拓展、扩充而成。感谢在我人生道路和求学之路上遇到的各种"贵人"。其中，首先要感谢的是业师田文军教授。田师宽厚，谦谦君子，对待门下弟子，就如同对待子女。感谢田师的教导，并容许我写出一部与他的最初期待不同的作品。其次，要感谢曾在武汉大学人文科学学院、历史学院工作的张午老师。当年准备硕士研究生入学考试时，她给我提供了最为重要的帮助，或许张老师都不一定记得她对我的帮助。再次，感谢武汉大学哲学学院中国哲学教研室和伦理学教研室的诸位老师，郭齐勇教授、张传有教授、吴根友教授、徐水生教授、李维武教授，以及已经仙去的萧汉明教授等。他们高尚的人格、渊博的学识、严谨的学风，使我在为人、处世、治学等方面受益匪浅。最后，感谢我的家人。内子付娟娟、泰山付明华分担了诸多家务，并照顾幼子，为我解决了后顾之忧；父亲周兆祥、母亲杨秀珍通过种庄稼，以双肩支撑起我的求学之路；我的哥哥、姐姐在我求学时给予我很大的帮助，现在仍然在代我照顾年迈的父亲，亦为我解决了后顾之忧。对父亲和哥哥、姐姐的诸多亏欠，岂是言语所能表达？

社会科学文献出版社的任晓霞女士及其他工作人员，以认真负责的态度，从事繁重、琐碎的编辑、校对工作。他们无私奉献与付出的精神，令人钦佩。我谨在此向他们致以诚挚的谢意！

最后，我在此声明：本书文责自负。书中的错漏之处，完全应由我本人承担。

谨以此书，献给天堂里我的母亲！

周恩荣

2018 年 3 月 28 日

于重庆涪陵太白渡江处

图书在版编目(CIP)数据

牟宗三的政治哲学思想与治理智慧/周恩荣著．--北京：社会科学文献出版社，2018.8
（善政思想与治理创新）
ISBN 978－7－5201－3155－1

Ⅰ.①牟⋯ Ⅱ.①周⋯ Ⅲ.①牟宗三（1909－1995）－政治哲学－思想评论 Ⅳ.①B261.5

中国版本图书馆 CIP 数据核字（2018）第 166464 号

善政思想与治理创新
牟宗三的政治哲学思想与治理智慧

| 著　　者 / 周恩荣

| 出 版 人 / 谢寿光
| 项目统筹 / 任晓霞
| 责任编辑 / 任晓霞　楚洋洋

| 出　　版 / 社会科学文献出版社·社会学出版中心（010）59367159
　　　　　　地址：北京市北三环中路甲 29 号院华龙大厦　邮编：100029
　　　　　　网址：www.ssap.com.cn
| 发　　行 / 市场营销中心（010）59367081　59367018
| 印　　装 / 三河市尚艺印装有限公司

| 规　　格 / 开　本：787mm × 1092mm　1/16
　　　　　　印　张：20.5　字　数：273 千字
| 版　　次 / 2018 年 8 月第 1 版　2018 年 8 月第 1 次印刷
| 书　　号 / ISBN 978－7－5201－3155－1
| 定　　价 / 99.00 元

本书如有印装质量问题，请与读者服务中心（010－59367028）联系

▲ 版权所有 翻印必究